KB252395

커뮤니티 마케팅

돈이 보이는
온라인 시장 정복하기

커뮤니티
마케팅

초판 1쇄 발행 2009년 4월 23일
초판 3쇄 발행 2010년 9월 15일

지은이 황홍식
펴낸이 이지은
펴낸곳 팜파스

총 괄 배호종
디자인 디자인 숲 · 이기숙
일러스트 송진욱
마케팅 정우룡, 황기철
출 력 다음프로세스
인 쇄 (주)미광원색사

등 록 2002년 12월 30일 제10-2536호
주 소 서울시 마포구 서교동 404-26 팜파스빌딩 2층
전 화 02)335-3681, **팩스** 02)335-3743
이메일 pampas@pampasbook.com
홈페이지 www.pampasbook.com

정 가 15,000원
ISBN 978-89-93195-27-9 (03320)

돈이 보이는 온라인 시장 정복하기

커뮤니티 마케팅

황 홍 식 외 7 공저
'커뮤니티 마케팅 스터디' 카페 운영진

오프라인을 넘어 온라인 마켓을 노려라!
카페, 블로그, 싸이월드에서 돈벌기
돈버는 사업가의 필독서!
0947

팜파스

만약 여러분이 아래와 같은 희망사항을 가지고 있다면 이 책이 도움이 될 것이다.

"최소비용으로 최대효과를 누리고 싶다."
누구다 다 알고 있고 말 그대로 제대로 실천하고픈 경제의 원칙이다.

"포털사이트 첫 페이지를 장식하고 싶다."
인터넷 대중화 시대에 요즘 사람들이 간절히 바라는 또 다른 경제의 원칙이다.

"자사(제품)에 대한 평가를 호의적인 글로 도배하고 싶다."
상품평과 블로그/카페의 평가글에 무척이나 신경을 쓸 수밖에 없는 현실

"내가 운영하는 카페/블로그가 랭킹1위가 되었으면 한다."
카페 랭킹제, 파워 블로거의 등장으로 점점 치열해지는 커뮤니티 경쟁시대

위 4가지의 바람을 정리하면 결론은 바로 "나는 돈을 벌고 싶다."이다.

이 책은 위 4가지 희망사항을 달성하고, 이를 통해 돈을 벌 수 있는 방법을 제시해 주는 책 이라고 말할 수 있다.

인터넷 사용이 보편화되고 온라인을 통한 커뮤니티활동이 확대되면서 커뮤니티 마케팅은 효과적인 마케팅 방법 중의 하나로 주목 받고 있다. 기업의 매출증대와 브랜드 홍보, 자영업자의 매출 증대, 집에서 부업을 계획중인 주부, 취업 준비생의 연봉 올리기, 새로운 사업을 계획하고 있는 창업준비자 등 거의 모든 계층에게 '커뮤니티 마케팅'이 필요한 시대가 온 것이다.

필자가 운영하고 있는 커뮤니티 마케팅카페에서는 정기적으로 관련 테마에 관해서 스터디를 진행하고 있다. 이 스터디에서 처갓집에서 운영하는 정육점을 모델로 커뮤니티 마케팅 활용에 대한 발표를 한 적이 있었다. 오프라인에서 35년 동안 운영해왔지만 인터넷에서는 전혀 알려지지 않았던 정육점이 불과 1~2시간 만의 노력으로 지식in, 지역정보, 블로그, 카페 등에 등록되어 현재는 "신촌정육점"이라는 키워드 검색 시 첫 페이지에 노출되고 있다.

이와 같이 커뮤니티 마케팅은 누구나 쉽게 활용할 수 있는 마케팅 방법이지만, 이에 대해서 체계적이고 종합적으로 정리한 책은 아쉽게도 없었다. 그래서 필자는 수 년간의 커뮤니티 운영 경험과 마케팅 노하우를 바탕으로, 초보자에서부터 전문가까지 커뮤니티

마케팅을 접할 수 있도록 이 책을 집필하게 되었다.

이 책의 초반부는 커뮤니티마케팅에 대한 이론과 다양한 사례 위주로, 후반부에는 실전에 적용할 수 있는 알짜배기 노하우와 성공 사례로 구성되어 있다.

이 책을 다 읽었다고 해서 하루 아침에 파워 블로거가 되거나 자신이 운영하는 카페가 랭킹 1위에 등극하지는 않을 것이다. 하지만, 이 책에 담긴 노하우를 십분 활용하게 된다면 분명 자신이 원하는 목표에 한 걸음 더 다가갈 수 있을 것이다. 자신도 모르게 어느새 우물 안 개구리에서 벗어나 더 넓은 세상을 바라볼 수 있는 시야를 가질 수 있을 것이라고 확신한다.

이번 책은 '커뮤니티 마케팅 스터디(cafe.naver.com/hongmario)' 카페 운영진들과 함께 집필했다. 이전의 책들은 혼자 집필해서 기간도 짧았고 내용이 다소 주관적인 성향이 있었지만 이번 책은 운영진들의 다양한 생각과 의견 조율을 통하여 집필해서 필자의 이전 책에 비하면 훨씬 더 많은 노력과 정성이 들어가 있다.

지난 10년 동안 약 10개 정도의 커뮤니티를 운영해 왔고, 50만 명이 집결한 대규모 커뮤니티 축제도 직접 총괄해서 운영했다. 또한 네티즌 대표로 국회에서 프리첼 유료화 반대 토론회 참가의 경험, 커뮤니티 관련 스터디와 수많은 세미나 발표 등 대한민국 커뮤니티 역사와 함께 해왔다고 자부한다. 더불어 이 책을 쓰기까지는 커뮤니티를 사랑하는 따뜻한 정(情)을 가진 주변인들의 많은 조언과 도움이 있었다.

직장 생활을 하면서 바쁜 와중에 약 7개월 동안 주말마다 4~5시간씩 토론을 하면서 때로는 1박2일 합숙도 마다하지 않고 이 책을 함께 집필하면서도 항상 불평불만 없이 함께 해 준 커마스 운영진들께 너무 고맙다는 말을 해주고 싶다.

항상 나를 든든히 받쳐주고 물심양면으로 도움을 주는 나의 또 다른 가족인 시솝 클럽 운영진들, 그리고 우리 커마스 회원님들, 책 출간에 협조해 준 커뮤니티 시솝님들, 인터뷰에 응해주신 분들께 감사를 드리며, 주말 부부라 자주 보지 못하지만 마음속으로 가장 간절히 응원하고 도와준 아내, 가족 친구들 모든 분들에게 지면을 빌어 감사의 인사를 드린다.

저자 황 홍 식

커뮤니티는 이제 누구에게나 익숙한 인터넷 필수품이 되었지만, 구체적으로 가다듬어 내가 필요한 형태로 활용하는 것은 여전히 어려운 일이다. 이 책은 인터넷 공간에서 필수품이 된 커뮤니티를 어떻게 활용하는지, 어떤 식으로 커뮤니티 마케팅을 펼쳐갈 지에 대한 다양한 사례와 경험들을 나누어 분석해준다. 정리하고 공유하기 좋아하는 필자 덕분에 다양한 커뮤니티 경험들을 마치 내 경험처럼 사용할 수 있게 한다.

네오위즈 인터넷 – 신병휘 이사

온라인 커뮤니티가 활성화된지 오랜 시간이 흘렀음에도 불구하고 아직까지 제대로 된 커뮤니티 마케팅과 관련된 전문서적이 없었다는 것은, 어찌 보면 '신비하고 놀라운' 일이라고 볼 수도 있겠다. 다소 늦은 감이 없지 않지만, 이제라도 전문가가 집필한 제대로 된 커뮤니티 마케팅 전문서적이 나왔다는 것은 온라인 마케팅 분야에 있어서 큰 축복이라고 볼 수 있겠다. 사례 위주로 풍부한 컨텐츠를 담고 있어 누구나 쉽게 커뮤니티 마케팅에 대한 이해를 높일 수 있고, 실제 커뮤니티 활동에도 큰 도움을 줄 수 있으리라 본다.

상암 기획 이동하 부장

온라인 마케팅, 감성 마케팅, 입소문 마케팅 등이 무엇보다 중요시되고 있는 이 때, 저자는 '커뮤니티 마케팅'을 통해 온라인 시장을 정복하자고 역설한다. 마케팅에서 왜 커뮤니티가 중요한가? 내 평가에 앞서 다른 사람들의 평가를 살펴보기 때문이다. 광고가 아니라 입소문이 중요시 된다. 입소문의 진원지는 어디인가? 바로 '커뮤니티 세상'이다.
한 마디로 검색이 되지 않으면 아무런 의미가 없는 것처럼 느껴지는 시대인 것이다. 따라서 카페 운영에서 기업의 브랜드 커뮤니티와 개인 블로그에 이르기까지 다양한 커뮤니티의 성공과 실패 사례를 제시하고 있는 이 책은 이제 커뮤니티에 입문하려는 사람들은 물론 창업 준비자와 커뮤니티의 도사(?)들까지 겨냥하여 커뮤니티 노하우를 다양한 관점으로 제시하고 있다.

마인드 경영컨설팅 최훈환 대표

인터넷이 일상에 중요한 부분을 차지하는 만큼 많은 사람들이 자연스레 온라인 커뮤니티로 몰려들고 있다. 이 곳에서 새로운 사람을 만나고 정보를 얻는 것이다. 사람들의 온라인 커뮤니티 활동이 활발해지면서 커뮤니티를 어떻게 활용할 것인지에 대한 관심이 커졌지만, 그 동안 이에 대한 정보를 제대로 갖춘 책은 찾아보기 힘들었던 게 사실이다.
이 책에는 온라인 커뮤니티에서 둘째 가라면 서러워 할 고수들의 노하우가 담겨있다. 수 만, 수십 만, 수백 만의 회원들과 커뮤니티를 꾸려가며 경험으로 배운 알짜 정보가 가득하다. 성공적인 커뮤니티와 이를 통해 돈을 버는데 응용하고 싶다면 이 책을 권하고 싶다. 수 년간 커뮤니티를 운영하며 잔뼈가 굵은 그들은 당신에게 가장 좋은 스승이 되어 줄 것이다.

디지털 타임스 산업부 정원일 기자

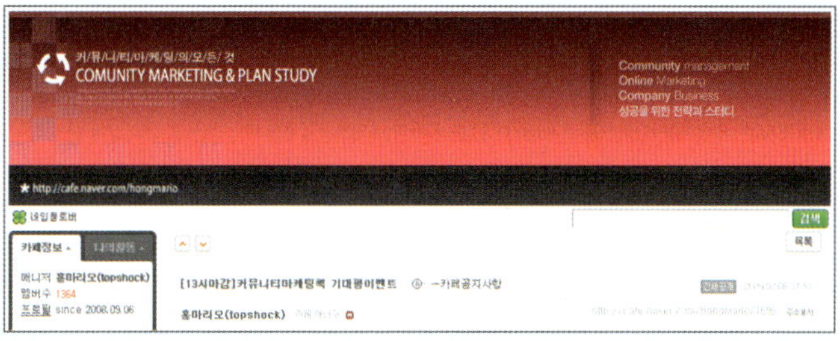

▶ **행복만땅써니**

이 책의 내용을 하나하나 읽어 내려가는 동안, 내 가슴속의 열정이 이글거리는 것을 느꼈다! 실제로 커뮤니티를 운영하는 나에게 이책이야 말로, 한국 현실 속에서 '이것이 커뮤니티 마케팅이다!' 라고 정의 내려주었다.!

▶ **스노우**

드뎌~~ 커마스의 책이 세상에 나왔네요 ^^ 그동안 커뮤니티 마케팅에 대한 정석을 알려주고 나아갈 방향에 대해 제시한 책이 없었는데... 이런 멋진 책이 이제야 출간되었네요! 커뮤니티 운영을 준비하시는 분부터 현재 운영은 하고 있지만 마케팅에 대한 방법을 모르시는 분들께 강추합니다^^

▶ **밝은바다**

지금까지 가지고 있던 커뮤니티 마케팅에 대한 막연한 생각과 정리되지 않은 지식들을 한자리에 일목요연하게 정리한 책으로 커뮤니티 마케팅에 대한 이해는 물론 이를 활용한 나름의 방향을 제시할 책으로서 손색이 없다.

▶ **에렌씨**

와~ 커뮤니티 마케팅 책이라..『잘 나가는 커뮤니티의 아주 특별한 비밀』다음으로 기대되는 군요~^^

제가 봤을 땐 커뮤니티 마케팅 책이 어떻게 보면 쉽고, 달리 보면 너무 어렵더라구요~ㅎㅎ 근데 커마스에 책이 나온다니.. 너무 기대되는데요? 거기다 제가 활동하는 카페에서 이뤄진 일이니~~저도 이 책 읽으면 초보딱지 뗄 수 있는건가요?? ㅎㅎ 뿌듯하고 왠지 모를 자부심이 생깁니다!! 무지무지 기대하고 있을게용

▶ **밧슈**

커뮤니티를 운영하고 있지만 내가 지금 잘하고 있는 것인지, 분명 경쟁 커뮤니티는 잘 나가고 있는데 우리는 그에 비하여 무엇인가 2% 부족하다는 기분이 들어 고민하던 중에 이책을 접하게 되었습니다. 핵심 요소들로 가득한 다양한 분석과 사례로 저의 미비점을 발견하는 데에 있어 도움이 되었네요.^^

▶ **페니아**

제 와이프에게 선물하고픈 책이 아닐까 싶습니다..ㅎㅎ

주말부부로 지내는 와이프가 열심히 일하는 커리어우먼이지만 일 외에 집에서 혼자 있을 땐 딱히 이렇다 할 취미가 없거든요. 인터넷을 기본적인 검색정도(인터넷쇼핑몰, 집꾸미는 내용관련, 재테크관련)를 하는 편이지만 옆에서 지켜보면 뭔가 모를 답답함이 느껴지는 정도의 컴맹이랍니다. 남편이 옆에 없는 외로움을 달래줄 수 있는 것에 대한 '길라잡이' 역할이라고나 할까요? 또 한가지!! 제가 프리랜서 선언을 한지 두 달이 지나는데 이번 달에 사업자등록을 하고, 홈페이지를 오픈해서 일을 함에 있어서 많은 도움이 되지 않을까 싶습니다.

알찬 내용, 노하우 등을 담아주신 저자분들께 감사를 드립니다!!

▶ **규마리오**

얼마 전 백수가 되어서 앞으로 뭐할까 고민 중이었는데 이 책을 보니 답이 나오는 것 같다. 일단 소자본 창업을 할 예정인데 우선은 카페, 블로그로 테마에 대한 사전조사와 매니아들을 끌어 모으고 방향성을 설정해서 사업을 시작해도 될 것 같다. 요즘처럼 불경기에는 안정적인 사업을 해야 하기 때문에 나와 같은 안정적인 창업을 준비하는 사람에게 큰 도움이 되는 책이다.

목차 CONTENTS

머리말 / 추천사 / 덧붙이는 말

Chapter 01

돈 벌려면 커뮤니티 마케팅을 하라 · 14

01 커뮤니티 마케팅, 왜 유행인가? · 16

02 커뮤니티 마케팅의 성공 사례 · 19
:: 커뮤니티 마케팅으로 성공한 국내 사례 · 19
:: 해외에서도 난리라는데 · 23

03 G마켓과 옥션의 성공 전략 · 26
:: 구매자의 마음을 읽어라 · 26
:: 구매자의 변화에 민감해라 · 28

04 성공의 지름길, 커뮤니티를 활용하라! · 30

Chapter 02

커뮤니티 마케팅이란? · 32

01 온라인 마케팅의 정의와 종류 · 34
:: 온라인 마케팅이란? · 34
:: 인터넷 사용자의 변화 · 37
:: 온라인 마케팅의 종류 · 38
:: 비용이 발생하는 온라인 마케팅 · 39
:: 비용이 발생하지 않는 온라인 마케팅 · 43
:: 온라인 마케팅 비용과 효과 · 46

02 커뮤니티 마케팅이란? · 49
:: 커뮤니티의 정의와 종류 · 49
:: 커뮤니티의 속성과 마케팅의 관계 · 53
:: 사람들은 왜 커뮤니티를 좋아하는가? · 54
:: 커뮤니티 마케팅 성공 포인트 · 58

Chapter 03

커뮤니티 마케팅의 활용 방법 · 62

01 종류에 따른 커뮤니티 마케팅 활용 방법 · 64
:: 커뮤니티 포털(카페, 클럽) 활용하기! · 64
:: 블로그 활용하기! · 65
:: 동영상 활용하기 · 68

:: 인터넷 방송 활용하기! 71
:: 댓글 및 답글 활용하기 72
:: 채팅 활용하기 76
:: 프로슈머 활용하기 79
:: 다양한 연락 수단 활용하기! 82

02 이용 목적에 따른 커뮤니티 마케팅 활용 방법 85
:: 개인 브랜드 가치 향상을 위한 커뮤니티 마케팅 85
Tip & Know-How 개인 브랜드 가치 향상을 위한 커뮤니티 마케팅 활용 노하우 89
:: 직접 수익 창출을 위한 커뮤니티 마케팅 90
Tip & Know-How 직접 수익 창출을 위한 커뮤니티 마케팅 활용 노하우 93
Tip & Know-How 카페 상거래 행위에 대한 포털사이트의 정책 93
:: 커뮤니티 마케팅을 통한 간접 수익 창출 94
Tip & Know-How 간접 수익 창출을 위한 커뮤니티 마케팅 활용 노하우 96
:: 신규 브랜드 & 제품 홍보를 위한 커뮤니티 마케팅 97
Tip & Know-How 신규 브랜드 & 제품 홍보를 위한 커뮤니티 마케팅 활용 노하우 99
:: 기업 브랜드 가치 향상을 위한 커뮤니티 마케팅 100
Tip & Know-How 기업 브랜드 가치 향상을 위한 커뮤니티 마케팅 활용 노하우 103

Chapter 04 — 분야별 커뮤니티 마케팅 활용 사례 104

01 주부 관련 커뮤니티 106
:: 살림이스트(http://salimist-club.cyworld.com) 106
:: 맘스홀릭베이비(http://cafe.naver.com/imsanbu) 108

02 생활 커뮤니티 110
:: 스타일조아(http://stylejoa.cyworld.com) 110
:: 프로방스집 꾸미기(http://cafe.daum.net/dccorplaza) 112

03 경제 재테크 커뮤니티 114
:: M&A 파워포럼(http://www.seri.org/forum/mna) 114
:: 다음카페 부자만들기(http://cafe.daum.net/mental) 116
Tip & Know-How 117

04 취미 공예 커뮤니티 118
:: 네스홈(http://cafe.naver.com/nesshome) 118
Tip & Know-How 쇼핑몰 성공 노하우 120

목차 CONTENTS

:: 선명한 사진(http://cafe.naver.com/realdslr) — 121

05 스포츠 여행 커뮤니티 — 123
:: 골프마니아클럽(http://www.golfmaniaclub.com) — 123
:: 일본 여행동아리–J여동(http://cafe.daum.net/japanricky) — 125

06 문화 예술 커뮤니티 — 128
:: 문화충전 200%(http://cafe.naver.com/real21.cafe) — 128
:: 비트박스(http://cafe.daum.net/box) — 130

07 교육 학습 커뮤니티 — 132
:: 해커스토익과 텝스(http://cafe.daum.net/HackersToeic) — 132

08 카테고리 별 커뮤니티 종합 정리 — 135

Chapter 05 커뮤니티 마케팅 성공과 실패 사례   136

01 그들은 어떻게 성공했나? — 138
:: 국내 최고의 전문 세미나 공간 – 토즈(http://www.toz.co.kr) — 138
:: 부품 문의를 소중하게 생각하여 성공으로 – 현대모비스 성남센터
(http://www.mobiscenter.co.kr) — 141
:: 취미에서 사업으로 그리고 성공까지 – 3쿠션 연구소
(http://cafe.naver.com/billiard) — 143
:: 오픈마켓에서 엄마들의 마음을 사로잡다 – '플로랑스 아기물티슈'
(옥션 www.auction.co.kr 검색 '플로랑스 물티슈') — 146

02 그들은 왜 실패했나? — 149
:: 줌바 씨앗이 자라면 다시 새롭게 부활한다 – 줌바 댄스
(http://cafe.daum.net/zumba) — 149
:: 한때 인기였던 – 토피어리아트(http://cafe.naver.com/topiaryart) — 151
Tip & Know-How 커뮤니티 마케팅을 위한 아이템 선별 방법 — 153

Chapter 06 나도 커뮤니티 마케팅을 할 수 있을까?   154

01 주부를 위한 커뮤니티 마케팅 — 156
:: 와이프로거? 그게 뭐야? — 156
:: 주부라서 더 좋은 커뮤니티 세상 — 157
:: 주부라서 딱 맞는 분야 — 158
:: 개설 – 주부 커뮤니티 개설 방법 — 164
:: 마케팅 – 주부 커뮤니티 마케팅의 방법 — 165
Tip & Know-How 주부 커뮤니티 마케팅을 할 때 주의할 점 — 167
Tip & Know-How 살림이스트 운영자인 김은경 님의 조언 — 167

02 대학생, 구직자를 위한 커뮤니티 마케팅   168

  :: 커뮤니티 마케팅을 활용하면 취업의 바늘 구멍이 커진다   168

  :: 블로그를 활용해서 취업하기   169

  :: 카페의 활용   169

  :: 해당 기업의 커뮤니티 마케팅에 적극 참여   171

  Tip & Know-How 취업을 위한 커뮤니티 활동을 할 때 원칙   172

03 투잡, 노후를 대비하는 직장인을 위한 커뮤니티 마케팅   173

  :: 본업과 관련된 커뮤니티 마케팅의 방법   173

  :: 취미와 관련된 커뮤니티 마케팅의 방법   174

  :: 직장인이 커뮤니티 마케팅을 할 때의 주의점   175

04 창업 준비자를 위한 커뮤니티 마케팅   176

  :: 커뮤니티를 통해 사전 조사하기   176

  :: 커뮤니티를 활용해서 홍보하기   177

  :: 커뮤니티를 활용해서 사업하기   178

  :: 커뮤니티를 활용하여 창업을 준비할 때 주의할 점   180

05 카페 운영자를 위한 커뮤니티 마케팅   181

  :: 운영에는 돈이 든다   181

  :: 뭉치면 돈이 된다   183

06 오프라인 사업자를 위한 커뮤니티 마케팅   184

  :: 당신이 모르는 인터넷 평판   184

  :: 알바성 글은 NO!   186

  :: 인터넷 커뮤니티 홍보 방법   186

  :: 오프라인 사업자가 커뮤니티 마케팅을 할 때 주의할 점   188

07 기업을 위한 커뮤니티 마케팅   189

  :: 기업 커뮤니티 마케팅의 필요성과 사례   189

  :: 기업 커뮤니티 마케팅을 할 때 주의할 점   193

  Tip & Know-How 당신도 커뮤니티 마케팅을 할 수 있다   193

Chapter 07

커뮤니티 마케팅 시작! 어디서 어떻게 만들 것인가?   194

01 카페냐 블로그냐 자체 사이트냐?   196

  :: 커뮤니티 마케팅의 3가지 조건   196

  :: 카페로 시작하기   197

  :: 블로그로 시작하기   198

  :: 자체 사이트로 시작하기   200

목차 CONTENTS

02 포털사이트에서 광고가 가능한가? — 204
  :: 포털사이트에서 가능한 범위는? — 204

03 목적에 따른 맞춤형 커뮤니티를 설계하라 — 209
  :: 직접 수익 창출형 — 209
  :: 부가 수익 창출형 — 210
  :: 수익이 전혀 없는 비영리형 — 211
  :: 브랜드 가치 제고형 — 212

04 포털에서 카페 만들기 — 214
  :: 포털 카페를 선택했는데… 네이버? 다음? 싸이? 어디로 가야 하나? — 214
  :: 3대 포털사이트의 주요 기능 분석 — 215
  :: 무조건 단 하나뿐인 아이템으로 시작 — 216
  :: 최초에 걸맞은 카피를 활용하라 — 219
  :: 키워드와 이름만 잘 만들어도 돈 버는 거다 — 220

05 포털 블로그냐? 설치형 블로그냐? — 222
  :: 포털 블로그 개설하기 — 222
  :: 설치형 블로그 개설하기 — 223

06 오픈 커뮤니티 개설과 도메인 확보 — 225
  :: 술 한 번 덜먹고 도메인을 확보해 놓자 — 225
  :: 오픈 커뮤니티 개설과 운영 — 226

Chapter 08

커뮤니티 활성화를 위한 회원 모집과 운영 노하우 — 230

01 예쁘게 꾸미고 핵심 컨텐츠를 채워라 — 232
  :: 대문은 마치 신문광고처럼 깔끔하게 — 232
  :: 초창기에는 꾸준한 삽질을 해야 한다 — 235
  :: 직접 창작한 컨텐츠 만드는 노하우 — 236

02 회원 모집 노하우 — 241
  :: 일단 주변 인물들을 가입시켜라 — 241
  :: 회원 모집을 위한 노하우 정리 — 244
  :: 그 밖의 회원 모집 노하우들 — 247
  :: 확실한 회원 모집 노하우 공개 — 249
  :: 포털 랭킹 1위 카페들의 성공 사례 — 250

03 운영은 친구와 가족들과 놀듯이 해라 — 253
  :: 게시판 관리 노하우 — 253
  :: 회원 관리 노하우 — 255
  :: 운영진 관리 노하우 263 — 263

04 오프라인 모임과 이벤트로 회원 녹이기 — 266
:: 오프라인 모임 어떻게 시작하고 어떻게 끝내나 — 266
:: 오프라인 모임의 필수 – 학습 + 놀이 + 비즈니스 — 269
:: 이벤트는 고래도 춤추게 한다 — 271

05 회원들의 우상이 되자 — 274
:: 시숍들의 다양한 유형, 당신은? — 274
:: 나 자신을 업그레이드 하자 — 275

06 검색 결과 첫 페이지에 띄우기 위한 노하우 — 280
:: 상위 등록을 위한 필수 요소 — 280
Tip & Know-How 지식인 상위 등록 마케팅 — 285

Chapter 09

유머 갤러리가 떴다 — 286

01 유머 갤러리 소개 — 288
:: 싸이월드에 유갤(유머 갤러리)이 떴다 — 288
:: 유갤의 탄생 배경 — 289

02 성공을 위한 준비 — 290
:: 타깃(Target)층에 대한 분석 — 290
:: 경쟁 상대를 벤치마킹하기 — 291
:: 싸이월드를 선택한 이유 — 292
:: 클럽 이름과 소개글 정하기 — 293
:: 클럽 소개글 작성하기: 20자의 마술 — 294
:: 도메인 설정하기 — 295
:: 대문(메인 화면) 꾸미기 — 296
:: 게시판 생성하기: 클럽 규모에 맞는 놀이터를 제공하라 — 297
:: 초창기 기본적인 회원 확보 — 299

03 준비 끝! 행동 개시 – 활성화 및 홍보 — 300
:: 게시판에 정보 늘려가기 — 300
:: 소속된 포털 시스템을 활용하여 홍보하기 — 301
:: 규모가 커진 클럽 관리하기 — 304
:: 커뮤니티 키워나가기 — 309

Appendix

커뮤니티 마케팅 관련 URL — 310

Community Marketing

돈 벌려면 커뮤니티 마케팅을 하라

Section 01 커뮤니티 마케팅, 왜 유행인가?

Section 02 커뮤니티 마케팅의 성공 사례

Section 03 G마켓과 옥션의 성공 전략

Section 04 성공의 지름길, 커뮤니티를 활용하라!

인터넷 대중화 시대를 맞이하여 상위 10%인 사람들이 세상의 흐름을 주도하는 시대는 점차 축소되고 있으며, 반면 일반적인 사람들의 참여에 의해서 세상의 흐름이 점점 바뀌고 있다. 시대의 흐름을 읽고 남들보다 한 박자 빨리 움직이는 센스를 가져야 돈을 벌 수 있다는 것은 많이 알고 있다. 이런 생각의 중심에 커뮤니티가 큰 비중을 차지하고 있다는 사실에 주목하자.

section 01

커뮤니티 마케팅, 왜 유행인가?

10여 년 전 인터넷이 시작될 때부터 카페, 클럽을 기반으로 한 온라인 모임, 커뮤니티가 생겨나기 시작했다. 많은 사람들이 그 속에서 정보를 공유하고 즐거움을 나누었다. 커뮤니티는 예전부터 늘 곁에 있었지만 현시점에서야 주목받는 이유가 무엇일까?

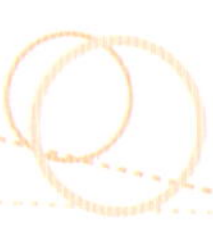

'너, 된장녀 사진 봤어?'

'그녀를 찾습니다. UCC 봤어?'

'길거리의 할머니에게 목도리를 풀어주는 여자 애에 대해서 들어봤어?'

'강남에 있는 맛있는 스파게티 집, 아는 데 있으면 알려주라'

'나 보드 배우고 싶은데, 어떻게 해야 할 지 모르겠어.'

'요즘 경기가 안 좋은데, 재테크를 하려면 어떻게 해야 하나?'

'첫 아이가 학교를 들어가게 되었는데, 뭐부터 준비해야 하나요?'

▲ '그녀를 찾습니다.'–UCC 광고

▲ 명동맛집–스파게티

우리는 하루에도 많은 생각과 많은 상황 속에서 질문하고 대화하며 답을 찾으면서 시간을 보내고 있다. 인터넷이 활성화 되기 이전이라면 주변 인물 중에서 답을 알고 있을 만한 사람에게 연락을 해서 조언을 구하거나, 그 사람을 통해서 답을 구해달라고 요청을 하는 게 고작이었다. 인터넷이 점점 활발해 지면서 이러한 어려움들은 조금씩 줄어들기 시작했다. 인터넷 환경이 활성화 되기 시작한 초기에는 많은 사람들이 모이지 않았기 때문에 모든 사람들이 한 곳에 모여서 활동을 했지만, 사람들이 많아지고 다양한 분야의 관심사, 이슈가 생기면서 하나의 트렌드가 되기 시작하고 그 곳에서 집중적으로 활동하기 시작했다.

커뮤니티는 그렇게 자연스럽게 형성이 되었다. 자연스럽게 만들어진 커뮤니티가 요즘에는 마케팅의 활용 요소로 그것도 핵심 요소로 떠오르고 있다는 것은 미디어상에서도 많이 다뤄지고 있고 실제 주변을 보면 느낄 수 있을 것이다. 커뮤니티를 이용해서 이슈화 및 트렌드화 시키는 마케팅 방법을 활용하고 있으며, 이것을 가지고 하나의 브랜드가 될 수 있는 기반을 마련하여 부가적인 수익을 창출하는 기회를 잡기 위해서 많은 기업과 소호 창업자들이 노력을 하고 있다. 지금 당신도 이 책을 열어보고 구매했다는 것은 커뮤니티의 힘을 느끼고 마케팅 요소로 얼마나 중요한 지를 알고 있다는 것이다. 무심코 열었다면 당신은 정말 운이 좋은 것이다.

▲ 신라면 조리법을 소개하는 라면짱 사이트와 짜파구리(너구리+짜파게티)

● 여기서 커뮤니티의 힘을 잘 알고 있다고 느끼는 당신에게 질문을 하나 던져 보겠다.

'왜 커뮤니티 마케팅은 이렇게 단시간 내에 온라인 마케팅의 중심, 프로모션의 중심에 서게 되었을까?'

답은 어렵지도 멀리 있지도 않다. 이전에 매스미디어 마케팅은 제한된 시간과 제한된 방법, 큰 비용 등 많은 제약 조건이 있었다. TV 프로그램 사이에 24초간 나가는 CF, 라디오 프로 중간에 나오는 협찬 멘트와 광고, 일반적인 전달에 사람들은 점점 흥미를 잃어 갔으며 심지어 익숙해 지고 있기 때문에 인지를 못하고 있다. 이 말은 점점 마케팅 요소로의 기능을 잃어가고 있다는 것이다. 그에 비해서 커뮤니티 마케팅을 보면, 매스미디어 마케팅에 익숙해 있던 사람들에게 새로운 재미와 흥미를 주면서 사람들을 움직이고 있다.

● 커뮤니티 마케팅의 영향을 알아보기 위해서 본인 혹은 주변 사람들의 일상을 살펴보자.

'당신이라면 제약 조건이 많은 매스미디어 마케팅을 선택하겠는가? 아니면 사람들의 일상 속에서 쉽게 접근할 수 있는 커뮤니티 마케팅을 선택하겠는가?'

S씨는 아침 출근길에 무료 일간지를 읽으며 지하철을 탄다. 직장에 도착하면 메신저에 로그인 하고 메일 확인과 인터넷을 시작으로 하루 일과를 시작한다. 점심 시간이 되면 이야기를 하며 밥을 먹고, 나른한 오후가 되면 잠시 웹서핑을 한다. 업무를 하다가 막히는 부분이 있으면 검색을 해서 자료나 정보를 찾게 되고, 퇴근 시간이 다 되어가면 메신저로 친구들과 약속을 잡게 된다. 모임에 가서는 이런 저런 이야기를 하면서 즐거워하고 모임을 마치고는 집에 와서 뉴스를 보고 잠들게 된다. 이렇게 빡빡하게 채워진 스케줄에서 매스미디어 마케팅을 접하기란 쉽지 않다. 하지만 커뮤니티 마케팅 관점에서 보면 일상의 요소 하나 하나가 모두 커뮤니티 마케팅의 대상이 되고 있다.

커뮤니티 마케팅의 성공 사례

온라인이라는 공간에 사람들이 모이기 시작하면서부터 커뮤니티가 형성되어 사회나 특정 분야 그리고 개인의 생활에도 많은 영향을 미치게 되었다. 이러한 커뮤니티를 마케팅의 요소로 활용하는 사례가 국내외에서 많이 시사되기 시작하였다. 여기에서는 어떤 사례들이 있는지에 대해서 알아보자.

:: 커뮤니티 마케팅으로 성공한 국내 사례

커뮤니티를 만든 사람들에게 '어떤 계기로 커뮤니티를 만들게 되었냐?' 또는 '어떤 계기로 커뮤니티에 가입을 했냐?' 라고 물어보면 정말 다양한 대답이 나온다.

'취미 생활을 위해서'
'사람들의 생각이 궁금해서'
'시간이 좀 남아서'
'사람이 그리워서(―.―;;)'
'그냥 아무 생각 없이 시작했다'
'돈 벌 기회를 찾기 위해서' 등

다양한 생각 속에서 탄생하게 된 커뮤니티는 작은 모임에서부터 사회의 이슈를 만들거나, 한 업계에 영향력을 미칠 정도의 규모를 자랑하는 곳들로 다양하다. 사람들에게 이슈가 되어 자연스럽게 퍼져나가는 사례들을 살펴보자.

다음미디어 – 아고라 (http://agora.media.daum.net)

촛불 집회와 더불어 정치, 경제적 많은 이슈를 만든 다음(Daum)의 '아고라' 서비스는 사람들에게 생각을 표현할 수 있는 장을 제공함으로써 여러 의견이 활발하게 오가는 커뮤니티가 되었다. 또한 '100분 토론'과 '추적 60분' 같은 시사프로와 연계를 통해서 온라인뿐만 아니라 미디어에도 영향을 미치게 되었다. 이 중 '미네르바'와 같이 스타 논객들도 등장을 해서 조회 건수 평균 10만 건 이상을 기록하였으며 이를 추종하는 네티즌이 생길 정도로 커뮤니티가 활성화 되었다.

 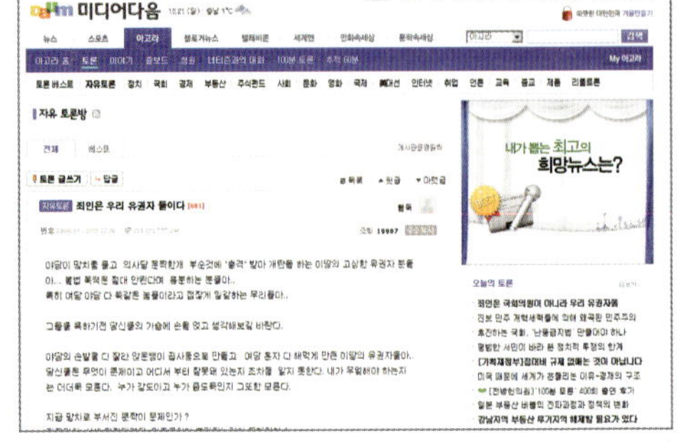

▲ 다음 아고라

🔵 마티즈와 람보르기니 경주 – LGT 패스온(http://pass-on.co.kr)

경차인 마티즈와 슈퍼카인 람보르기니의 경주라는 이색 경기를 통해서 LGT 패스온을 홍보하는 이벤트로 네티즌 간의 이슈가 되어 자연스럽게 블로거들의 스크랩을 통해서 퍼져 나갔다. 이벤트에 참여한 사람만 7,000여 명에 달할 정도로 많은 관심을 가졌고, 실제 경주한 결과에 대한 동영상은 판도라 TV, 네이버, 다음, 엠군, 프리챌Q, 파란, 앤유 등 모든 포털사이트에 등록이 되었다. 한 포털사이트에서도 같은 동영상이 등록될 정도로(프리챌Q: 관련 동영상 100개) 홍보 효과가 좋았다.

▲ 람보르기니와 마티즈 경기를 통해 패스온을 광고

🔵 RF 디자인 하우스(http://www.rfdh.com/Radio Frequency Design House)

2000년 8월 1일 시작된 RF 디자인 하우스는 순수한 정보 공유를 목적으로 시작해서 현재 약 8만 명의 회원을 보유한 국내 최대의 RF 관련 커뮤니티가 되었다. RF 업계에 종사하는 사람들이라면 이 곳의 도움을 받지 않은 사람이 거의 없다고 할 정도의 커뮤니티다. 이 사이트는 순수하게 회원들을 통해서 전파되어 회원들 스스로가 마케팅 요소가 된 경우다. 회원들 전체가 커뮤니티에 대한 긍정적인 생각을 가지고 있을 정도로 충성도가 높은 커뮤니티다. 이 곳에서 형성되는 의견은 업계에 영향을 미치기 때문에 기업에서도 많은 관심을 가지고 있으며 제휴를 통한 홍보를 하고 싶어 한다.

▲ RF 디자인 하우스

● 파워 블로거들의 성공 사례

최근에 포털사이트에서도 중요하게 여기고 있는 블로그 서비스, 그 중에서 블로그에 게시하는 글을 통해 스타가 되는 사람들도 있다.

파워 블로거

파워 블로거란?

블로그를 운영하는 사람 중에서 네티즌에게 인기가 많고 영향력 있는 사람을 일컫는 말.

블로그 서비스가 활성화 되면서 수많은 블로그 중에서 인기 있는 블로그가 생겨나기 시작했다. 그 블로그는 일인이 블로그를 관리하지만 블로그를 중심으로 커뮤니티를 형성하고 있다. 그렇게 형성된 커뮤니티는 단순하게 블로그를 방문하는 것에서 그치지 않고 블로거를 중심으로 오프라인 모임을 갖기도 하며, 기업과의 제휴를 통해서 간접적인 기업 홍보에 의한 수익을 창출하기도 한다.

● 무지개를 찾아서(http://blog.naver.com/ckwldud1) − 2008 네이버 파워 블로거

요리, 리폼 등 유용한 생활 정보를 재미있게 구성하여 올린 블로그이다. 일 평균 방문자 1만 명 이상을 기록할 정도로 많은 사람들이 방문한다.

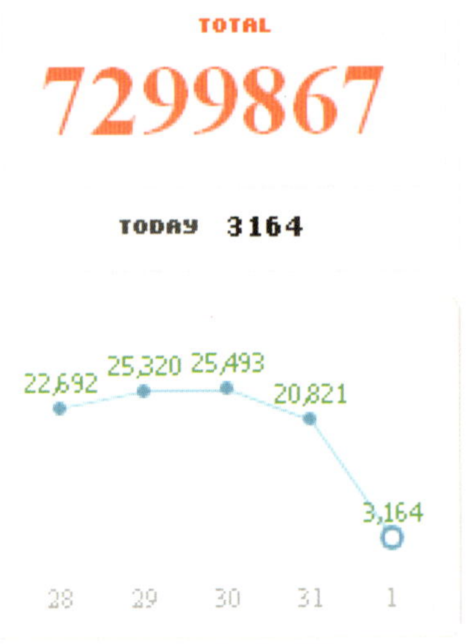

▲ 파워 블로거 메인 화면(좌) & 방문자 집계(우)

● 얼렁뚱땅 얼리어댑터(http://blog.naver.com/59hjh)

국내외의 다양한 IT 정보를 제공하여 IT에 관심이 많은 사람들, 특히 얼리어댑터(Early adapter)들 사이에서 유명한 블로그이다. 신제품에 대한 발 빠른 뉴스와 직접 신제품 행사장을 방문하여 촬영한 동영상을 유튜브와 같은 동영상 사이트에 올려서 블로그 포스팅을 한다. 그리고 해당 제품에 관련된 이벤트와 다양한 체험단 소식까지 전해 주어 사람들이 참여할 수 있는 다양한 정보도 제공한다. 최근에는 네이버 오픈캐스트 IT 분야에 85명의 블로거로 선정되어 2009년 1월에 변경되는 네이버 메인 화면에 포스팅 하는 글들이 노출될 예정이다.

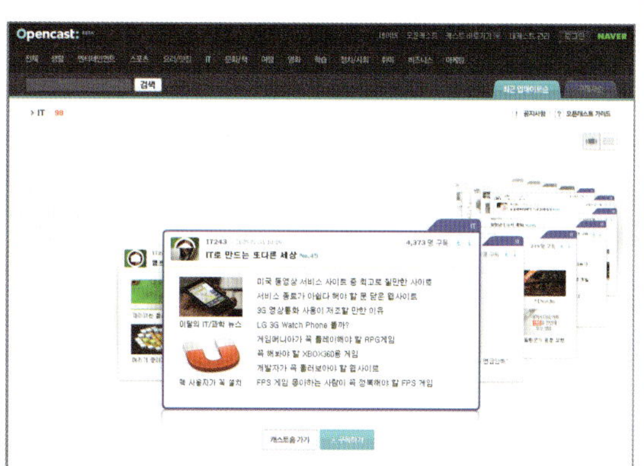

▲ 오픈캐스터 화면(좌) 및 블로그 메인 화면(우)

:: 해외에서도 난리라는데

커뮤니티의 바람은 국내뿐만 아니라 외국에서도 많이 나타나고 있다. 특히 세계적으로 이슈가 되고 있는 마이스페이스의 경우는 1억 명 이상의 회원을 보유하고 있을 정도로 활동이 많은 커뮤니티다. 그 밖에도 붐(Boom)을 이루고 있는 커뮤니티들을 살펴보자.

마이스페이스(http://www.myspace.com)

한국어를 포함한 세계 여러 언어로 서비스를 제공하여 전세계적으로 사용자를 늘려가고 있다. 특히 미국에 제공되는 서비스(http://us.myspace.com)의 경우는 대선에 대한 메뉴를 별도로 둘 정도로 정치적인 부분에까지 영향을 미치고 있다.

▲ 마이스페이스 메인 화면(좌) 및 대선 화면(우)

믹시(http://www.mixi.jp)

2004년 2월에 서비스를 시작한 커뮤니티로 명칭은 'mix(교류한다)'와 'i(사람)'을 합친다는 뜻에서 유래했다. 2007년 7월 기준으로 1,000만 명의 회원에 100만 개의 커뮤니티가 있다. 특이사항으로 가입하려는 회원으로부터 초대 메일을 받아야 하며, 그 메일에 가입 방법이 설명된다.

▲ 일본 대표 커뮤니티 '믹시(Mixi)'

● 크림에이드 (http://www.creamaid.com)

블로거와 기업을 연계할 수 있는 플랫폼을 제공하여 그 플랫폼을 이용해 기업의 제품을 홍보해 줌으로써 수익을 창출하는 사이트이다. 파워 블로거와 커뮤니티의 영향력을 활용한 수익 모델을 가지고 있는 사이트이다.

▲ 블로그 마케팅 대표 회사 '크림에이드'

section **03**

G마켓과 옥션의 성공 전략

물건의 선택부터 구매까지 사람의 심리가 가장 민감하게 반응하는 것이 바로 온라인 쇼핑이다. 국내에서 최고의 매출을 올리고 있는 두 개의 쇼핑사이트, 그들의 성공 전략 속에도 커뮤니티가 존재한다. 어떻게 성공할 수 있었는지 그 성공 포인트에 대해 알아보자

:: 구매자의 마음을 읽어라

커뮤니티의 영향력을 쉽게 확인할 수 있는 것 중 하나는 쇼핑이다. 어느덧 옷 가게를 직접 방문해서 사는 것보다 인터넷을 통해서 구입하는 경우가 많아졌고, 백화점이나 용산에 가서 발품을 팔며 전자제품을 사기보다는 인터넷에서 가격비교 사이트를 둘러보는 게 생활화 되었다.

이러한 생활 패턴을 만든 대표적인 사이트는 옥션과 G마켓이다. G마켓은 대표적인 오픈마켓플레이스를 제공하는 사이트로 온라인으로 장사를 하고 싶은 사람에게 쉽게 장사를 시작할 수 있게 공간을 마련해 줬다. 그렇게 점차적으로 상점을 모아서 분류하여 경쟁을 붙이기 시작했다. 다른 온라인 대형 쇼핑몰과 다른 점은 자체 브랜드를 가지고 판매를 하는 것인지 아니면 개별 상점의 브랜드를 걸고 판매를 하는가의 관계이다.

〈표 1-1〉 오픈마켓과 대형 쇼핑몰의 비교

구분	오픈마켓	대형 쇼핑몰
특징	재래시장과 유사함	회원 가입을 하면 바로 입점이 가능
제품	개별 상점마다 같은 제품을 등록할 수 있음	쇼핑몰에서 한 제품은 하나만 등록이 되어 있음
가격	각 상점마다 경쟁을 하기 때문에 가격경쟁이 심함	내부적인 가격경쟁이 아닌 타 사이트와의 가격경쟁을 함
이벤트	각 상점 별 이벤트를 진행	제품별 이벤트를 진행 또는 쇼핑몰 전체 이벤트 진행
인지도	상점(셀러)에 대한 구매자 커뮤니티가 존재함	쇼핑몰 전체에 대한 인지도
쇼핑 패턴	가격비교를 기반으로 한 쇼핑	이벤트를 기반으로 한 쇼핑

사람들이 대형 쇼핑몰보다 오픈마켓을 더 많이 방문하는 이유에 대해 알아보자. 구매자들에게는 오픈마켓을 방문하면 가격비교, 상품의 기능, 가게의 인기도 등 상품을 선택하기 위한 모든 행위를 쉽고 간편하게 할 수 있도록 기능을 제공하고 있다. 더구나 구매 결정에 가장 중요한 역할을 하는 최근 상품 사용자의 사용 후기도 많이 등록되어 있기 때문이다.

대형 쇼핑몰도 쇼핑몰의 인지도 보다 상품에 대한 사용자 후기가 점점 더 큰 영향을 미치고 있다는 것을 파악하고 있기 때문에 구매자들을 위해 상품에 대한 후기 커뮤니티 또는 후기를 등록할 수 있는 블로그를 제공하고 있다.

▲ GSeshop의 핑퐁

▲ yes24의 책 블로그

이러한 사용자 후기뿐만 아니라 현재 사용자들의 관심도가 높은 제품 정보를 제공하는 쇼핑몰도 생기고, 상품에 대한 별점/상품평 외에 구매한 고객들의 정보 및 구매 이유까지 제공해 사용자들에게 더욱 공감할 수 있는 정보를 제공하고 있다. 그리고 상품에 대한 리뷰/후기를 전문적으로 제공하는 사이트들도 증가하고 있는 추세다.

이러한 변화들이 의미하는 것은 사용자들이 예전의 수동적인 구매 패턴에서 점차적으로 능동적인 구매 패턴으로 변하고 있다는 것이다. 이러한 변화를 잘 파악하고 적용한 대표적인 서비스가 바로 오픈마켓인 것이다. 이렇게 구매자들이 실질적으로 원하는 것이 무엇인지 파악하고 활성화 시켰기 때문에 구매자의 마음을 잘 읽어 실구매자로 전환시킨 좋은 예이다. 이런 이유로 인해 사람들은 쇼핑을 위해서 점점 더 모이게 되고, 그곳에서 자연스러운 커뮤니티도 형성이 된다.

:: 구매자의 변화에 민감해라

사용자 평가가 처음 도입되었을 때는 사용자들의 평가보다 판매자가 제공하는 정보가 구매 결정에 더 많은 영향을 미쳤다. 하지만 구매자가 능동적으로 제품에 대한 평에 참여를 하면서부터 판매자가 제공하는 정보는 기본적인 정보가 되었고 구매 결정을 하는 데 결정적인 요소가 되었다. 일부 소비자는 상품의 구매평이 없는 상품은 구매를 하지 않을 정도라서 그 영향력은 참으로 대단하다. 하지만 최근에는 '트윈슈머와 프로슈머가 시장을 변화시킨다.' 라는 말이 나올 정도로 최근에 이슈가 되고 있는 말이다.

트윈슈머(Twinsumer = Twin + Consumer)
인터넷의 사용 후기를 참고하여 물건을 구매하는 소비자를 뜻하는 신조어로 생각, 취미, 취향, 반응, 소비 등 구매 성향이 유사한 소비자를 말한다.

특히 인터넷으로 상품을 구매할 때 직접 만져보거나 눈으로 확인한 후 구매하기 어렵기 때문에 제품의 사용 후기를 참고하여 구매한 후 직접 사용해 보았을 때의 장단점을 분석하여 인터넷에 글을 올리는 형태의 적극적인 소비자를 뜻한다.

프로슈머(Prosumer = Producer + Consumer)
기존 소비자와 달리 생산 활동 일부에 직접 참여하는데, 이는 각종 셀프서비스나 DIY(Do It Yourself) 등을 통해서 나타나고 있다.

또한 이들은 인터넷의 여러 사이트에서 자신이 새로 구매한 물건(특히 전자제품)의 장단점, 구매 가격 등을 다른 사람들과 비교 및 비판함으로써 제품 개발과 유통 과정에 직간접적으로 참여하고 있다. 이렇게 시장에 적극적으로 참여를 하는 새로운 구매자의 변화를 활용하기 위해서는 구매자간에 형성된 커뮤니티 변화에 민감해야 한다.

▲ G마켓 의류의 상품 정보

▲ 의류 상품에 대한 다양한 상품평

section 04 성공의 지름길, 커뮤니티를 활용하라!

커뮤니티는 이전부터 존재했고 또한 개인이나 단체는 이런 커뮤니티의 힘을 활용하여 원하는 바를 얻어왔다. 예를 들어 예전 저잣거리에서는 물건에 대해 좋은 소문을 퍼뜨려 여론을 조성하는 방법을 통해 물건을 더 많이 팔거나 권력을 쟁취하기도 하였다. 또는 상대편에 안 좋은 소문을 퍼트려 경쟁에서 이기는 방법 등을 활용하였는데 이 모든 방법이 커뮤니티를 활용한 것이라 할 수 있다.

인터넷이 활성화되기 전에는 커뮤니티가 활용될 수 있는 영역이 한정되어 있었지만 지금은 더 이상 제한이 없기 때문에 커뮤니티의 존재는 더욱 더 강력한 힘을 가지게 되었다. 커뮤니티가 관심을 가지게 되면 그것이 트렌드가 되기 때문에 일반인들까지 관심을 가지게 되며, 점점 더 큰 눈덩이가 되어 간다.

오프라인 시장과 온라인 시장에 이미 많은 기업들이 자신만의 영역을 차지하고 있다. 따라서 후발 주자가 새롭게 자신의 영역을 구축하기란 쉽지가 않다. 이미 다른 주인이 선점하고 있는 영역을 나의 영역으로 만들기 위해서는 사람들의 이목을 집중시켜야 한다. 그러나 혼자서 이러한 것을 만들어 가기란 불가능하다고 할 수 있다. 이런 이유 때문에 자신을 구심점으로 하는 커뮤니티를 형성하여 그 힘을 이용한다면 성공적으로 시장에 진입하여 고유 영역을 확보할 수 있다.

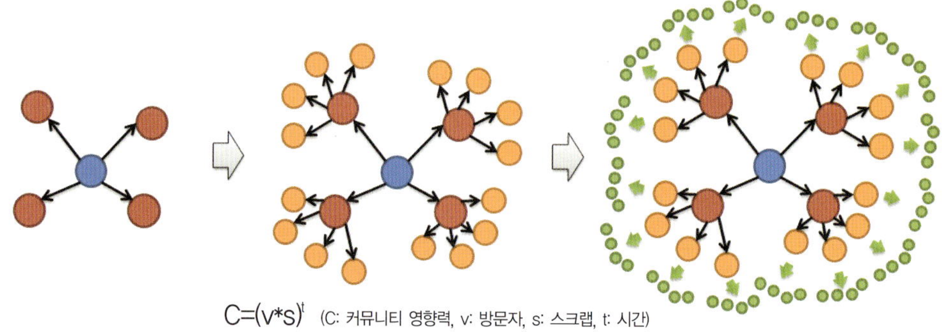

$$C=(v*s)^t$$ (C: 커뮤니티 영향력, v: 방문자, s: 스크랩, t: 시간)

▲ 커뮤니티를 통해서 정보가 퍼져나가는 모습과 영향력

가전제품 시장을 보면 얼마 전까지 삼성전자와 LG전자, 두 대기업이 거의 모든 제품에 대해서 시장을 양분하고 있다고 해도 과언이 아닐 정도로 높은 시장 점유율을 가지고 있었다. 그런 시장 구도에서 2005년 '한경희'라는 이름을 가진 가전제품이 나오기 시작했다. 초기에는 브랜드에 대한 인지도가 높지 않아서 매출도 높지 않았는데, 가전제품을 사용할 주부를 대상으로 체험단 모집과 이벤트 등으로 사용한 사람들을 우선적으로 확보했다. 제품을 사용한 주부들에게서 호평을 받기 시작했고, 이러한 호평은 점차 커뮤니티를 통해서 전파되었다.

이렇게 스팀청소기의 유명세를 더해 스팀다리미, 음식물처리기 등 다양한 제품을 생산하고 있다. 브랜드에 대한 인지도 면에서도 필립스와 같은 글로벌기업의 제품과 우리나라 삼성전자, LG전자의 제품보다 더 높은 브랜드 인지도를 가지고 있다. 이를 증명하듯이 네이버의 지식쇼핑에서 스팀청소기를 검색하면 인기 판매의 상위권에 있는 대부분이 '한경희 스팀청소기'다.

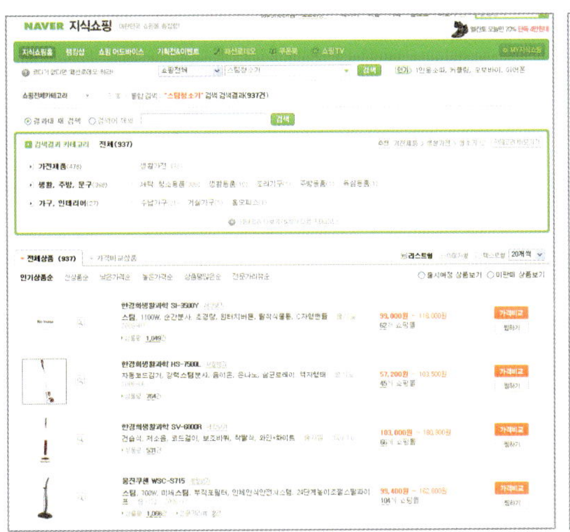

▲ 네이버 지식쇼핑에서 '스팀청소기' 검색 결과와 한경희 스팀청소기 제품

Community Marketing

Section 01 온라인 마케팅의 정의와 종류
Section 02 커뮤니티 마케팅이란?

커뮤니티 마케팅이란?

Chapter 02

인터넷이 활발해 지면서 우리 생활 전반에 걸쳐 많은 변화가 생겼다. 특히, 과거에는 마케팅 방법 중에서 미디어 마케팅이 큰 부분을 차지했지만 점차 사람 중심의 커뮤니티 마케팅이 그 비중을 넓혀가고 있다. 온라인 마케팅에 대한 기본적인 내용과 커뮤니티 마케팅에 대해서 알아보자.

section 01 온라인 마케팅의 정의와 종류

인터넷이 발전함에 따라 온라인상에서도 마케팅의 중요성이 대두되었으며 또한 다양하게 펼쳐지고 있다. 이와 관련하여 온라인 마케팅의 정의, 마케팅 타깃(Target)의 변화, 다양한 마케팅 방법 그리고 그에 대한 효과에 대해서 알아보자.

:: 온라인 마케팅이란?

한 여성이 여성 전용 쥬얼리샵을 오픈 했다. 그래서 친구들을 대상으로 판매를 시작하기 위해 '싸게 줄 테니 한 번 놀러와' 라고 전화를 했다. 그런데 전화로 설명을 하다 보니 계속해서 같은 설명을 해야 한다는 것이 너무나 힘들었다. 어떤 품목을 취급하고 컨셉이 무엇이며 상호명, 약도 등 설명해야 할 것이 하나, 둘이 아니었던 것이다. 친구 100명에게 한다고 생각하면 전화비 또한 만만치 않은 것이다.

만약 이 여성이 대량 문자 발송으로 '나 S대 앞에 쥬얼리샵 오픈 했다. 한 번 놀러와 ~^^ 다음 카페에서 '신상 쥬얼리' 치면 된다.' 라고 문자를 발송했다면, 또는 메신저에 있는 친구들에게 단체 쪽지로 홈페이지와 카페의 URL 주소를 적어서 보낸다면 위에서 했던 전화를 하는 것보다 비용적인 측면과 시간적인 측면에서 모두 효율적이라 할 수 있다. 물론 친한 사람들은 전화하는 게 좋을 수 있겠다.

확률적으로 봐도 100명에게 문자를 보냈을 때 적어도 문자를 받는 사람의 반 이상은 인터넷으로 바로 접속할 수 있는 환경에 있을 것이고, 그 중 시간적 여유가 있는 친구들 일부는 카페에도 가입하고 '축하한다. 조만간 함 놀러 가마~' 이렇게 글을 남길 수도 있을 것이다.

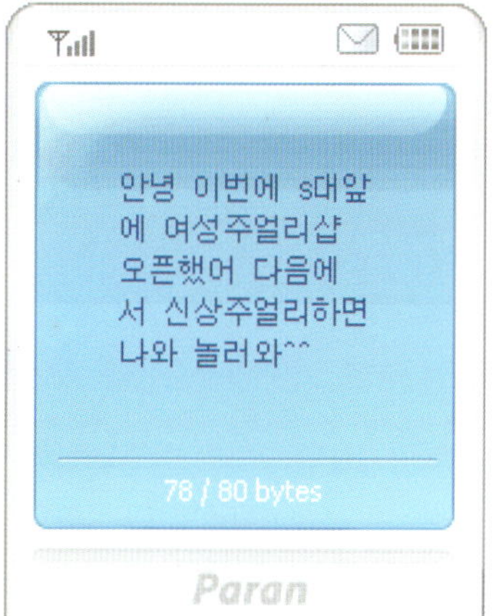

▲ 쥬얼리샵 오픈 알림 전화 및 문자 발송 화면

아주 간단한 방법이지만 효과적인 방법을 선택하는 것이 마케팅의 기본이다. 온라인은 홍보를 한 내용이 기록되어 있어서 반복적인 홍보도 편리하고, 친구의 친구까지 전달이 용이해서 입소문까지 만들 수 있다. 오프라인으로 1:1 홍보를 하는 것보다 온라인을 활용한다면 더욱 더 간단하게 사람들에게 전할 수 있다. 또한 시간과 비용을 절약해 주면서 더 많은 것을 자세히 알릴 수 있는 큰 장점을 가지고 있다.

〈표 2-1〉 오프라인 마케팅 VS 온라인 마케팅

구분	오프라인 마케팅	온라인 마케팅
시간	제약 조건이 있음 특정 시간에만 가능함	제약 조건이 없음 언제든지 가능함
비용	비용이 많이 발생 많은 곳을 홍보할수록 비용에 대한 부담이 커짐	비용이 적게 발생 공간에 상관없이 일정한 비용이 발생
공간	홍보를 했을 때 특정 영역에서만 효과를 볼 수 있음	공간에 제약을 받지 않고 홍보를 할 수 있음
형태	전단지, 플래카드, 거리 이벤트 등	포털 광고, 바이럴 마케팅 등

마케팅의 시작은 한 사람을 설득하는 것부터 출발한다고 흔히들 말한다. 이를 온라인 마케팅에 적용하면 이렇게 말할 수 있다. '온라인 마케팅이란? 인터넷 공간에서 할 수 있는 다양한 전략과 전술을 가지고 여러 사람을 설득하거나 거래를 원활하게 하기 위한 온라인상의 모든 활동' 이라고 할 수 있다.

이전 구매자들의 패턴을 보면 매장에 들르는 소비자가 특정 상품에 관심을 갖게 되고 그 욕구로부터 제품 구매에까지 이르는 심리 구조였다면(AIDMA 법칙), 현재는 직접 보지 않더라도 온라인 공간을 통해 특정 상품과 서비스에 대해 소비자들 사이에서 정보의 교환과 공유, 검색 등을 통해 사용 경험을 얻어 구매까지 이르게 된다. (AISAS 법칙)

이런 심리 변화에 맞춰진 다양한 방식의 마케팅 형태가 많이 나타나기 때문에 성공적인 판매를 위해서(일명, 대박을 내기 위해서)는 4P+3C에 대한 충분한 이해와 전략이 필요하다.

3C – 환경 분석

1. COMPANY – 제품의 강점과 약점? 당사가 활용 가능한 자원?
2. COMPETITOR – 대체 가능한 제품 혹은 서비스? 잠재적인 경쟁자?
3. CUSTOMER – 고객마다 다른 수요? 제품에 대한 구매 트렌드는?

4P – 제품 판매

1. PRODUCT – 판매를 하기 위한 제품
2. PRICE – 제품에 대한 가격
3. PROMOTION – 제품을 알리기 위한 홍보 방법
4. PLACE – 제품을 판매할 장소

:: 인터넷 사용자의 변화

2007년 초부터 가장 이슈가 되었던 키워드를 몇 개 꼽으라면 웹2.0, UCC, 입소문, You! 등이 있을 것이다. 인터넷에서 사용자들이 참여하는 비율이 점차적으로 증가하고 있으며 이러한 참여는 인터넷 분야에 다양한 변화를 가져왔다. 그 중에서도 마케팅 부분은 넷심의 변화에 따라 발 빠른 대응을 해야 하기 때문에 넷심의 이동과 온라인에서의 사용자 패턴에 많은 관심을 가지게 된다.

사용자의 패턴 중에서 가장 많은 변화를 가져온 것이 쇼핑에 대한 부분이다. 구매자의 패턴이 이전에는 직접 매장을 방문해서 구매하거나 아니면 온라인 상에서 판매자가 제공하는 국한된 정보에 의지하여 제품을 구매하는 패턴이 대부분이었다. 이러한 패턴은 사용자들 사이에서 정보의 공유, 검색 기능의 발달, 커뮤니티의 활성화에 따른 참여가 높아지면서 변화를 갖게 되었다. 더 이상 판매자가 제공하는 정보에만 의존하지 않고 상호간의 정보를 교환하여 보다 정확히 제품의 정보와 평가를 확인 한 후 구매를 하기 시작했다.

예를 들어서 컴퓨터를 사는 사람들의 패턴을 분석해 보면 이전에는 인지도가 높은 브랜드 제품을 구매하거나 아는 지인 중에서 컴퓨터에 박식한 사람을 통해 구매하는 것이 대부분이었다. 하지만 현재는 네이버의 지식인과 여러 커뮤니티를 돌아다니면서 'OO하는 목적으로 컴퓨터를 살려고 하는데, OO만 원대면 어느 정도로 살 수 있나요?', 'OO만 원대면 좋은 컴퓨터를 맞출 수 있을까요?' 등 상점에 가면 쉽게 답을 얻을 수 있는 질문임에도 불구하고 커뮤니티에 글을 올린다. 그 글을 본 준 프로급의 사람들은 너도 나도 댓글을 달기 시작한다. 그리고 달린 댓글에 대해서 평가를 한다. 한 게시물에 대해서 많은 관심을 가지며 이익 창출의 목적이 아닌 순수한 평가만을 하기 시작한다. 그렇게 등록된 글들을 통해서 구매자는 구매의 여부를 판단하여 구매를 그대로 행동으로 옮기거나, 더 좋은 추천글이 있으면 비용이 조금 더 지출되더라도 그것을 구매하게 된다.

이렇게 온라인 공간을 통해 소비자 간에 특정 상품과 서비스에 대해서 직접 보지 않더라도 정보의 교환과 공유, 검색을 통해 사용 경험을 얻어 구매로 발전되는 심리(AISAS법칙)로 변해왔다.

이러한 사용자 패턴의 변화에 따라서 온라인 마케팅의 방법도 Push형(단방향마케팅) 마케팅이 아닌 With형(쌍방향마케팅) 마케팅 방법이 많이 사용되고 있으며 그에 따른 홍보 효과도 더 높다.

:: 온라인 마케팅의 종류

온라인 마케팅 방법은 책으로 다 설명을 할 수 없을 정도로 많은 방법들이 있다. 인터넷이 활성화 되고 새로운 서비스가 생길 때마다 마케팅 방법도 같이 만들어 지고 있다. 많은 방법을 다 살펴보기 보다는 기본적으로 알아야 하는 방법과 지식에 대해서 살펴보도록 하자.

오버추어, 배너 광고, 스폰서링크 등 그 밖에도 여러 가지 방식이 있지만 광고에 대한 비용을 지불하는 방법은 일반적으로 CPC(Cost Per Click: 클릭당 비용지불) 방식과 CPM(Cost Per Millenium: 노출당 비용 지불) 방식으로 나누어 진다. 그리고 사이트에 방문자가 많은 경우는 일정 기간 동안 노출을 하는 방식도 있다.

● CPC

CPC 방식의 예로 오버추어가 있는데, 오버추어는 특정 키워드를 선택하여 사용자가 클릭 했을 때의 협의한 금액으로 비용을 지불하는 방식이다.

● CPM

CPM 방식의 예로는 배너 광고를 들 수 있다. 인터넷 사용자가 사이트에 한 번 접속할 때마다 1회씩 카운팅 되고 지불한 금액만큼의 광고가 노출되는 방식이다.

● 기간설정 방식

기간설정 방식의 대표적인 예는 포털사이트의 메인 배너 광고인데, 비용적인 측면에서 SOHO 사업자들에게는 상당한 부담을 줄 수 있기 때문에 추천하지 않는 방법이다.

제품이나 서비스를 홍보하는 온라인 마케팅의 방법에는 크게 비용이 드는 방법과 비용이 들지 않는 방법으로 나눌 수 있다. 비용이 드는 방법은 포털사이트의 광고 상품을 이용하는 방식이고, 비용이 들지 않는 방식은 사용자들의 입소문을 이용하는 방식이다.

:: 비용이 발생하는 온라인 마케팅

포털사이트의 메인 페이지 영역 중에서 사람들의 시선이 많이 가는 곳에 있는 배너, 키워드 검색을 했을 때 상단에 노출되는 키워드 광고 등과 같은 방식은 노출하는 위치/시간에 따라서 비용에 차이가 많이 난다. 비용이 발생하는 온라인 마케팅에 대해서 알아보자.

● 키워드 광고

키워드 광고의 경우는 업종에 해당하는 특정 키워드를 선택하여 사용자가 그 키워드로 검색했을 때 검색될 수 있도록 하는 방식이다. 키워드 광고는 포털사이트에서 사용자들이 검색을 할 때 어떠한 키워드를 입력하는지 분석이 필요하다. 어떤 키워드를 선정하느냐에 따라서 마케팅 효과는 상당한 차이를 보일 수 있기 때문이다. 대표적인 서비스로 오버추어와 애드센스를 들 수 있다.

오버추어

오버추어 광고는 특정 검색어의 검색 결과가 포털사이트의 최상단 스폰서 링크 위치에서 '사이트 제목', '사이트 설명', 'URL 주소'의 형식으로 노출되고 고객이 광고를 클릭하면 해당 키워드의 입찰 금액에 해당하는 비용을 지불하는 방식이다.

국내에서는 오버추어코리아에서 독점으로 운영하고 있으며 광고 대행사들을 통해 진행할 수 있다. 만약 신규 창업 아이템으로 빵 배달 전문점을 오픈 하고 상호명을 '따끈따끈 빵 배달' 이라고 짓는다고 하자. 오버추어 광고에 등록을 하면 '빵 배달' 과 '따끈따끈' 이란 단어를 검색했을 때 자신의 상호가 포털사이트 검색 결과의 최상단에 노출되게 할 수 있다.

하지만 사람들이 빵을 사기 위해서 '빵 배달' 이나 '따끈따끈' 과 같은 단어를 검색한다고 보기는 어렵다. 이러한 키워드는 광고비가 저렴하기는 하지만 광고 효과가 떨어지는 단점이 있다. 그렇다고 해서 비싼 비용을 지불하고 '빵' 이라는 키워드로 등록한다면 광고비가 너무 올라가서 수익이 줄어들 수 있다. 이런 점을 생각한다면 오버추어 광고에서 키워드를 선정하는 것이 매우 중요하고 때에 따라서는 유사 단어를 통해 광고를 하는 전략도 고민해 볼 필요가 있다는 것을 알 수 있다.

▲ 다음에서 '빵' 이라고 검색했을 때 나타나는 화면

애드센스

구글 애드센스는 오버추어와는 조금 다른 형식의 키워드 광고 방식이다. 사업자는 구글과 계약을 통해서 애드센스에 노출이 될 수 있도록 광고를 등록한다. 등록한 광고는 일반인들이 자신의 홈페이지나 블로그에 구글 애드센스라는 프로그램을 설치하게 된다. 설치를 마치면 포스팅 된 글과 유사한 내용의 광고가 자동으로 노출된다. 이 광고는 포털사이트에 노출되는 방식과는 차이가 있지만 광고 효과는 높은 편에 속한다. 아래의 내용은 구글 애드센스 홈페이지에 나와 있는 성공담이다.

> '우리 사이트에서 Google 애드센스 프로그램을 채택한 후, 무려 220%의 놀라운 수입 증가를 기록했습니다. 애드센스는 이전에 내가 가입했던 어떤 프로그램보다 훨씬 월등하며, 모든 컨텐츠 기반의 웹사이트에서 활용할 수 있는 고수익성 모델의 프로그램입니다.'
>
> Wesley Atkins(golf-equipment-tips.com)

이 외에도 유사한 서비스로 네이버의 '클릭초이스', 다음의 '클릭스' 등이 있다.

● 배너 광고

가장 오래된 광고 마케팅 방법으로 서비스의 아이덴티티를 적절하게 표현할 수 있는 디자인의 볼거리로 사람들의 클릭을 유도하는 방식이다. 이 방식은 '어떻게 사람들의 시선을 자극해서 구매를 유도하느냐' 가 포인트다. 포털사이트 메인 페이지의 가운데 위치하고 있는 대표적인 예라고 할 수 있다. 최근 포털사이트에서는 배너 영역이 사용자의 시선을 끌고 한정되어 있는 공간을 활용하기 위해서 배너와 플래시를 혼합한 TI 배너(Transparent Interactive Banner, 또는 Floating Banner) 형식으로 제작되는 경우가 많이 있다.

▲ 네이버 'KT 인터넷 전화' 를 홍보하기 위한 TI 배너

● 지역 광고

지역 광고는 인터넷이 활성화 되고 생활화 되면서 사람들에게는 모든 정보를 포털 검색 서비스에서 얻고자 하는 생활 습관이 생겨버렸다. 예전에는 친구에게 중국집의 전화번호나 주변 야식집 전화번호를 물어보면 '114에 물어봐' 라고 했던 것이, 지금은 '네이버에 물어봐' 라고 대답하고 실제로도 네이버에서 찾고 있다. 지역 상권 확보를 위한 광고 방식으로 지도 정보와도 연계되는 서비스이다.

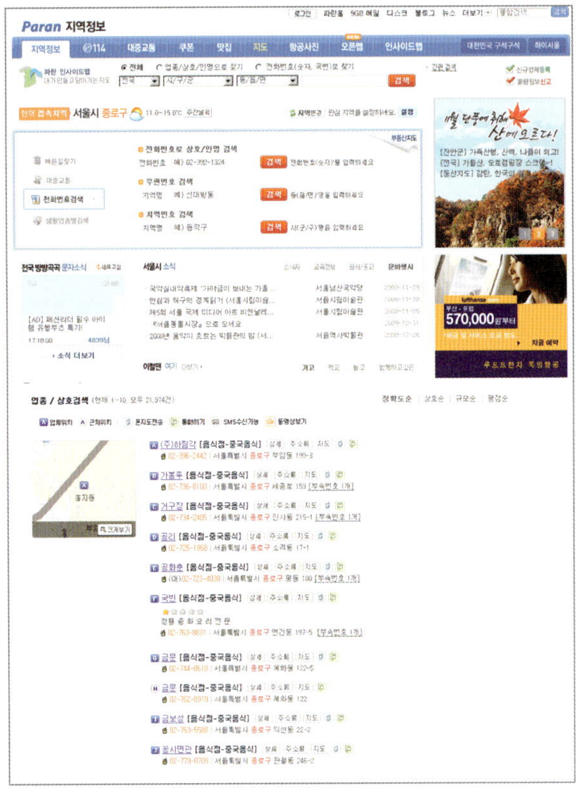

▲ 파란닷컴 지역정보에서 '중국집'으로 검색한 내용

● 메일 광고

2,000년대 초반에 인터넷이 활성화 되기 시작할 무렵 많이 사용하던 방식으로 현재는 사용자에게 스팸 메일이라는 인식이 많아져서 클릭률이 다른 광고 방식에 비해서 높지 않다.

▲ 홈노트 회원을 상대로 이벤트, 설문 관련 내용의 메일

:: 비용이 발생하지 않는 온라인 마케팅

소규모의 온라인 쇼핑몰, 작은 홈인테리어샵의 경우에는 홍보를 위한 마케팅 비용이 충분하지 않다. 이러한 상황에서도 비용대비 최대의 효과를 기대할 수 있는 방식에 대해서 알아보자.

● 지식인 마케팅

네이버를 포털 서비스 1위로 만들어 준 지식인 서비스를 이용한 광고 방식이다. 네이버에서 검색을 하면 스폰서 광고가 없는 영역에서는 지식인이 가장 먼저 뜬다. 사용자들이 인터넷에서 정말 많은 질문과 답변을 주고 받고 있다. 사용자들이 궁금해 하는 내용을 질문으로 만들어서 등록하고 대답을 하는 형식으로 광고를 하는 것이다. 이 중에 상품에 대해서 직접적인 내용을 포함한 것도 있지만 사람들이 광고라고 인지를 하여 부정적인 느낌으로 받아 들이는 경우가 많다. 최근에는 간접적인 홍보 방식인 질문에 대해서 답변으로 자세한 정보를 적은 후 더 자세한 정보와 유사한 정보가 있는 곳을 알려주는 방식으로 홍보를 하는 것이 사용자들에게 긍정적인 느낌을 가지고 접근할 수 있다. 답변에서 자세한 정보를 보면서 사용자는 그 내용을 더 이상 광고가 아닌 정보로 인지하게끔 유도하는 마케팅 방식이다.

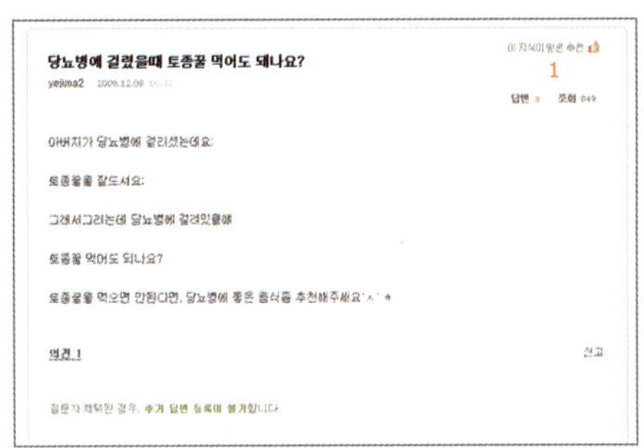
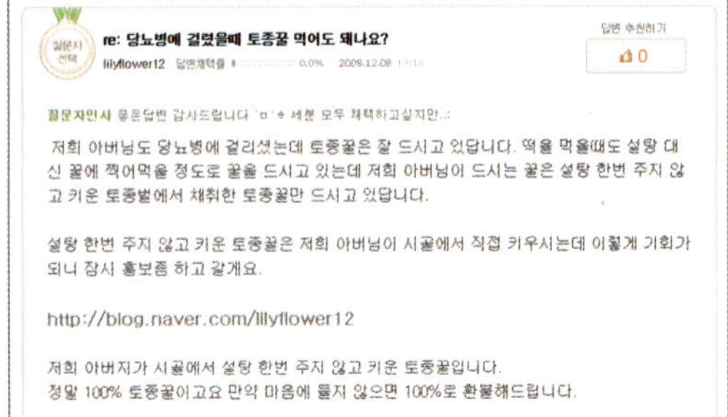

▲ 지식인 답변을 통해서 제품 블로그를 홍보

● 블로그 마케팅

블로그에 제품에 대한 리뷰나 관련 정보들을 올려 놓으면 검색 시 상단에 노출된다. 이러한 리뷰는 제품 판매자의 입장보다는 사용자와 구매자의 입장에서 많이 쓰여져 있기 때문에 많은 사람들이 방문을 하게 된다. 가령 어느 지역의 맛집을 검색하면 맛집이 포스팅 된 블로그를 검색할 수 있으며, 그 블로그에는 맛집의 사진과 평가 등이 자세하게 설명되어 있기 때문에 사용자들이 많이 방문을 한다. 제공되는 정보의 자세한 정도는 심지어 주인 아주머니의 친절함까지 평가해 두었기 때문에 자연스럽게 다가가게 되고 신뢰를 가지게 된다.

이처럼 블로그를 이용해서 간접적으로 홍보하는 것을 블로그 마케팅이라고 하는데, 블로그나 카페에 들어오면 관련 컨텐츠들을 더 확인할 수 있고 태그를 이용한 검색도 가능하기 때문에 유리한 점이 많다. 특히, 카페는 가입해야 되지만 블로그는 가입을 하지 않아도 내용을 볼 수 있으므로 마케팅 요소로 활용 가치가 높다.

● 카페 마케팅

카페 마케팅은 블로그 마케팅과 유사한 점이 많지만 약간의 차이가 있다. 우선 단점은 지식인에서 검색할 경우 내용을 볼 수 있지만 관련 컨텐츠를 보려면 회원 가입을 해야 한다. 단점에 비해서 장점이 많은 것이 카페 마케팅이다. 카페는 동일한 것에 관심을 가진 사람들의 모임이기 때문에 많은 사람들이 공통된 관심사에 대한 정보를 공유하게 된다. 블로그가 1인의 정보라면 카페는 많은 사람들의 정보 집합체다. 따라서 회원수가 많고 방문자가 많은 카페의 경우는 엄청난 마케팅 효과를 가져올 수 있다.

● 미니홈피 마케팅

미니홈피는 블로그와 좀 더 다른 방식인데 이는 철저히 개인의 친목 위주인 일촌 관계에 대한 마케팅이 주를 이룬다. 그러다 보니 개인의 사적인 정보가 많지만 여기에서도 해당 제품에 대한 리뷰와 사진들까지 마케팅으로 응용할 수 있다.
최근 미니홈피 이용률이 떨어지고는 있지만 사진 저장 등은 여전히 싸이월드를 많이 활용하므로 패션쇼핑몰 등 커뮤니티 게시판이 없는 곳에서는 미니홈피에 링크를 걸어서 고객과의 소통 채널을 만들고 있다. 이런 일련의 과정을 통해 마케팅 수단으로 많이 활용하고 있다.

● 바이럴 마케팅

바이럴 마케팅은 입소문 마케팅이라고도 하는데 UCC 동영상이나 엽기, 유머 등을 제작해서 네티즌들의 입소문으로 자연스럽게 전파되도록 하는 방식이다. 최근 각광 받고 있는 마케팅 방법이다. 가령 어떤 엽기적인 만화나 재미있는 갤러리 유머를 만들고 거기에다가 해당 기업의 홈페이지 주소를 넣으면 자연적으로 그 기업이 홍보될 것이다.
다음은 해외에서도 유행되고 있는 바이럴 마케팅에 대한 글이다.

- 소비자의 90% 가까이가 소비자의 추천을 신뢰하는 것에 비해 TV 광고는 50% 이하다.
- 영국 소비자의 76%가 입소문을 구매 결정의 주요 요인으로, 15%가 전통 광고를 언급. 미국 소비자의 92%는 입소문을 구매 정보로 선호
- 긍정적인 서비스를 제공받은 고객의 10명 중 단 2명만 그 내용을 주변 사람에게 전달하지만, 부정적인 서비스를 받은 소비자는 6명이나 주변 사람에게 전파한다.

:: 온라인 마케팅 비용과 효과

예전 인터넷이 활성화 되기 전, 마케팅을 할 수 있는 채널이 한정되어 있을 때 미디어를 독점하기 위해서 천문학적인 마케팅 비용을 들여서 광고를 했다. 미디어 광고의 대표적인 TV 광고는 시간대별로 SA, A, B, C급으로 분류가 되며, 금액은 15초 1회를 기준으로 C급이 100만 원대부터 시작을 해서 SA급은 1000만 원이 넘는다. 이러한 비용은 SOHO 사업주나 중소기업에게는 감히 사용할 수 없는 금액이다.

이러한 미디어의 효과는 시청률 15%가 나타나는 프로그램의 광고라고 가정을 하면, 단순 계산으로는 전국의 약 200만 가구가 시청을 했다고 볼 수 있다. 하지만 TV 광고는 그 시간대가 아니면 광고를 볼 수 없는데, 이러한 미디어 광고는 Push-in 형식의 마케팅 방식이다. 이 광고에 대한 측정을 할 수 있는 기준은 여러 가지 요소를 가정하더라도 판단하기 어렵다. 그리고 사용자 사이에서 전파될 수 있는 방법에는 그 광고를 같은 시간에 같이 보거나 구전으로 밖에 할 수 없기 때문에 전파력은 약하다고 할 수 있다.

포털사이트의 메인 배너를 띄우는 것은 방식적인 측면에서는 미디어 광고와 유사한 부분이 많다고 할 수 있다. 하지만 그 광고에 대한 사용자의 이해도에서는 미디어 광고와 다소 차이가 난다. 온라인 광고는 사용자가 인지를 하고 그 마케팅 아이템(동영상, 배너, 메일 등)을 보기 때문에 전달하고자 하는 이야기를 사용자가 이해할 확률이 상대적으로 높다. 그리고 온라인 상에서 공유가 용이하다는 부분이 이전에 미디어 광고에서 크게 차별화 되는 부분이다. 미디어 광고에서 불가능했던 공유의 개념이 온라인 상에서는 가능하기 때문에 전파력은 상상을 초월한다.

온라인 마케팅은 제작 비용보다는 획기적인 기획력이 소비자에게 더 큰 영향을 준다. 또한 제품을 직접적으로 매출과 연관시켜 살펴볼 때 관여도가 높은 제품(고관여 제품)인지 아니면 낮은 제품(저관여 제품)인지에 따라서 매출은 영향을 더 많이 받는다.

다음에서 확인할 수 있는 두 가지의 이미지는 '샐러드 송'과 '빠삐놈' 동영상이다. 두 동영상은 같은 목적으로 만들어 졌지만 전혀 다른 결과를 가지고 왔다. 샐러드 송은 지펠에서 윤은혜라는 A급 스타를 전면에 내세웠으며 별도로 작곡한 샐러드 송을 부르는 동영상을 제작하여 온라인 상에서 전파하기 시작했다. 메이킹 필름과 함께 온라인 상에 배포한 이 동영상은 결과적으로 많은 조회수와 함께 사람들에게도 많은 화제가 되었다. 하지만 실제 판매량에는 많은 영향을 미치지 못했다. 이유는 지펠은 고가의 제품이면서 한번 구매를 하면 최소 5년 이상을 사용하기 때문에 사용자가 쉽게 고르지 못하는 고관여 제품이다.

▲ 윤은혜 샐러드 송

▲ 빠삐놈 UCC

그에 반해 빠삐놈 동영상은 사람들에게 이슈가 되어서 빠삐코 매출이 과년 대비 무려 40%가 증가했다. 이것은 샐러드 송과 상반되는 결과라고 볼 수 있다. 빠삐놈 동영상은 영화 '놈놈놈'의 주제가와 비슷한 리듬으로 재미있게 편집되었다. 이 동영상은 많은 사이트와 블로그에 스크랩 되어서 사람들의 기억 저 멀리 사라져 가고 있었던 제품을 회상하게 하였으며 다른 아이스크림을 사먹던 구매자에게 다시금 빠삐코를 고르게 했다. 비슷한 온라인 마케팅이지만 역시 삐삐코기 지펠과 다른 것은 구매자가 부담 없이 혹은 충동적으로 구매를 할 수 있는 저관여 제품이었기 때문이다.

온라인 마케팅은 어떤 제품을 마케팅 하느냐, 어떤 방법으로 마케팅 하느냐에 따라서 비용이 천차만별이다. 이전 미디어 광고처럼 비용을 많이 쓴 만큼 그에 합당한 마케팅 효과를 얻을 수 있는 것은 아니다.

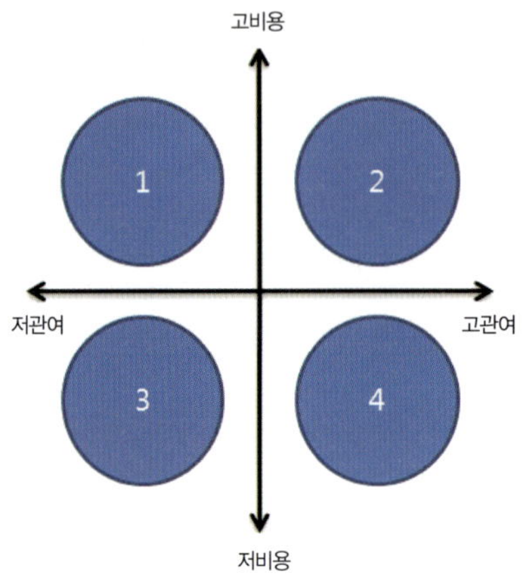

▲ 관여도와 마케팅 비용 관계에 대한 특징

영역	특징
1	– 시즌 제품에 많이 보이는 현상 – 시장경쟁 구도가 절대적 강자가 없을 경우 많이 보임
2	– 신규 브랜드의 런칭 또는 제품 이미지 제고를 위한 마케팅
3	– SOHO 사업자가 전략적으로 쉽게 접근할 수 있는 영역
4	– 지속적으로 사용자에게 브랜드에 대한 인지도를 유지하기 위한 전략 – 잠정적 고객에게 호기심을 유발시키기 위한 전략

커뮤니티 마케팅이란?

우리나라는 금융거래, 세금 및 연말정산과 같은 복잡한 것도 인터넷을 통해서 처리할 정도로 그 이용률이 매우 높다. 그 중에서도 눈에 띄는 것은 얼마 전 뉴스 기사에 국내 1위 사이트 네이버에서 페이지뷰가 가장 높았던 섹션이 바로 커뮤니티였다는 것이다. 커뮤니티가 발전하고 있는 것을 이용해서 다양한 마케팅 방법이 나오고 있는 것이 현실이다. 이러한 마케팅 요소로 활용하기 위해서는 커뮤니티와 마케팅에 대한 기본적인 이해가 필요하다.

:: 커뮤니티의 정의와 종류

커뮤니티를 마케팅 요소로 활용하기 위해서는 커뮤니티의 정의와 커뮤니티가 어떻게 구분이 되는지에 대해서 정확한 이해가 필요하다. 커뮤니티가 어떠한 요소로 구성이 되어 있는지 어떤 기준으로 커뮤니티가 구분이 되는지에 대해서 알아보자.

● 커뮤니티의 5요소

'커뮤니티' 라는 단어에는 '동일한 관심', '사람들', '커뮤니케이션', '공간' 이라는 말이 포함된다. 하지만 예전에는 ①공간, ②사람, ③컨텐츠를 일컬어 '커뮤니티의 3요소' 라고 말했다. 쉽게 말해 우리가 잘 아는 다음 카페를 예로 생각할 수 있다. 다음에서 만들어 준 카페가 공간이 되는 것이고 사람들은 그 카페 회원들을 말한다. 마지막으로 컨텐츠는 그 카페 회원들이 쓴 게시물들이 되는 것이다. 최근 들어 사용자의 참여 형태가 변화함에 따라서 커뮤니티를 운영하는 방식 또한 변화하고 있다.

네이버, 커뮤니티 〉 검색 〉 뉴스 순으로 많이 이용
네이버의 넷째 주(9월 22일~28일) 코리안클릭이 집계한 통계를 보면 ▲커뮤니티 (Community) 18억7천375만 ▲검색(Search) 12억8천397만 ▲뉴스(News) 6억9천204만 ▲어린이(Kids) 2억8천494만 ▲엔터테인먼트(Entertainment) 1억6천551만 페이지뷰의 순으로 나타났다.

검색보다는 커뮤니티를 더 많이 이용하는 것으로 조사돼 눈길을 끈다. 또 네이버의 경우, 쥬니버 등 어린이들도 많이 사용하고 있음을 보여준다.

섹션 별 페이지뷰를 좀 더 상세하게 분류하면 커뮤니티의 경우 △카페 11억5천873만으로 가장 많았다. 카페를 사용하는 이용자가 많음을 보여준다. 뒤를 이어 △블로그 6억255만 △게시판 1억708만 등으로 이용이 많았다.

출처: 아이뉴스 24 기사

사용자의 변화에 따라서 커뮤니티 구성에 추가되는 것이 바로 커뮤니케이션이다. 커뮤니티 안에는 일반적인 정보형 컨텐츠와 잡담형 컨텐츠로 구성되어 있는데, 잡담형 컨텐츠(오늘의 한마디, 댓글)는 최근 들어서 점차 컨텐츠 영역보다는 커뮤니케이션 영역에 가깝게 평가되고 있다. 이러한 잡담형 컨텐츠(댓글)를 보기 위해서 카페를 방문할 정도로 커뮤니티의 중요한 요소가 되었고 이런 댓글은 또 다른 형태의 댓글을 낳게 되었다. 이런 구조 때문에 심지어 댓글이 많이 달린 게시물이 인기가 많은 게시물이라고 판단하는 기준이 되기도 한다.

커뮤니티 안에서 커뮤니케이션이 원활하게 이루어지기 위해서는 구심점이 되는 사람이 있어야 가능하다. 즉, 커뮤니티가 구심점을 중심으로 자연스럽게 형성될 수 있도록 시솝이나 커뮤니티 가드너(운영진)의 역할이 중요하다.
변화에 따라서 커뮤니티의 3요소에 커뮤니케이션과 시솝/커뮤니티 가드너를 포함시켜서 커뮤니티의 주요 5요소로 정하고자 한다.

커뮤니티의 5요소: ①공간 ②사람 ③컨텐츠 ④커뮤니케이션 ⑤시솝/커뮤니티 가드너

다양한 커뮤니티의 종류와 활용

일반적으로 커뮤니티의 구분은 커뮤니티가 존재하고 있는 곳, 커뮤니티의 구성, 목적 그리고 운영하는 방식을 기준으로 나눌 수 있다.

포털형 커뮤니티

커뮤니티의 가장 대표적인 케이스가 바로 포털형 커뮤니티이다. 우리가 흔히 카페라고 하는 다음 카페, 네이버 카페, 싸이월드 클럽 등이 여기에 속한다. 홈페이지와 같이 별도의 호스팅 서버나 프로그램 개발이 없어도 포털사이트의 회원이면 누구나 커뮤니티를 개설할 수 있도록 공간과 툴을 제공한다. 커뮤니티 안의 내용 부분은 회원들과 개설자인 시솝의 몫이다.

▲ 포털형 커뮤니티-커마스(좌)와 오픈형 커뮤니티-웃긴대학(우)

오픈형 커뮤니티

오픈형 커뮤니티는 우리나라보다 해외에서 먼저 시작되었다. 해외에서는 특정 분야에 관심이 많은 유저가 닷컴 사이트를 만들어서 다양한 정보를 게시판에 실어둔다. 이렇게 게시된 정보성 게시물들을 통해 자연스럽게 커뮤니티가 형성된다. 현재 우리나라도 인터넷 기술들이 집약적으로 발전하고 늘어나면서 포털사이트 내에 소속되지 않고 자체적으로 사이트를 개설하여 크게 성공한 사례들이 많다.

우리가 잘 아는 오픈 커뮤니티 사이트로는 디지털카메라 관련 사이트인 디시인사이드 (www.dcinside.com), SLR클럽(www.slrclub.com)이 있고, 유머 커뮤니티인 웃긴대학 (http://www.humoruniv.com), 여성/주부 커뮤니티로 유명한 이지데이(www.ezday.com), 홈노트(www.homenote.co.kr), 자동차 동호회 기아스포티지(www.kiasportage.net) 등이 있다.

인사이트형 커뮤니티

인사이트형 커뮤니티를 풀어서 설명하면 사이트 안에 형성된 커뮤니티가 될 것이다. 즉

사이트 내에 자체적으로 다음 카페와 같은 커뮤니티를 가지고 있는 것을 말하며 소형 사이트 보다는 주로 대형 사이트에서 볼 수 있다. 대학교 사이트 내에 각 과별 사이트가 존재하여 그곳에서 커뮤니티를 형성하고 있는 것이 대표적인 예라고 할 수 있다.

다른 예로는 닥터아파트(www.drapt.com, 부동산), 삼성경제연구소(www.seri.org, 경제정보), 현대자동차(www.hyundai-motor.com, 자동차) 등 이 있다.

커머스형 커뮤니티

G마켓이나 옥션에서는 물건에 대한 리뷰와 상품평을 작성할 수 있는 공간이 있는데, 이것은 물건을 구매한 구매자가 짧게라도 문자와 이메일로 댓글 또는 평가를 작성한다. 이러한 정보들이 모여서 커뮤니티가 형성되게 된다. 이처럼 커머스형 커뮤니티는 G마켓, 옥션, 인터파크 등 대부분의 쇼핑몰에서 사용자들이 작성하고 평가한 내용을 기반으로 활성화 된 사이트를 말한다.

정보 제공형 커뮤니티

정보 제공형 커뮤니티의 대표적인 예로 뉴스 및 방송사 사이트를 들 수 있다. 사이트 내에서 커뮤니티가 형성되는 형식으로 뉴스에 댓글을 작성하는 형식이나 다음, 아고라와 같이 특정 테마에 서로간의 의견을 나누는 형식으로 커뮤니티가 형성이 된다. 커머스형 커뮤니티는 주로 상품평에 평가 점수 항목이 있는 반면 정보 제공형 커뮤니티는 주로 댓글에 찬성, 반대 등의 아이콘이 있고 조회수가 많은 댓글은 상단에 배치되는 형태를 띠고 있다.

▲ 정보 제공형 커뮤니티-조선닷컴(좌) & 상담형 커뮤니티-아우성(우)

상담형 커뮤니티

상담형 커뮤니티는 주로 병원, 청소년 상담센터, 교육 관련 사이트에서 많이 볼 수 있으며 주로 비밀글 등을 통해 상담을 하고 있다. 재테크 커뮤니티 역시 상담형 커뮤니티가 주를 이룬다.

비영리형 커뮤니티

비영리를 목적으로 하는 커뮤니티는 영리를 목적으로 하는 것이 아니라 순수하게 정보의 공유, 캠페인, 공익성을 위한 활동만을 하는 커뮤니티들을 말한다. 비영리 커뮤니티에서는 활동을 열심히 해야만 고급 정보를 얻을 수 있다는 게 특징이다.

:: 커뮤니티의 속성과 마케팅의 관계

커뮤니티의 네트워크는 오프라인 모임이나 매스미디어와 다르게 n:n 관계를 형성하기 때문에 전파되는 효과는 수치적으로 판단하기 어려울 정도다.

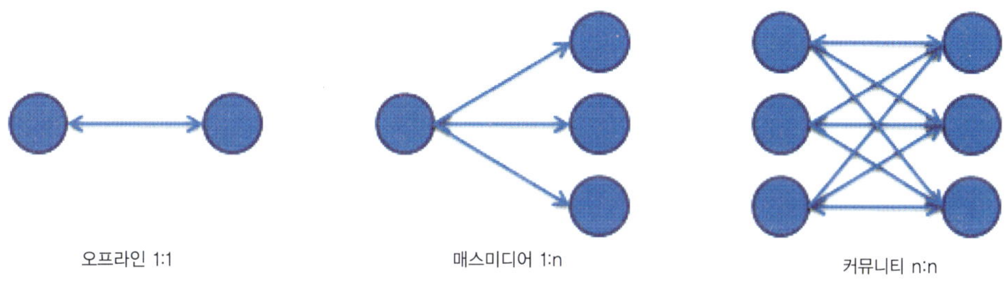

▲ 커뮤니티의 네트워크

이러한 파급 효과는 프로모션을 하는데 있어서 큰 장점으로 작용되기 때문에 마케팅과 관련된 분야에 종사한 사람과 SOHO 사업주까지 커뮤니티에 대해서 많은 관심을 가지고 있다. 커뮤니티의 파급 효과와 더불어서 사용자들(구매자)의 심리가 중요한데, 커뮤니티에서 활동하는 사람들은 정보를 누가 제공하느냐에 따라서 그 정보를 받아 들이는 심리 상태가 다르다.

〈표 2-2〉 정보 제공자에 따른 소비자의 구매 영향

구분	객관성	구매 영향
판매자	상	하
프로추어(파워 블로거)	중상	중상
일반 사용자(소수)	하	중
일반 사용자(다수)	중	상

전문성이 높은 판매자(전문가)가 제공한 정보가 오히려 일반 사용자의 의견보다 신뢰도가 낮은 것을 볼 수 있는데, 이것은 정보 제공자의 입장 차이에서 발생한다고 할 수 있다. 판매자의 경우는 전문가의 입장에서 물건 판매를 위해 제품의 장점만을 제공하는데 반해서 구매자는 일반 사용자의 입장에서 물건의 장단점 모두를 이야기하고 평가하기 때문에 사용자가 작성한 정보를 받아들일 때 더 신뢰를 가지게 된다.

이렇게 신뢰를 얻기 위해서는 우선적으로 해당 분야의 최고 마니아들에게 집중 타깃팅을 해야 한다. 일반적으로 불특정 다수에게 홍보를 하는 미디어 광고와는 다르게 최소의 비용으로 최대 효과를 낼 수 있도록 타깃팅 된 마케팅을 할 수 있다. 그리고 광고에 대한 사용자의 거부감이 적기 때문에 특정한 제품의 판매 촉진 외에 브랜드에 대한 이미지, 회사에 대한 이미지를 좋게 만들어 갈 수 있다는 시너지 효과를 가지고 올 수 있다.

:: 사람들은 왜 커뮤니티를 좋아하는가?

사람들이 모이는 곳에는 반드시 이유가 있기 마련이다. 그럼 사람들은 왜 커뮤니티에 모이게 되는가에 대해 알아보자.

● 뭔가를 제대로 배우고 싶어한다

커뮤니티의 분야는 매우 다양하게 구성되어 있다. 업종마다 커뮤니티가 1개 이상이 될 정도로 커뮤니티의 수는 많다. 커뮤니티의 오프라인 정모를 나가서 사람들과 이야기를 나눠보면 종종 이런 이야기를 하는 사람을 만날 수 있다.

"저의 어릴 적 꿈은 세계 최고의 패션디자이너였어요. 하지만 세월이 지나면서 그 꿈은 사라지고 생각지도 않는 웹 분야로 오게 되었죠. 생활이 조금 안정되고 보니 패션에 관련된 취미 생활을 다시 가져보고 싶어서 나왔어요."

"원래 좀 딴따라 기질이 다분했던 나로서는 최근 살사나 탱고댄스를 배우고 싶은 생각이 많았어요. 살사댄스나 탱고댄스는 학원도 있지만 동호회가 훨씬 더 활성화 되어있기도 하고 학원에 가면 왠지 좀 서먹하고 그래서…"

"동호회에 가면 일단 학원보다 싸고 학원은 정해진 시간이 끝나면 그냥 그만이지만 동호회는 뒤풀이도 있고 회원들과 친해질 수 있는 기회가 많아서 여러 모로 생활에 활력을 많이 주는 것 같아요."

〈표 2-3〉 네이버/다음카페 개설된 카페 수 및 월 방문자수 (2009년 01월 현재)

구분	네이버	다음
전체 카페 수	460만 개	760만 개
월 방문자수	2,190만 명	2,300만 명

이렇게 배우고 싶어하는 사람들이 커뮤니티에 모이는 이유를 살펴보면 다음과 같다.

사람들이 커뮤니티에 모이는 이유
1. 본인이 하고 싶은 분야에 대한 정보를 쉽게 접할 수 있다.
2. 학원보다 저렴한 비용으로 배울 수 있다.
3. 쉽게 친구를 사귈 수 있다.
4. 궁금한 점을 게시판에 올리면 금방 해결된다.
5. 노후를 대비해서 부업으로도 활용이 가능하다.

필자가 운영하고 있는 '커뮤니티기획 스터디' 모임에서는 최근 웹 기획자로 취업한 신입사원이나 이직을 고려하고 있는 초보자들의 가입이 많아지고 있다. 이들은 주로 포털 취업이나 특정 분야의 기술을 배우기 위해 커뮤니티에 가입해서 많은 것을 배우고 있다. 참가하면 숙제도 받게 되고 선배들에게 노하우와 기술들을 배워서 현업에 활용하고 있다.

● 동일한 관심을 가진 친구들과 인맥을 쌓고 싶다

'최근 인맥지도가 바뀌고 있다.' 한 번쯤은 들어봤을 거라 생각된다. 필자의 첫 번째 책인 '학연, 지연보다 강한 디지털 인맥'에서도 내용이 있는데 실제로 필자의 경우 인맥지도를 그리면 서울 생활한 지 이제 8년째지만 결혼식 하객으로 참가한 300명 중 학연이나 지연으로 인한 인연은 100명도 되지 않는다.

필자는 동호회 활동을 많이 하다 보니 가끔 기자들과 인터뷰를 하는데, 간혹 이러한 질문을 받는다.

기자: "황홍식씨는 돈도 안 되는 동호회 활동을 왜 그렇게 열심히 하십니까?"

황홍식씨: "제가 좋아서 하는 겁니다. 제가 좋아하는 분야에서 좋은 사람들을 만날 수 있다는 것 그것만으로 충분한 가치가 있습니다. 그리고 사실 돈이 안 되는 것도 아닙니다. 저 같은 경우 회사에서 인맥들을 활용해서 많이 인정 받고 있습니다. 그리고 생각해보세요. 만일 제가 엄청난 재력가를 알고 부동산, 증권 등의 재테크 고수들을 알고 있다면 그 도움으로 돈은 얼마든지 벌 수 있습니다.
하지만, 인맥이 돈과 명예보다 우선이 되면 안되겠지요. 인맥에서 가장 중요한 것은 인맥이 주는 즐거움이라 생각합니다. 소중한 사람들과 함께하는 즐거움이죠.

제가 올해 초에 결혼을 했는데 저희 집 가훈은 '배려'라고 정했습니다. 상대방에 대한 배려 이것이 가장 중요한 것이라고 생각합니다. 즉, 상대방에 대해서 바라는 것보다는 먼저 베풀어야 합니다. 자기 것을 내놓지 않고서야 그 사람이 자기한테 다가가기가 힘들겠죠.

현재 주변 사람들은 저에게 많은 행복과 기쁨을 가져다 줍니다. 고향이 김해고 현재 서울에 살고 있기 때문에 최근 생일에는 집은 좁지만 가족처럼 여기는 시솝 클럽(www.sysopclub.com) 운영진 약 15명을 집에 초대를 하죠. 제가 운영하는 동호회가 혹, 망할지라도 그 핵심 구성원들은 할아버지, 할머니가 되더라도 함께 하자고 이야기도 하고 저도 그 사람들은 평생을 함께 할 가족이라고 생각하기에 밤을 새워가며 즐겁게 지내는 것입니다."

이렇게 해서 맺어진 인맥은 한 지역에서 살 때와는 비교도 되지 않을 정도로 넓은 인맥을 만들게 하였다. 가령, 전국여행을 가더라도 전국 팔도에 먹고 자고 할 곳이 다 있을 정도로..

지금 책을 읽는 여러분들도 한 번 자신의 핸드폰에 저장된 친구들이 몇 명인지, 그리고 그 인맥 구성이 어떻게 만들어졌는지 한 번 체크해보는 것이 좋을 것 같다.

학연, 지연 인맥
- 학창 시절 동호회
- 회사 동료
- 가족 친지
- 동네 친구
- 기타

디지털 인맥
- 동호회 친구들
- 인터넷을 통해 알게 된 사람들

● 내가 남긴 글에 대한 반응이 궁금하다

최근 포털사이트는 개인과 관련된 정보를 한번에 볼 수 있도록 자세하게 화면을 구성하는데, 카페 게시판에 내가 남긴 글의 댓글이 몇 개 달렸는지 까지 표시를 해준다. 그 중에서도 특히 싸이월드의 경우는 네이트온(메신저)을 통해서 미니홈피 방명록에 새 글이 등록되거나, 클럽에 남긴 글에 댓글이 달릴 경우 바로 알려주는 창이 뜨거나 문자로 알려주기도 한다. 이와 같이 메신저나 문자를 통해서 알려주는 서비스를 제공하는 이유는 사용자의 경우 자신이 남긴 글에 대한 반응에 많은 관심을 가지고 있으며 그것을 확인하기 위해서 여러 번 다시 방문을 하게 된다. 그리고 댓글을 작성한 사람이 모르는 사람일 경우는 그 사람의 블로그나 미니홈피를 방문해서 누구인지 확인을 하기도 한다.

▲ 다음 카페의 댓글 리스트

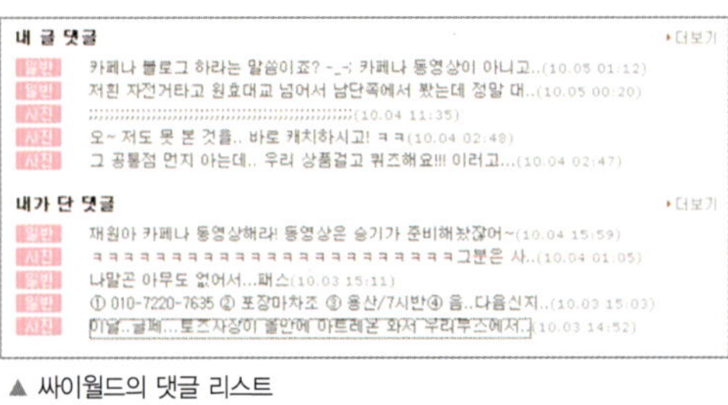

▲ 싸이월드의 댓글 리스트

▲ 네이버 카페의 댓글 리스트

:: 커뮤니티 마케팅 성공 포인트

커뮤니티를 마케팅 요소로 선택하는 것은 쉽지만 성공하기란 쉽지 않다. 기본적으로 활성화된 커뮤니티를 기반으로 해서 트렌드에 맞게 이슈를 만들어가야 한다. 그러기 위해서는 4가지의 성공 포인트가 필요하다.

● 마니아를 모아라

'뿌리 깊은 나무는 바람에 잘 흔들리지 않는다.' 라는 말이 있다. 커뮤니티를 만들 때에는 나무의 깊은 뿌리와 같은 역할을 해 주는 사람들이 필요하다. 즉 마니아가 필요하다. 온라인에서 마니아는 한 분야의 전문가보다 더욱 더 많은 영향력과 인기를 가지는 경우가 종종 있다. 이러한 마니아는 사람들을 모으는 힘을 가지고 있으며, 그 힘은 곧 커뮤니티를 만들어 나가는 원동력이 된다.

마니아는 커뮤니티에 보다 깊이가 있는 정보를 생산하고 제공하는 주최가 된다. 그리고 운영진과 회원들을 연결해 주는 징검다리의 역할도 한다. 커뮤니티가 점차 커져 갈수록 시숍은 혼자서 운영해 나가는데 한계가 있다. 마니아는 이런 어려운 점을 보안할 수 있는 중요한 매개체로써의 역할을 톡톡히 해주며 커뮤니티 마케팅의 기반인 커뮤니티를 활성화 시켜준다.

그렇게 마니아 층이 형성되게 되면 커뮤니티 내에서만 활동을 하는 것이 아니라 자신의 블로그 또는 자신이 속해 있는 다른 클럽에 내용을 전파하는 입소문의 근원지 역할을 스스로 이행하게 되며, 그러한 역할을 즐겁게 받아들인다.

마니아는 커뮤니티 마케팅을 위해서 기본적인 요소 중 하나이다. 이렇게 마니아 층이 두터운 커뮤니티를 만든다는 것은 쉬운 일이 아니다. 따라서 우선은 원하는 사업 분야의 성향과 동일한 커뮤니티 중에서 마니아 층이 두터운 커뮤니티에 가입한 다음 열심히 활동을 해서 그 곳에 있는 마니아들과 친해지는 것이 좋다.

어렵겠지만 가장 좋은 것은 원하는 카페를 직접 만들어서 커뮤니티를 형성하고 마니아를 끌어들여 함께 하는 것이다. 바로 웹2.0 시대의 가장 핵심 키워드인 'YOU!' 당신이 주체가 되는 것이 가장 좋다.

● 지피지기면 백전백승(사전 조사)

사업을 시작하기 전에 가장 먼저 해야 할 것이 시장조사다. 시장조사를 통해서 사업 아이템을 선정하고, 판매전략과 타깃(Target)에 대한 차별화 전략을 세울 수 있게 된다. 철저한 사전 조사를 하게 되더라도 사업에 성공할 수 있는 포인트를 잡는다는 것은 쉬운 일이 아니다. 대부분 열의 여덟, 아홉은 많은 어려움을 겪게 된다. 이렇듯 철저한 조사가 없이 주변사람 중에서 사업이 잘 된다고 한다면, 그것은 단순히 운이 좋아서 사업에 성공했다고 밖에 할 수 없을 것이다.

커뮤니티 마케팅을 위해서 많은 사전 조사가 필요한 이유는 마케팅을 대상으로 할 사람들이 온라인에서 행동하는 성향에 대해 분석하고 그것에 맞는 관심사를 제공해야 하기 때문이다. 극단적으로 예를 들어서 다이어트 식품을 판매하는 사람의 몸매가 좋지 않다면 그 제품에 대한 신뢰를 사람들에게 얻을 수 있을까? 그 사람들이 필요로 하는 다양한 정보(예: 몸매가 좋은 사람이 운동하는 방법에 대한 사진, 동영상)를 제공해야 사용자가 그것을 보고 공감하여 지인들에게 소개를 하거나 본인의 블로그에 퍼가서 또 다른 입소문의 근원지 역할을 할 수 있게 된다.

사전 조사를 하기 위해서는 같은 업종에 다양한 카페를 방문해서 벤치마킹을 하고 운영하는 노하우를 보고, 사람들이 어떻게 이야기를 하는지 많은 관심을 가지고 봐야 한다. 현재에 등록되어 있는 글을 보는 것도 중요하지만, 어떻게 사람들의 관심사가 변해 왔는지에 대한 분석을 위해 지난 글은 어떤 것들이 올라와 있는지도 확인하는 것이 필요하다.

● 새로운 빈자리를 만들어 고객이 와서 앉게 하라

이미 많은 사람들이 온라인 사업을 하면서 자신의 자리를 차지하고 있으며, 서로의 자리를 차지하기 위해서 많은 노력을 하고 있다. 이미 고객층이 많이 형성되어 있는 시장에서 빈자리를 찾기란 어려운 방법이다. 특히 시장이 형성되어 있다는 것은 사용자가 익숙해져 있다는 것이기 때문에 그 익숙함을 바꾸는 것은 이전에 시장을 형성했던 것보다 더욱 더 많은 시간과 투자를 해야 한다. 특히 시장에 많은 부분을 선점하고 있는 업체나 제품이 있다면 시작하기 전에 많은 고민을 해야 한다.

하지만 포털사이트의 카페에서 카페 이름에 마케팅이란 단어가 들어간 카페만 해도 2만여개가 넘게 존재를 한다. (다음: 6,656개, 네이버: 3,259개, 싸이월드: 11,435개) 이미 많이 존재를 하는데도 불구하고 계속해서 만들어지고 있고, 그 중에 늦게 만들어 졌지만 오히려 기존 커뮤니티보다 활성화가 더 잘 돼서 규모가 커지는 경우도 있다. 바로 고객에 대한 충분한 사전 조사를 통한 차별화 전략이 통한 것이라 할 수 있다. 의자를 만드는 회사는 많지만 듀오백을 만드는 회사는 하나인 것처럼 말이다.

● 교감할 수 있는 타이밍을 잡아라

사람들이 모이는 곳은 당연히 사람들이 관심을 가질 만한 것이 있어야 한다. 하지만 사람들이 모였다고 해서 그것을 다 받아들이는 것은 아니다. 예를 들어서 영화 '트랜스포머' 가 사람들 사이에서 화제 거리로 오르고 내릴 때 같이 이슈가 되었던 것이 '달팽이 트랜스포머' 라는 동영상이다. 트랜스포머가 이슈가 되었기 때문에 자연스럽게 그 동영상도 사람들에게는 이슈가 되었다. 그 동영상은 일반인이 만든 UCC 영상이 아닌 3D 전문 회사에서 제작한 것이다. 이 동영상은 10만회 이상의 조회수를 보였으면 300여 개 사이트에서 재생되었다. 이 동영상은 별도의 홍보를 하지 않았지만 사람들이 지인들에게 쪽지로 보내고 블로그로 스크랩을 하는 등 자연스럽게 퍼져나갔다. 동영상을 제작한 회사는 동영상 하나로 전 세계적으로 이름을 알리게 되었고, 금액적으로 엄청난 마케팅 비용에 대한 혜택을 봤다.

만약 감성적인 음악을 주제로 한 영화가 대세를 이룰 때, 이 동영상을 사이트에 올렸다면 지금과 같은 마케팅 효과는 생각지도 못하고 '괜찮은 영상이네.' 정도의 평가가 있었을 것이다.

▲ 영화 트랜스포머의 달팽이 트랜스포머 동영상

Community Marketing

Chapter 03

커뮤니티 마케팅의 활용 방법

Section 01 종류에 따른 커뮤니티 마케팅 활용 방법
Section 02 이용 목적에 따른 커뮤니티 마케팅 활용 방법

앞서 커뮤니티 마케팅이 무엇인지 알아 보았다. 이제 커뮤니티에서 마케팅을 어떻게 할 것인가에 대해 커뮤니티가 형성되는 공간 또는 이용 목적을 판단하여 구체적이고 적합한 활용 방법을 선택해야 할 것이다.

section 01 종류에 따른 커뮤니티 마케팅 활용 방법

온라인 상에서 커뮤니티가 형성되는 경로와 방법은 다양하다. 사람들의 관심
사에 따라 모이고 형성되지만, 그 공간이 어디인지에 따라서 다른 성격을 나
타내고 온라인 기술적인 방법에 따라서도 새로이 형성되기도 한다. 그럼 어떠
한 커뮤니티로 적절히 마케팅을 활용 할 수 있는지 알아보자.

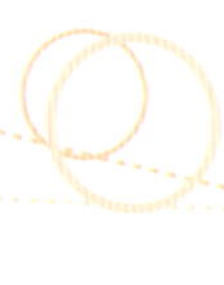

:: 커뮤니티 포털(카페, 클럽) 활용하기!

커뮤니티 포털사이트에서 카페(클럽)를 만들어보자! 포털사이트를 활용하면 카페를 쉽
게 만들 수 있으며 카페 운영을 효과적으로 할 수 있는 많은 기능들이 제공되어 매우 편
리하다는 것이 장점이다.

카페는 원래 동호회를 목적으로 한 비영리 카페로 시작했지만 최근에는 기업 카페도 많
이 생겨나고 있다. 카페를 활용하면 공식 사이트에서 다룰 수 없는 다양한 정보의 전달
이 가능하고 소비자에게 더욱 더 친근하게 다가갈 수 있기 때문이다. 또한 형식에 구애
받지 않고 정보를 전달하고, 편하게 커뮤니케이션을 할 수 있다는 장점도 있다.

카페를 활용하면 독립 사이트를 만들어 회원 유치를 하는 것보다 해당 포털사이트의 회
원을 대상으로 손쉽게 마케팅을 할 수 있다. 이런 이유로 연예인의 팬클럽이나 기업의
브랜드 사이트가 포털사이트에 많이 만들어지고 있는 것이다. 주제에 맞게 카페의 이름
을 짓거나 카테고리를 설정함으로써 관련 주제에 관심 있는 사람들에게 더욱 효과적으
로 노출될 수 있다.
좀 더 공식적인 공간으로 카페를 활용하고자 한다면 공식 카페나 타운, 브랜드 카페를
개설하면 된다. 이러한 방법은 비교적 적은 비용으로 많은 효과를 낼 수 있게 한다.

▲ 네이버 브랜드 카페

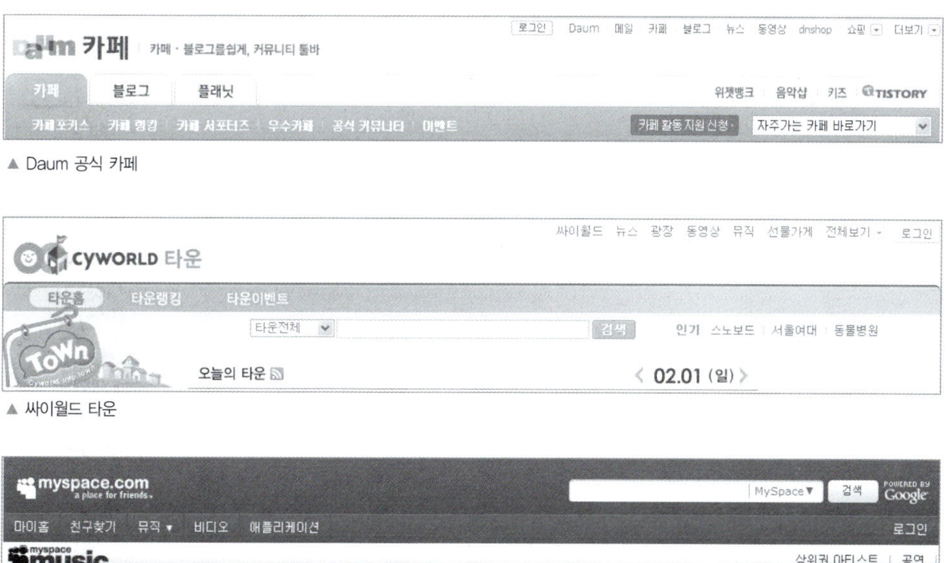

▲ Daum 공식 카페

▲ 싸이월드 타운

▲ Myspace 뮤직

:: 블로그 활용하기!

1인 미디어로서의 블로그란 개인의 관심사에 따라 일기, 리뷰, 기사 등을 자유롭게 게재할 수 있는 장점이 있어 누구나 쉽게 다가갈 수 있는 공간이다. 이러한 장점을 통하여 기업의 홍보나 상품 판매까지 확대하여 활용할 수 있는지 알아보자.

● 개인 PR의 공간에서 기업 블로그로

현대 사회에서 블로그가 커뮤니티 마케팅으로써 각광을 받는 이유는 바로 자신의 의사 표현의 공간이라는 점 때문이다.

초기의 블로그는 개인 공간으로 자신의 생각을 정리하는 영역이었으나, 타인의 의견이나 생각을 비교하기 시작하면서 관심을 갖는 글이 생겨나게 되었고 이런 글들은 연결고리의 역할을 하기 시작했다. 검색 및 인맥 네트워크를 통해 그 연결고리는 더욱 더 확대되었으며, 인터넷 기술이 발전함에 따라 한 사람의 생각이 배포(Publishing)되는 확산

속도는 놀라울 정도로 빨라졌다.

RSS, Feed 트랙백, 스크랩 등의 다양한 배포 기술들이 이를 더욱 수월하게 해주고 있으며, 텍스트(Text) 기반의 통합 검색과 태그(Tag) 검색 및 이미지나 동영상 검색 등의 발전된 검색 기술이 블로그의 노출을 확대시켜 주고 있다. 그 결과 단순한 개인의 기록에서 시작했던 블로그는 보다 전문성을 가진 프리뷰, 리뷰, 상품평, 분석평, 자료 수집을 위한 공간 등으로 발전해 나갔으며, 개인적인 미디어로써의 도구가 되었다.

이러한 블로그를 홍보를 위한 목적으로 기업에서도 운영하기 시작했다.

기업 블로그의 활용도
- 사내 커뮤니케이션 활성화
- 고객의 소리(VOC)
- 마케팅 활용
- 홍보
- 대표이사 메시지

▲ 미스터 피자 블로그(http://blog.naver.com/mrpizzalove)

● 직접적인 상품 홍보 및 판매가 가능

블로그는 단순한 커뮤니티를 위한 공간만이 아니라, 상품 홍보를 위해 내용에 맞게 연출된 사진과 몇 줄의 짧은 글을 통해 방문자로 하여금 사진에 등장한 아이템을 권하는 방식으로 사용되기도 한다.

기존 쇼핑몰이 전형적인 제품 소개와 비슷한 화면 구성을 사용했다면, 블로그는 읽는 사람들로 하여금 글과 사진을 보면서 자연스럽게 제품에 노출되게 하는 것이 특징이다. 따라서 블로그는 아이템을 소개하거나 정밀 분석, 사용기, 시일에 따라 변화되는 모습 등을 보여주는 공간으로 활용하기에 적합하다.

블로그에서 판매를 하기 위해서는 결제 시스템이 필요하다. 개인 블로그에서도 이를 가능하도록 지원하는 P2P 결제 방법을 이용하면 복잡한 절차를 간소화하고 시스템 구축에 많은 비용이 발생하는 부담을 줄일 수 있다. 그 예로 (주)이니시스의 'INIP2P'가 있다. 'INIP2P'는 신용카드, 계좌이체, 가상계좌 지불수단 서비스를 제공한다.

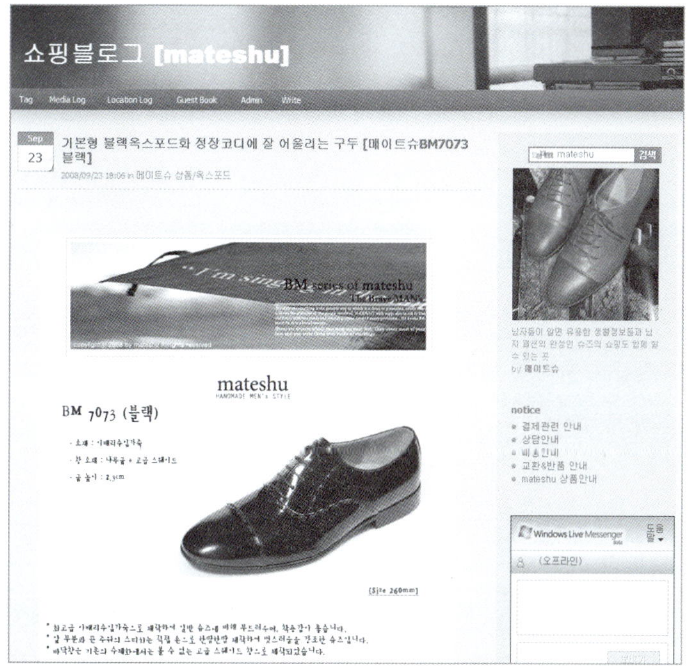

▲ 쇼핑 블로그 mateshu(http://mateshu.tistory.com)

● 간접적인 홍보 방식으로 활용하기!

최근 들어 기업들은 [블로그로 스크랩하기], 또는 [블로그에 작성하고 링크 응모하기]와 같은 방법을 활용한다. 이는 이벤트 및 마케팅을 하면서 해당 내용을 회원 자신의 블로그로 가져가도록 유도를 하는 방법이다. 하나의 기업 사이트에서 홍보하여 조회되는 것보다, 다수의 블로그로 글이 복사되고 그 다수의 블로그에서 조회되는 노출이 더욱 효과적이기 때문이다.

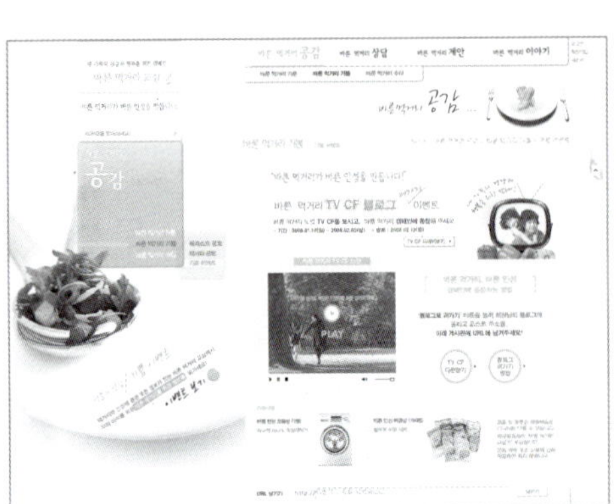

▲ 블로그 퍼가기 이벤트

:: 동영상 활용하기

표현 방식 중 가장 강한 인상을 남길 수 있는 것이 동영상이다. 이러한 동영상을 활용해서 커뮤니티 마케팅을 한다면 짧은 시간에 최대의 효과를 만들어 낼 수 있다. 동영상 커뮤니티가 생소하게 들릴 지 모르겠으나 이미 우리 가운데 UCC(User Created Contents)라는 이름으로 자리잡고 있다.

영상기록장치(카메라, 캠코더 등)가 대중화 되고 고성능화 되면서 누구나 미디어를 생산할 수 있게 되었다. 이렇게 생산된 미디어를 타인에게 보여주는 동기와 방법이 매우 다양하다. 내면의 자아를 표출하여 동질감을 불러 일으키기도 하고, 다른 사람의 참여를 불러 일으키기도 한다. 퍼포먼스를 하기도 하고 캠페인을 위한 동영상을 제작하여 배포하기도 한다.

한때, Free-Hug UCC 동영상이 많은 사람들에게 공감을 얻은 적이 있다. 젊은이들은 거리에 나가 Free-Hug에 동참하거나 또 다른 Free-Hug 동영상을 제작하기도 하면서 남녀노소를 가리지 않고 포옹을 하는 따뜻한 문화를 세계적으로 확산시켰다.

동영상 커뮤니티의 상업적인 면에서의 활용 방법은 크게 두 가지가 있다.

● 직접적인 홍보 방식

짧은 일반 광고는 상품의 구체적인 면을 보여줄 수 없다는 단점이 있다. 그러나 동영상 커뮤니티를 활용하면 시간의 제약을 받지 않기 때문에 구체적이고 상세한 홍보 영상을 제작하여 배포할 수 있다. 더 나아가 전문 작업을 거치지 않은 일반 영상이기 때문에 시청자에게 친근하게 다가가는 방법으로 홍보 효과를 더할 수도 있다.

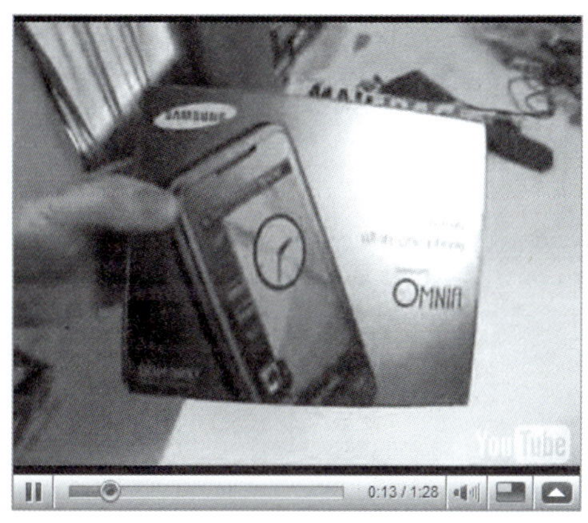

▲ 미국 YouTube 사이트에 올라온 삼성 옴니아폰 동영상
(http://www.youtube.com/watch?v=QQlzX7EylwU)

● 간접적인 홍보 방식

기업 CF 광고를 재가공하여 만든 컨텐츠는 사용자들에게 또 다른 재미를 제공한다. 이러한 컨텐츠는 CF 원본 영상, 촬영 뒷이야기, NG 장면 등 다양한 소재를 사용자가 직접 편집하여 제작할 수 있다. 이렇게 제작된 동영상은 다수의 사용자들에게 전파되고 이를 접하는 사용자들은 본래의 CF 광고를 연상하게 되면서 홍보 효과가 생겨난다.

▲ '놈놈놈' 동영상을 활용한 '빠삐코' 패러디

물론 '빠삐코'의 경우는 의도적이지 않지만 '빠삐코'의 성공 사례를 분석해서 이러한 방법을 활용해 볼 수 있을 것이다. 실제로 이러한 방법을 응용한 많은 시도가 이루어지고 있다.

◀ 농심의 '너구리 UCC 페스티벌' 이벤트

사람들의 공감을 얻은 동영상은 더 많은 사람들에게 퍼져나가고 제2, 제3의 영상이 만들어지기도 한다. 동영상이 다양한 커뮤니티를 형성시킬 수 있는 것이다.

:: 인터넷 방송 활용하기!

글과 사진, 그리고 동영상을 게시판에 올려서 생성되는 커뮤니케이션은 실시간으로 이루어지지 않는다. 다른 사람들이 확인해 주길 기다려야 하는 것이다. 하지만, 최근 개인 미디어 방송 시대가 열리면서 실시간 커뮤니케이션 서비스들이 주목을 끌고 있다. 이전의 방송은 컨텐츠를 제작하여 단순히 시청자에게 전달하기만 하는 방식인 단방향 서비스였다면, 인터넷 실시간 방송은 시청자와 대화가 가능한 양방향 서비스라고 할 수 있다. 그렇기 때문에 인터넷 방송에서는 상품을 소개하는 도중에도 실시간으로 질문을 받아서 시청자의 궁금증에 대해 시각적으로 바로 답변을 할 수 있다. [판도라] 또는 [아프리카]와 같은 서비스가 대표적이며, 이 곳에서 일반 사용자도 손쉽게 실시간 스트리밍 방송을 할 수 있다.

실시간 방송을 마케팅에 활용한 예로는 '택배걸닷컴(tackbaegirl.com)' 이라는 온라인 쇼핑몰을 들 수 있다. 택배걸닷컴의 운영자는 실시간 개인 방송 서비스를 통해 [택배걸] 이란 방송 채널을 운영하고 이를 통해 쇼핑몰에서 판매중인 제품을 홍보하는 방송을 한다. 운영자는 방송 중 시청자와 채팅을 하면서 제품에 대한 질문을 받고 방송을 통해 바로 그 질문에 답을 한다. 방송으로 상품에 대한 정보가 충분히 전달되면서 일반 쇼핑몰에 비해 소비자의 만족도가 높아졌고 이는 매출로 이어졌다. 택배걸닷컴의 운영자는 직접 운영하는 쇼핑몰에도 이 방송을 적용시켜 효과를 극대화하고 있다. 더 나아가 일반 온라인 슈핑몰에서는 할 수 없는 타임세일(Time Sale), 또는 즉석 경매 등의 이벤트까지 추진하며 마케팅을 하고 있다.

▲ '택배걸닷컴'의 실시간 방송 장면

:: 댓글 및 답글 활용하기

댓글은 기본적으로 게시판에 추가로 글을 작성하는 것을 의미한다. 댓글은 비용이 저렴하며, 타깃(Target) 광고가 가능하고 직접적인 반응을 통해 여러 가지 정보를 얻을 수 있다는 점 등이 장점이다. 댓글이 많이 등록되는 게시물들은 사람들이 많이 관심을 가지는 게시물이라는 의미이며, 게시물마다 댓글이 많다는 것은 그만큼 커뮤니케이션이 활발하다는 뜻으로 볼 수 있다.

최근의 소비자들은 상품 정보 페이지의 조회수보다 얼마나 많은 댓글이 있고 어떤 댓글이 등록되어 있는지를 중요하게 보는 경우가 많다. 본문에 대한 추가 의견들이 그 상품을 평가해 주기 때문이다. 그렇기 때문에 댓글의 관리는 필수라고 할 수 있다. 그러나 댓글을 관리하기 위해서는 많은 시간과 노력이 필요하다. 모든 글을 확인하고 그 반응과 내용에 따라 대응해야 하기 때문이다. 또한 적절한 대상과 게시판을 찾는 것도 쉬운 일은 아니다.

● 게시판 댓글

게시판에서의 댓글은 게시글에 대한 의견을 제시하기 위해서 사용되기도 한다. 내용이 많을 경우 추가적인 답변 글을 달아 추가하기도 한다.

● Q&A 댓글

Q&A의 가장 좋은 활용법은 질문에 대한 답변을 성실하게 해 주는 것이다. 해충 박멸 회사 '세스코'가 바로 그 사례이다. 세스코가 별다른 광고 없이 사람들의 입에 오르내리는 유명 회사가 된 이유는 Q&A를 잘 활용했기 때문이다. 세스코는 Q&A에 올라오는 아주 사소한 질문에도 성의껏 답변을 해서 고객을 감동시켰으며, 아울러 재치있는 답변으로 방문자에게 즐거움을 주었다. 재미있는 질문과 답변을 볼 수 있다는 소문이 나면서 세스코 홈페이지는 수 많은 네티즌들이 방문하는 인기 홈페이지가 되었다. 성실히 관리한 Q&A 게시판이 돈을 주고 광고를 한 것보다 더욱 더 좋은 홍보 효과를 가져온 것이다.

Best Q&A

해충에 대한 전문 정보부터 웃음이 묻어나는 이야기까지..
세스코 Q&A에는 고객과 세스코가 만나 나누는 진솔한 대화가 있습니다.
이제, 세스코 팬클럽에서 선정하는 Best Q&A를 통해 골라보는 재미까지 느껴보세요~

8/118 page (총 1178 건)   제목 ▼ [   ] [검색 Q]

번호	제목	글쓴이	등록일
1108	돈벌레를 죽이면 정말 돈줄이 끊길까요?	관리자	2007/7/25
1107	난 바퀴벌레 여왕이다	관리자	2007/7/25
1106	바순이가 아파요..ㅠㅠ	관리자	2007/7/25
1105	누에 -.-	관리자	2007/7/25
1104	항복합니다.	관리자	2007/7/25
1103	저...저기말이져....	관리자	2007/7/25
1102	세스코 내 사육 관리자분!	관리자	2007/6/26
1101	정말 궁금해요	관리자	2007/6/26
1100	어헝헝	관리자	2007/6/26
1099	그녀가 저를 떠날려고 합니다....!!!!!	관리자	2007/6/26

◀◀ ◀ 1 2 3 4 5 6 7 8 9 10 ▶ ▶▶   [Q&A 바로가기]

▲ 세스코 Best Q&A 게시판 (http://www.cesco.co.kr)

● 카페(클럽) 댓글

카페(클럽)에서의 댓글 활용법은 다양하다. 카페 운영을 위한 몇 가지 간단한 예를 들자면 다음과 같다.

- 모임공지에 대한 출석 확인 댓글

- 게시글에 대한 의견 댓글

- 토론을 위한 찬성/반대 댓글

- 장터를 통한 거래 협상 댓글

- 질의 응답을 위한 댓글

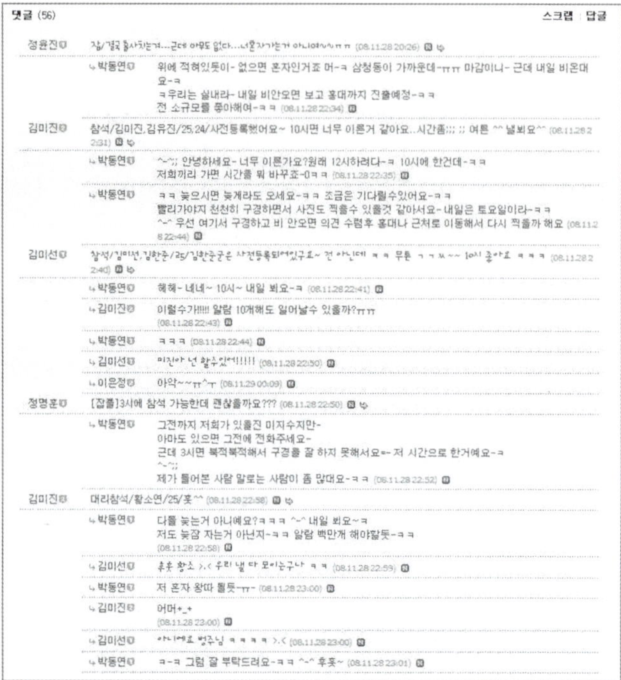

▲ 카페에서의 참석 여부 댓글

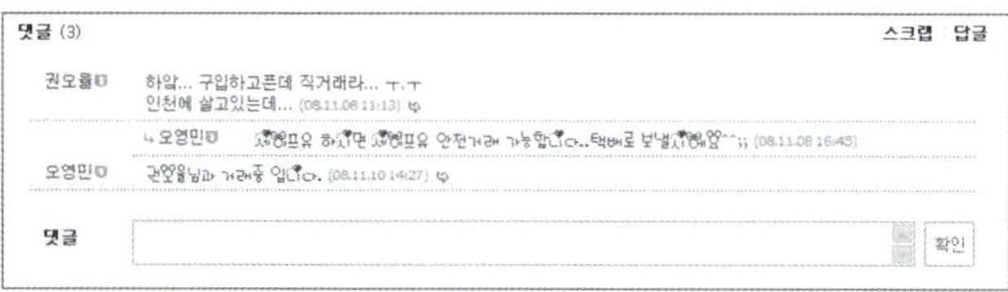

▲ 카페에서의 거래 관련 댓글

● 블로그 댓글

블로그에 등록된 글에 대해 의견을 공유하는 방법으로 사용된다. 블로그는 블로그 주인 한 사람만 글을 등록할 수 있지만 댓글은 여러 사람이 쓸 수 있기 때문에 댓글을 통해서 방문자와 블로그 주인, 또는 방문자간에 의견 교환이 가능하다. 보통은 블로그 주인의 글을 방문자가 읽고 이에 대한 의견을 댓글로 다는 경우가 많다. 블로그는 일관된 게시글의 관리가 가능하고 이에 대한 커뮤니케이션은 댓글로 분리되어 유지되는 장점이 있다. 하나의 소재, 하나의 글에 따라 그에 해당하는 댓글의 형성이 가능하다.

● 상품평

초기 쇼핑몰들은 상품 페이지에는 상품에 대한 정보만 게재하고, 별도의 Q&A를 통해서 소비자들과 커뮤니케이션을 해 왔다. 하지만 소비자의 의견이 중요하게 여겨지게 되면서 쇼핑몰에는 개별 상품마다 상품에 대한 글을 올릴 수 있는 공간이 마련되었다. 상품에 대한 질문과 상품평, 그리고 댓글은 다른 사람의 구매 결정에 도움이 되는 중요한 정보가 된다. 그러므로 질문에 잘 대응하는 것이 상품에 대한 신뢰도를 증가시킬 수 있는 방법이 되는 것이다.

▲ 쇼핑몰에서의 상품평

:: 채팅 활용하기

채팅의 시작은 실시간 대화였다. 간단한 수다에서 시작하여 동일한 관심과 주제를 가지고 의견을 나누게 되었다. 처음에 온라인 상의 채팅이란 주로 만남(미팅)을 목적으로 이루어 졌다. 하지만 자연스럽게 일상의 다양한 주제가 다루어졌고 각각 다른 목적을 가진 대화공간이 자생적으로 만들어 졌다.

실시간 온라인 게임이 발전하면서 채팅은 게임 속에 다양한 방식으로 흡수되게 된다. 이러한 1:1 또는 1:N의 채팅은 온라인 커뮤니케이션의 유용한 방식이 되었고 커뮤니티 마케팅에 있어서도 유용한 도구가 된다.

● 채팅이 게임 속으로

이젠 채팅이 되지 않는 게임은 찾아보기 힘들 정도로 온라인 게임의 기본 요소가 되었다. 수 많은 게임들은 사이버 공간에서 각자 커뮤니티를 가지고 활동하기 때문에 자연스럽게 채팅과 접목된 것이다. 복잡한 게임이건 단순한 게임이건 채팅을 하면서 게임을 즐기면 만족감은 배가 된다.

제휴를 통해 상품을 게임 아이템으로 활용해 보는 것도 하나의 방법이 될 수 있을 것이다.

▲ 온라인 게임에서의 채팅

● 채팅이 사이트로

전문 채팅 사이트가 아니더라도 사이트 내에 채팅을 도입하여 빠른 의사소통을 하기 위한 도구를 만들어 놓는다. 현재 많이 사용되지는 않는 방법이지만, 동시 접속한 회원을 확인하고 바로 원하는 회원과 채팅을 신청하여 대화가 가능하게 하는 방법과, 운영자 또는 도우미로의 연결을 통해 실시간 커뮤니케이션이 가능하게 할 수 있다.

◀ 사이트에서의 채팅

● 채팅이 클럽 또는 카페로

온라인 커뮤니티 사이트로 대표적인 것이 카페 또는 클럽이다. 이 공간에서는 다양한 기능을 제공하지만 실시간으로 의사소통을 하기에는 어려움이 있다. 클럽이나 카페에 채팅 기능을 설치해서 사람들간의 원활한 의사소통을 하게 한다면 카페는 더욱 활성화 된다.

◀ 카페/클럽에서의 채팅

● 채팅이 쇼핑몰로

11st(http://www.11st.co.kr) 사이트는 쇼핑몰에 채팅을 결합하여 채핑(쇼핑+채팅)이라는 서비스를 내 놓았다. 사이트에 접속한 사람들이 머물러 있는 곳을 표시해 주며, 현재 같은 제품을 보고 있는 사용자를 알려준다. 이를 통해 같은 상품을 보는 사용자들이 그 상품에 대한 의견을 나눌 수 있도록 하였다.

11st 쇼핑 페이지에서는 2가지의 대화 방식이 이루어지는데 사용자간 실시간 대화와 판매자와 사용자간의 실시간 대화가 그것이다. 이 2가지 대화에 대해 사용자는 대화를 요청하기도 하고, 대화방을 개설하여 해당 상품에 대해 문의를 하거나 의견을 공유하기도 한다. 이를 통해 관심을 유발하고 구매를 결정하는데 도움을 줄 수 있다.

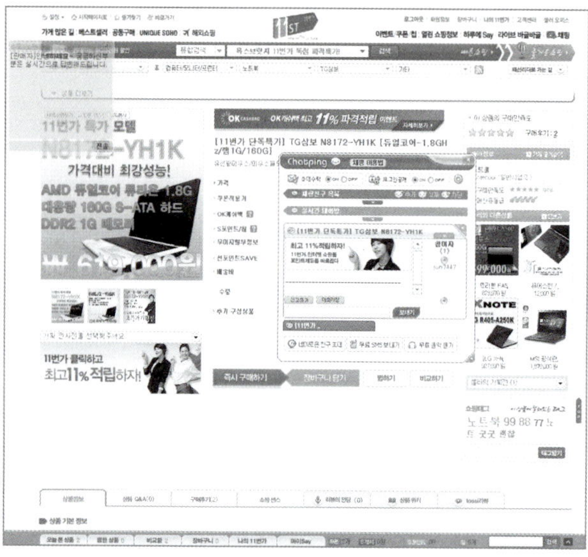

◀ 쇼핑몰 11st에서의 채팅

● 채팅이 사이버 공간으로

세컨드라이프와 같은 가상 현실 사이트를 통해서 가상 공간상에서도 모임을 가질 수 있고, 다양한 주제와 목적을 가지고 커뮤니티 공간을 만들 수 있다. 이를 통해 단순한 채팅에서 벗어나 세미나, 포럼과 같은 행사나 온라인 강의가 가능해 지고 있다.

기업은 이를 통해 상품 홍보 및 마케팅과 함께 온라인 판매까지 할 수도 있게 되었다.

▲ 세컨드라이프에서의 채팅

:: 프로슈머 활용하기

프로슈머(Prosumer)는 영어의 생산자(Producer) 혹은 전문가(Professional)에 소비자
(consumer)가 결합되어 만들어진 신조어이다. 참여형 소비자라고 할 수 있는데 이러한
참여형 소비자를 어떻게 활용할 수 있는지, 기대할 수 있는 효과는 어떤 것인지에 대해
알아보자.

● 먼저 체험단을 만들어라!

체험단이란? 서비스 또는 상품을 직접 사용해 보고 그 평가나 후기를 남기는 활동을 위
해 기업 등에서 모집하는 사람들을 말한다. 기업은 활동에 대한 보상을 약속하고 체험단
을 모집한다. 보상을 하는 이유는 보상을 통해 관심을 유발시키고 활동에 대한 적극성을
고취할 수 있기 때문이다. 보상을 바라는 석극석인 활동은 너 나아가 보나 많은 긍징직
인 평가를 확산시킬 수 있고, 미처 검증하지 못했던 개선 사항을 모니터링 할 수 있게 도
와준다.

> **체험단의 활용 방법**
> • 제품을 주기적으로 사용하게 한다.
> • 사용 후기를 커뮤니티 게시판에 작성하게 한다.
> • 주기적으로 제품에 대한 체험 결과를 올리게 한다. (사진 등)
> • 제품의 사용 평가를 작성하게 한다.

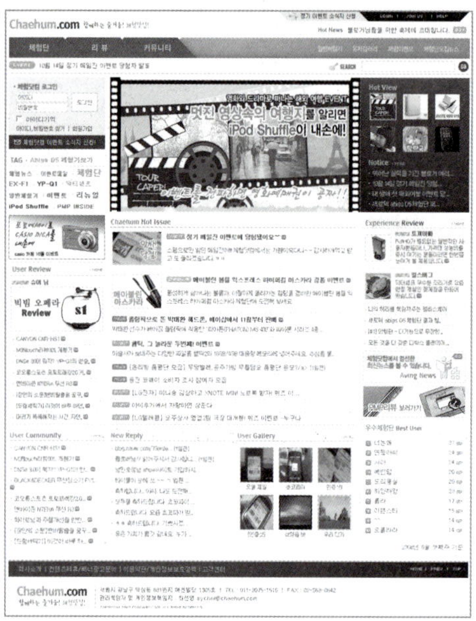

▲ 체험닷컴(http://www.chaehum.com)

▲ 샘플랩(http://www.mysamplelab.com)

● 공모전을 열어라!

공모전이란? 공개적으로 사용자의 아이디어 또는 창작물을 모집하는 것을 의미한다. 공모전을 통해 커뮤니티를 만드는 방법으로는 사진전이나 이름 짓기, 디자인 공모전 등을 개최하는 방법이 있다. 이러한 공모전을 하게 되면 자연스럽게 홍보하고자 하는 제품에 대해 고민하게 되고 그 결과 머리 속으로 기억을 하게 된다.

이 때, 공모전을 홍보하는 역할과 그에 따르는 보상을 제시한다면 더욱 효과적으로 커뮤니티 마케팅을 확산시킬 수 있다. 예를 들자면, A사의 카메라 상품을 홍보하기 위해 사진 공모전을 개최하고, 등록된 사진을 다른 사람에게 e-mail 또는 SMS 등으로 홍보하게 하여 추천수가 많은 작품에 상을 주는 방식이다.

● 프리뷰와 리뷰를 활용해라!

상품이 출시되기 전 상품 정보를 자세하게 분석해 보는 것을 '프리뷰' 라고 한다면, 제품 출시 후 또는 사용 후에 자세한 상품을 작성하는 것을 '리뷰' 라고 한다.

이러한 프리뷰와 리뷰 마케팅은 직접적인 광고라고 하기보다는 간접적으로 소비자들에게 접근하는 방식이다. 이를 통해 소비자는 기업으로부터 신상품을 사용할 수 있는 기회를 제공받고, 기업은 소비자로부터 사용 후기(리뷰)를 받을 수 있다. 소비자가 직접 작성한 사용 후기는 상품 생산자가 미처 생각하지 못한 부분까지 자세하고 꼼꼼하게 작성된 경우가 많으며, 소비자의 입장에서 썼기 때문에 다른 소비자들이 쉽게 이해할 수 있다는 장점이 있다.

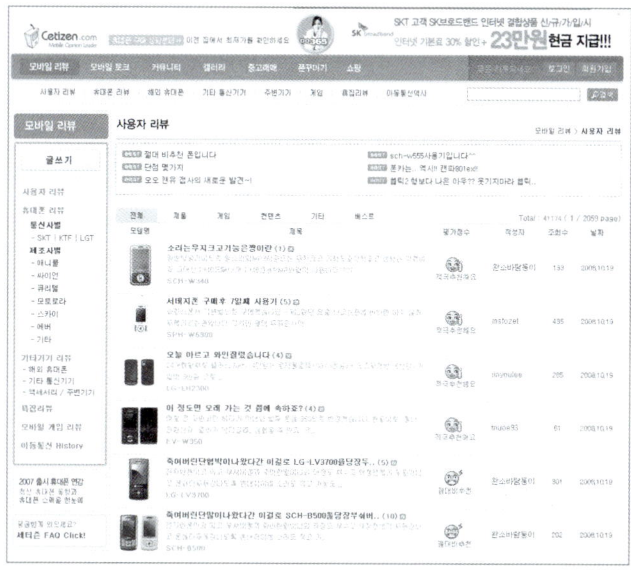

▲ 세티즌 사용자 리뷰(http://www.cetizen.com)
　 휴대폰 관련한 프리뷰와 리뷰가 활성화된 사례

:: 다양한 연락 수단 활용하기!

● 메일을 보내자!

커뮤니티를 운영하면서 가장 기본적인 연락 수단은 메일이다. 클럽, 카페, 독립 사이트를 운영하는데 있어 기본적인 회원 관리를 위해 메일이 필요하다. 메일은 주소록을 만들어서 대량으로 발송하는 것이 가능하다. 잠재 고객에게 메일을 발송해서 구매를 유도하게 할 수도 있다. 사이트로 유도하기 위한 링크를 연결할 수도 있고, 파일을 첨부하여 전달할 수도 있다는 점 등이 연락 수단으로써 메일의 장점이라 할 수 있다.

메일의 사용 예시
- 회원 가입 메일
- 뉴스레터 발행
- 승인 관련 메일
- 기념일 축하 메일
- 이벤트 안내
- 공지 메일
- 초대 메일

● 쪽지를 보내자!

쪽지를 활용한 연락 방법은 간단한 정보를 쉽게 전달하기에 용이하다. 모임 공지나 간단한 정보를 전달하여 사이트에 방문하도록 유도를 할 수 있다. 상대방의 상황을 방해하지 않은 상태에서 할 수 있도록 하는 간소화 된 연락 방식이다. 해당 메시지를 확인한 후 편할 때 답변을 할 수 있기 때문에 상대방을 배려할 수 있는 방법이라 하겠다.

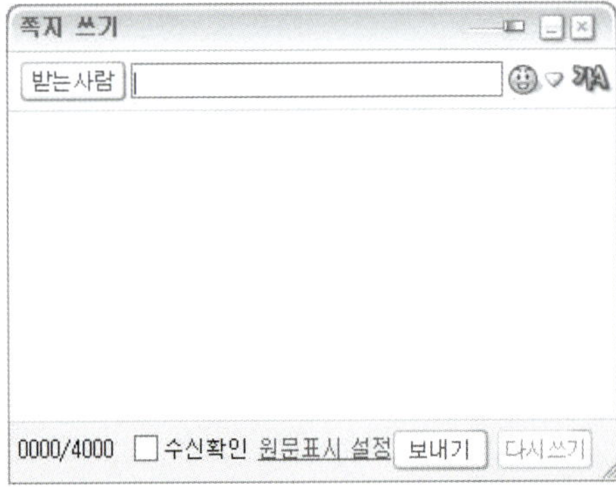

▲ 여러 가지 쪽지들

● 메신저로 대화하자!

메신저를 활용한 연락은 실시간으로 알리고자 하는 내용을 전달할 수 있다는 것이 큰 장점이다. 이를 통해 구성원들의 답변을 바로 확인할 수 있으며, 답변 여부에 대해 점검 및 향후 계획을 수립하는데도 도움이 된다. 또한 개인별로 그 특성에 따라 대처가 가능하고 각기 다른 상황을 파악하기 용이하다. 메신저를 이용하면 정보나 소식을 가장 빨리 전달할 수 있고 여러 가지 사항에 대해 질의응답을 할 수 있다.

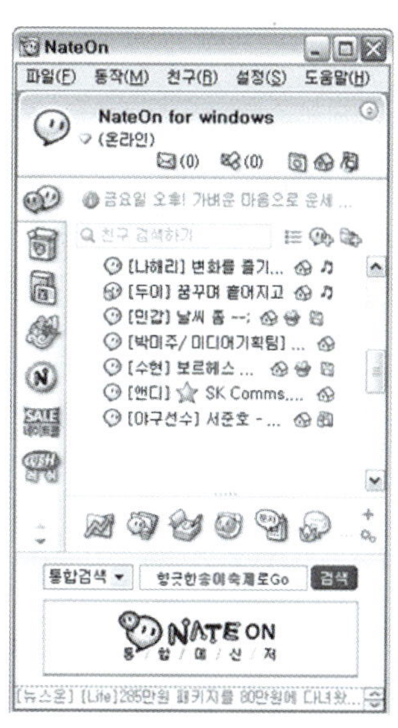

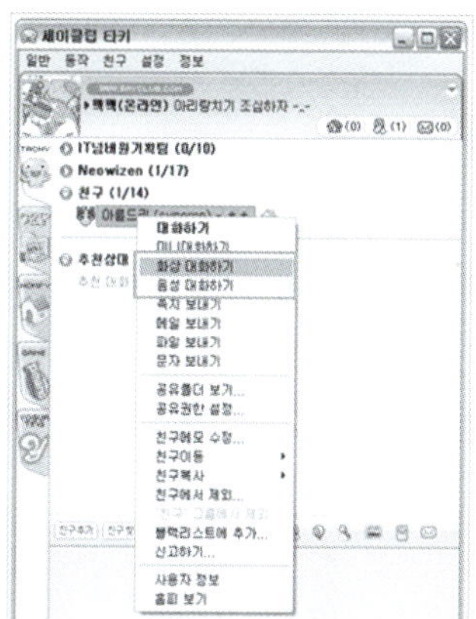

▲ 여러 가지 메신저들

● 문자(SMS)를 보내자!

최근 휴대폰은 전 국민이 가지고 있다고 해도 과언이 아닐 정도로 보편화 되었다. 이 때문에 휴대폰을 이용한 SMS(문자메시지) 또한 남녀노소를 불문하고 사용이 가능한 기본적인 연락 수단이 되었다.

SMS는 단문 문자 서비스로서 80byte라는 글자 제한이 있지만, 간단한 정보를 전달하기에는 가장 효과적이다. 누구나 항상 가지고 있으며 발송 즉시 확인을 하는 경향이 있기 때문이다. SMS의 기본적인 운영 형태는 메일의 활용 예시와 같다. 최근 이를 활용하여

Call-back SMS, 즉 무선사이트 URL을 포함한 SMS를 발송하여 사용자 확인 시 무선 사이트로 연결하게 하는 것도 가능하다.

더 확장 된 커뮤니티의 방법으로 SMS를 통해 전송하는 내용을 자동 등록하는 [마이크로 블로그] 또는 [마이크로 커뮤니티]가 생겨 나고 있다.
그 예로 모바일 블로그 Tossi가 있다.

▲ 모바일 블로그 토씨

section 02 이용 목적에 따른 커뮤니티 마케팅 활용 방법

커뮤니티 마케팅은 이용 목적에 따라 활용 방법이 달라지게 된다. 일반적인 커뮤니티 마케팅의 이용 목적은 크게 5가지로 분류할 수 있다. 개인의 브랜드 가치 향상, 직접적인 수익 창출, 간접적인 수익 창출, 신규 브랜드나 제품 홍보, 그리고 기업의 브랜드 가치 향상이 그것이다. 이러한 이용 목적에 맞게 커뮤니티 마케팅을 활용하는 사례를 살펴보고 커뮤니티 마케팅을 효과적으로 활용할 수 있는 방법을 알아보기로 한다.

:: 개인 브랜드 가치 향상을 위한 커뮤니티 마케팅

XML을 기반으로 구조화된 블로그는 RSS, 트랙백 등의 기능을 활용하여 이전보다 훨씬 더 빠르고 광범위한 컨텐츠 공유를 가능하게 하였다. 이제 블로그에 포스팅 한 글이 더 이상 개인적인 로그를 기록하는 차원을 넘어서 공통된 관심을 가진 사람들에게 영향력을 발휘하는 하나의 사회적 미디어로 성장하게 된 것이다.

블로그나 미니홈피 등의 개인 미디어들이 발전하고 그 영향력이 확대되면서 개인 미디어를 활용하여 자신의 브랜드 가치를 높일 수 있는 기회가 점점 늘어나고 있다. 하루에도 수 만 명 이상의 방문자를 기록하고 있는 이른바 '파워 블로거' 들 뿐만 아니라 수십만 명의 회원들이 활동하고 있는 TOP 랭킹 커뮤니티의 시솝들 역시 커뮤니티 회원들의 신뢰를 바탕으로 해당 분야에서 영향력을 발휘하고 있다. 이들은 블로그나 카페에서 작성한 글을 모아 책으로 출간하면서 저자로서의 명성과 수익도 함께 얻어가고 있다.

● OTL 맨, 블로그를 통해서 예술의 꿈을 이루다!

서울 곳곳에서 OTL 맨 퍼포먼스로 잘 알려진 '김치샐러드' 블로그(http://blog.naver.com/2x5/)의 운영자 윤명진 씨. 그는 블로그에 다양한 퍼포먼스와 창의적인 예술 작품들을 포스팅 함으로써 유명해진 파워 블로거이다. 그에게 블로그는 많은 사람들과 다양한 작품을 공유하는 공간이자 동시에 그의 꿈을 이루게 해 준 소중한 공간이다.

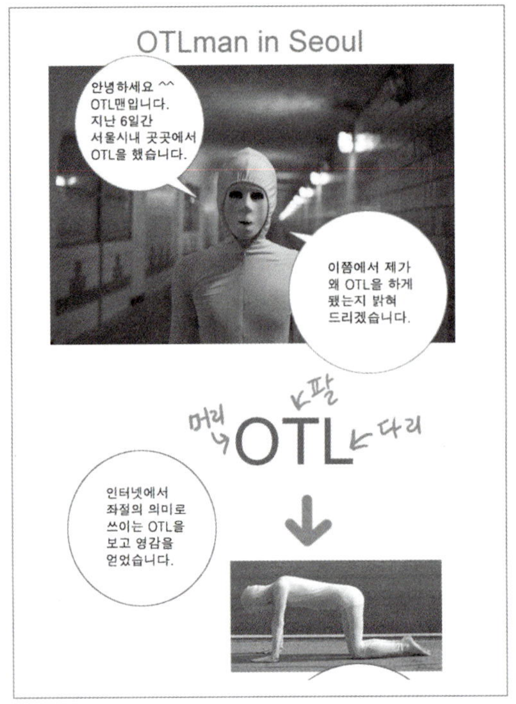

◀ 김치샐러드 블로그에 실린 OTL 퍼포먼스

"예술을 하고 싶다고 생각한 후 이루고 싶은 몇 가지 목표가 있었는데 블로그를 시작하고 제 작품들을 포스팅을 하면서 그 목표가 생각보다 훨씬 빠르게 이루어 졌습니다"

– 윤명진 씨의 2006 네이버 파워유저 블로그 부문 수상 소감

이처럼 블로그는 젊은 작가의 작업 공간인 동시에 창작품을 올리고 다른 사람들이 감상할 수 있는 전시관으로 활용될 수 있다. 이를 통해 더 많은 사람들이 예술작품과 퍼포먼스를 공유할 수 있으며 또한 다양한 후원 모집의 통로로도 활용할 수 있다.

● 블로거를 통해 만들어진 책, 블룩(Blook)

블룩(Blook)이란?
블로그(Blog)와 북(Book)의 합성어로, 개인이 블로그에 연재한 글을 모아 출판한 책을 지칭하는 신조어이다.

인터넷에 '나물이네' 라는 홈페이지를 만든 김용환 씨는 대표적인 요리 블로거라고 할

수 있다. 자취생이라고 믿기 어려울 정도의 요리 실력과, 저렴한 가격으로 음식을 만들 수 있는 그의 노하우가 '나물이네'를 통해 네티즌들에게 큰 사랑을 받았다. 그리하여 블로그에 올린 글들을 정리해서 「2,000원으로 밥상 차리기」라는 책을 출판하게 되었다. 이 책은 발간 후 지금까지 인터넷 서점인 예스24(http://www.yes24.com)에서만 약 4만부 이상의 판매고를 올리고 있다. 이후 「나물이네 밥상」(2003년 9월~2005년 5월), 「나물이네 밥상 2」(2005년 6월~ 2006년 11월) 등 블로그에 업데이트 되는 글을 모아 지속적으로 책을 발간해서 좋은 반응을 얻고 있다.

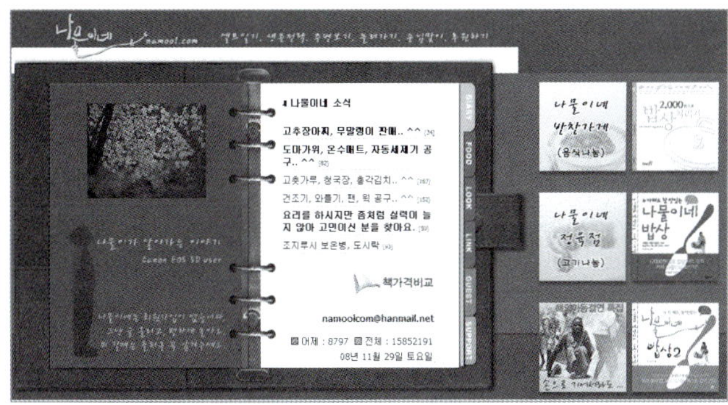

▲ 나물이네 홈페이지(http://www.namool.com)

나물이네 뿐만 아니라 요리, 인테리어와 여행 등 다양한 분야에서 블룩을 쉽게 찾아 볼 수 있다. 그 중에서도 특히 와이프로거(주부 블로거)들이 두각을 나타내고 있는데 대표적인 사례로 요리 블로거 문성실 씨가 있다. 블로그에 요리법을 올리면 그날 동네 마트에서 요리 재료가 동날 정도로 고정 독자를 확보한 와이프로거 문성실 씨는 자신의 블로그 '문성실의 맛있는 밥상(http://www.moonsungsil.com)' 에 올린 글을 기반으로 벌써 4권의 책을 출판했다.

일본에서 일하는 애니메이터 김현근(http://www.dangunee.com) 씨도 대표적인 블룩커이다. 블로그에 연재해 온 일본 생활기와 그가 직접 그린 삽화를 담아 「당그니의 일본 표류기1, 2」와 「도쿄를 알면 일본어가 보인다」등을 차례로 출판했다. 회원수 79만 명에 달하는 네이버의 대표 카페 레테('레몬테라스' 의 줄임 말)의 운영자인 황혜경 씨도 「반나절이면 집이 확 바뀌는 레테의 5만 원 인테리어」라는 책을 출판하여 예스24의 인테리어 부문 베스트셀러 1위를 기록하고 있다.

● 세대간의 벽을 넘은 작가와 독자의 만남

얼마 전까지 만해도 지금의 10대, 20대 젊은이들에게 이외수, 황석영 같은 소설가는 조금은 낯선 존재였을 것이다. 책을 통해 그들의 작품을 접해보았을 가능성도 낮았지만 '저자와의 만남'이나 대화를 통해 그들과 이야기 나눌 기회는 더더욱 없었을 것이다.

그런데 소설가인 이외수 작가가 자신의 진솔한 삶의 이야기를 플레이톡(http://www.playtalk.net)이라는 마이크로 블로그를 통해 맛깔스럽게 들려줘서 화제가 되었다. 일상에서 일어나는 소소한 일들을 그만의 특유한 화법으로 이야기하는 것도 흥미로웠지만 마이크로 블로그에 방문한 사람들의 글에 일일이 답글을 달아주는 정성까지 보여줘 사람들은 그가 진짜 이외수가 맞느냐고 의심하기도 했다. 오프라인에서는 좀처럼 만날 수 없었던 나이든 작가와 젊은 네티즌들의 만남은 서로의 문화에 호감을 가지면서 세대간의 벽을 넘는 교감을 가능하게 했다. 이를 통해 이외수는 자신의 마니아 층을 더욱 더 넓혀가면서 작가로서의 브랜드 가치를 높일 수 있는 계기가 되었다.

▲ 이외수의 플레이톡(http://www.playtalk.net/oisoo)

인터넷 커뮤니티를 통한 작가와 독자의 만남은 황석영의 '개밥바리기별' 네이버 블로그에서도 이루어졌다. 작가의 유년 시절을 모티브로 쓰여진 이 작품은 블로그 연재 당시 180만 명이 방문했고, 단행본으로 출간되자마자 베스트셀러에 올라 현재 21만 권이 팔리면서 문학계에 큰 반향을 일으켰다.

책이 출간되기 전에 먼저 블로그를 통해 책 내용을 공개하고 블로그에서 책에 대해 저자와 직접 이야기를 나눌 수 있었던 것이 독자들에게는 새로운 매력으로 다가갔을 것이다.

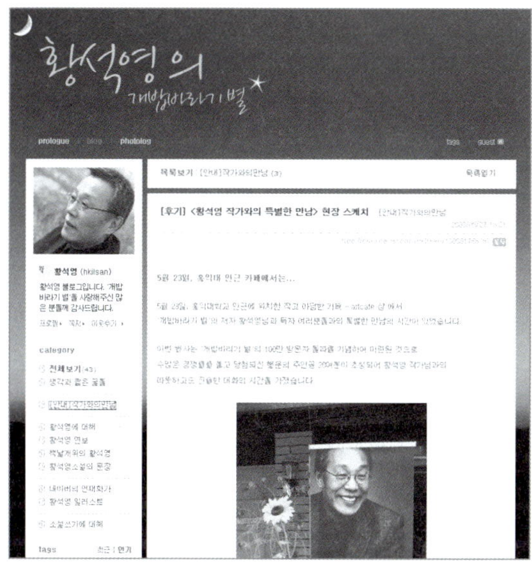

▲ 황석영의 개밥바라기 별 블로그(http://blog.naver.com/hkilsan)

Tip & Know How

개인 브랜드 가치 향상을 위한 커뮤니티 마케팅 활용 노하우

- 블로그나 커뮤니티 활동을 즐겁게 즐겨라!
- 모든 것을 다 하려고 하지 말고 특정 분야의 전문가가 되라!
- 차별화 된 컨텐츠로 나만의 경쟁력을 만들어라!
- 다양한 소셜 네트워크를 활용해서 든든한 지원군을 만들어라!

:: 직접 수익 창출을 위한 커뮤니티 마케팅

온라인 쇼핑몰 창업을 준비하는 사람들은 일반적으로 독립적인 쇼핑몰을 구축하거나 G마켓, 옥션과 같은 오픈 마켓에 입점하는 방식을 고민한다. 그런데 쇼핑몰 운영에 대한 전문적인 지식이나 노하우 없이 이미 경쟁이 치열한 시장에 뛰어드는 것은 성공하기가 어려운 일이다. 이러한 레드오션 시장에서 차별화 된 경쟁요소 확보를 통해 성공 가능성을 높이고 투자 비용 대비 높은 효과를 얻을 수 있는 묘안으로 커뮤니티를 활용한 마케팅 방법을 추천할 수 있다.

● 쇼핑몰 대신 다음 카페 만들기

다음 카페에서는 몇 가지 규칙을 지키면 일반 카페에서도 상거래가 가능하다. 그래서 많은 소호 사업자들이나 오프라인 상점들이 다음 카페를 개설해서 직접 수익을 창출하고 있다. 퓨전 한복 대여업을 하는 '유민맘' 또한 다음(Daum)에 돌잔치를 주제로 카페를 개설하였다. 별도의 쇼핑몰이나 오픈 마켓을 운영하지 않고도 카페 운영을 통해서 직접적인 수익을 창출하고 있다. 한복 제품 정보에 대한 노출뿐만 아니라 제품에 대한 주문과 결제까지 카페 내에서 이루어진다.

▲ 유민맘 카페(http://cafe.daum.net/yuminmom)

카페를 통해 상품의 전시와 주문, 결제 과정은 어떻게 진행되는지 보다 구체적으로 살펴보자.

상품 정보 노출

사진 게시판을 생성해서 제품명과 제품 이미지를 올린다. 주문하기 버튼이나 장바구니 등은 지원하지 않기 때문에 주문이 복잡하거나 작은 상품을 한꺼번에 여러 개 주문하는 경우는 주문과 관리의 번거로움을 막기 위해서 따로 쇼핑몰을 만드는 것이 더 효율적이다. 카페는 기본 게시판 구조이기 때문에 품목이 단순하고 수량이 많지 않은 제품의 판매에 적합하다.

상품 주문

구매는 게시판이나 쪽지, 이메일로 이루어지지만 기본적으로 관리를 용이하게 하기 위해 주문 게시판을 따로 두는 경우가 많다. 주문자의 개인 정보를 보장하기 위해서 비밀글로 주문을 받는 경우도 있다.

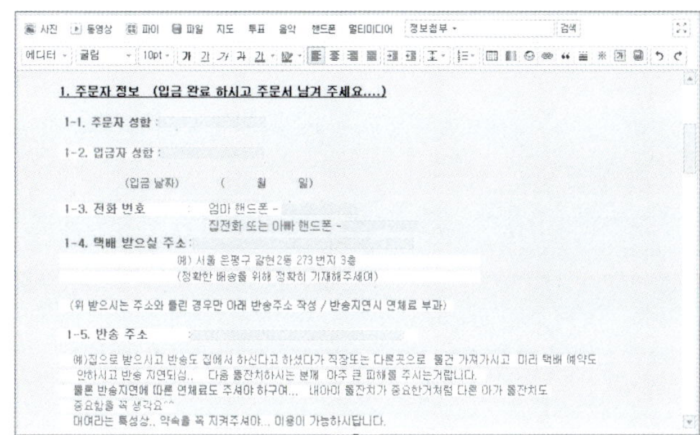

▲ 카페 내 주문서 작성 게시판

상품 결제

카페에는 별도의 결제 시스템이 갖추어져 있지 않기 때문에 보통은 무통장 입금, 계좌이체 방식을 많이 이용한다. 그런데 무통장 거래의 안정성이 담보되지 않기 때문에 G마켓이나 옥션 같은 오픈마켓에 상품을 등록해서 해당 상품 구매 페이지로 구매를 유도하기도 한다. 또한 최근에는 카페나 블로그에서 직접 신용카드 등으로 안전하게 결제할 수 있는 'INIP2P' 와 같은 솔루션도 개발이 되어 이를 활용할 수 도 있다.

상품명	MP3
상품가격	10,000 원
지불수단	신용카드 , 계좌이체 , 무통장입금

INIP2P를 이용한 안전결제 하기

INIP2P 서비스는 전자지불(PG) 1위업체 (주)이니시스가 제공합니다.

▲ NIP2P를 활용한 안전결제

● 카페를 이용한 커뮤니티 마케팅의 활용

커뮤니티 활용의 장점

1. 포털사이트에서 제공하는 카페, 블로그 플랫폼을 활용하기 때문에 초기 투자 비용이나 유지 보수 비용이 거의 들지 않는다.
2. 포털 플랫폼을 활용하기 때문에 포털 검색 엔진에 노출이 잘 되고, 타깃팅 된 잠재적 고객을 회원으로 유입시키기 편리하다.
3. 커뮤니티에서 제공하는 유용한 정보와 회원들간의 커뮤니케이션 과정은 상품에 대한 신뢰도를 높이고 이를 통해 판매를 촉진하는 효과를 얻을 수 있다.

카페 등은 상거래를 목적으로 만들어진 것이 아니기 때문에 상거래 시 편리함이나 안전성이 쇼핑몰에 비해 부족하다. 그럼에도 불구하고 커뮤니티에서 물건이나 서비스를 구매하는 것은 커뮤니티 활동을 통해서 만들어진 운영자에 대한 믿음과 친밀함 때문이다. 회원들에게 다가가기 위해서는 회원들에게 필요한 정보를 카페에 올린다던가 회원들의 궁금증에 대해 일일이 친절하게 상담을 해 준다던가 하는 식으로 커뮤니티적인 요소를 최대한 살려야 성공할 수 있다.

커뮤니티에서 상거래를 할 경우는 신뢰가 생명이다. 커뮤니티의 경우 회원간에도 친분이 있기 때문에 안 좋은 소문은 더 빨리 확산되기 때문이다. 그리고 그 소문은 게시물로 남게 되어서 예비 소비자들에게까지 영향을 미치게 된다.

Tip & Know How

직접 수익 창출을 위한 커뮤니티 마케팅 활용 노하우

- 카페 개설 초기에는 판매보다 커뮤니티를 활성화 하는데 초점을 맞춰라!
- 제품 홍보뿐만 아니라 제품 관련 영역에 대한 풍부한 정보를 제공해라!
- 회원들의 질문이나 의견, 상담 등에 신속하고 친절히 답해야 한다.
- 서로간의 신뢰를 바탕으로 구매가 이루어지는 만큼 신용을 소중히 여기도록 한다.

Tip & Know How

카페 상거래 행위에 대한 포털사이트의 정책

네이버나 싸이월드의 경우 커뮤니티에서의 상거래 행위가 금지되어 있다. 그러나 다음 카페는 2007년 12월 28일부터 서비스 이용약관이 변경되어 일정 정도의 요건만 갖추면 상업적인 목적으로도 활용이 가능하다.

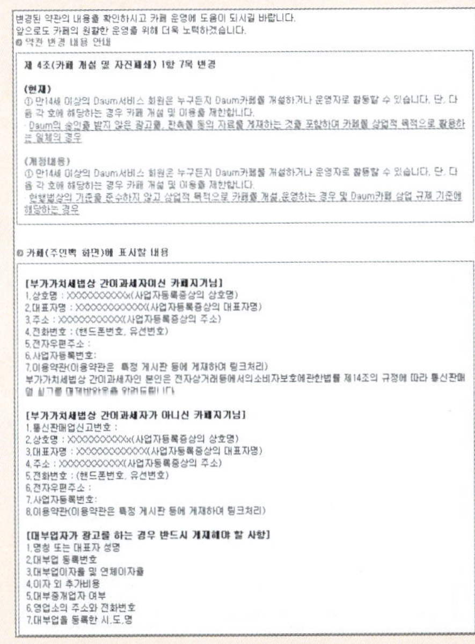

변경된 약관의 내용을 확인하시고 카페 운영에 도움이 되시길 바랍니다.
앞으로도 카페의 원활한 운영을 위해 더욱 노력하겠습니다.
◎ 약관 변경 내용 안내

제 4조(카페 개설 및 자진폐쇄) 1항 7목 변경

(현재)
① 만14세 이상의 Daum서비스 회원은 누구든지 Daum카페를 개설하거나 운영자로 활동할 수 있습니다. 단, 다음 각 호에 해당하는 경우 카페 개설 및 이용을 제한합니다.
· Daum의 승인을 받지 않은 광고물, 판촉물 등의 자료를 게재하는 것을 포함하여 카페를 상업적 목적으로 활용하는 일체의 경우

(개정내용)
① 만14세 이상의 Daum서비스 회원은 누구든지 Daum카페를 개설하거나 운영자로 활동할 수 있습니다. 단, 다음 각 호에 해당하는 경우 카페 개설 및 이용을 제한합니다.
· 현행법상의 기준을 준수하지 않고 상업적 목적으로 카페를 개설,운영하는 경우 및 Daum카페 상업 규제 기준에 해당하는 경우

◎ 카페(주인백 화면)에 표시할 내용

[부가가치세법상 간이과세자이신 카페지기님]
1.상호명 : XXXXXXXXXXx(사업자등록증상의 상호명)
2.대표자명 : XXXXXXXXXXX(사업자등록증상의 대표자명)
3.주소 : XXXXXXXXXXX(사업자등록증상의 주소)
4.전화번호 : (핸드폰번호, 유선번호)
5.전자우편주소 :
6.사업자등록번호 :
7.이용약관(이용약관은 특정 게시판 등에 게재하여 링크처리)
부가가치세법상 간이과세자인 본인은 전자상거래등에서의소비자보호에관한법률 제14조의 규정에 따라 통신판매업 신고를 면제받았음을 알려드립니다.

[부가가치세법상 간이과세자가 아니신 카페지기님]
1.통신판매업신고번호 :
2.상호명 : XXXXXXXXXXx(사업자등록증상의 상호명)
3.대표자명 : XXXXXXXXXXX(사업자등록증상의 대표자명)
4.주소 : XXXXXXXXXXX(사업자등록증상의 주소)
5.전화번호 : (핸드폰번호, 유선번호)
6.전자우편주소 :
7.사업자등록번호 :
8.이용약관(이용약관은 특정 게시판 등에 게재하여 링크처리)

[대부업자가 광고를 하는 경우 반드시 게재해야 할 사항]
1.명칭 또는 대표자 성명
2.대부업 등록번호
3.대부업이자율 및 연체이자율
4.이자 외 추가비용
5.대부중개업자 여부
6.영업소의 주소와 전화번호
7.대부업을 등록한 시,도,명

◀ 다음의 변경된 약관 내용

:: 커뮤니티 마케팅을 통한 간접 수익 창출

직접적인 수익 창출을 목적으로 커뮤니티를 개설한 것은 아니지만 활성화 된 카페, 블로그를 활용해서 간접적으로 수익을 얻을 수 있는 사례가 늘어나고 있다. 정보 공유나 같은 취미를 가진 사람들의 친목을 위해 개설된 카페라도 회원수가 늘어나고 카페 랭킹이 상승해서 특정 분야에서 인지도가 높아진다면 제휴 마케팅을 통해 수익을 얻을 수 있는 다양한 방법들이 있다.

또한 자신의 블로그에 방문한 사람들에게 광고를 보여주고 그 광고를 클릭할 때마다 일정 정도의 수익을 공유하는 애드센스 프로그램이나, 특정 제품에 대한 리뷰를 작성하고 일정 정도의 리워드를 받는 것처럼 블로그 활동을 통해 간접적으로 수익을 얻을 수 있는 모델들이 활성화 되고 있다.

● 카페에서 제휴 마케팅을 통한 간접 수익 창출

카페에서 간접 수익을 얻을 수 있는 가장 대표적인 사례가 기업에서 새로운 제품을 홍보하기 위한 '체험 이벤트 제휴'이다. 카페와 제휴를 통해 진행되는 체험 이벤트의 경우에는 일반적으로 카페 운영진에게 기본적인 경품의 혜택이 주어지고, 몇몇 카페의 경우에는 이벤트를 진행하는 데 필요한 경비 항목으로 이벤트 비용을 지원받는 경우도 있다.

제휴 이벤트 이외에도 특정한 분야에 관심을 가진 회원들이 모여 있는 공간이기 때문에 그곳에 타깃팅 된 광고를 원하는 기업들로부터 스폰서 배너 광고를 유치할 수도 있다. 대부분의 포털 카페는 HTML을 이용해서 카페 메인 페이지를 편집할 수 있기 때문에 노출 위치와 기간에 따라 책정된 비용으로 해당 제휴 업체의 배너 광고를 노출해 주고 있다.

그 밖에도 카페와 특정 업체와의 제휴를 통해 카페 회원이 관심 있어 하는 내용에 대해서 문의를 받거나 견적을 받을 수 있는 게시판을 개설하여 해당 게시판에 대한 운영 권한을 위임하는 방법도 많이 활용되고 있다.

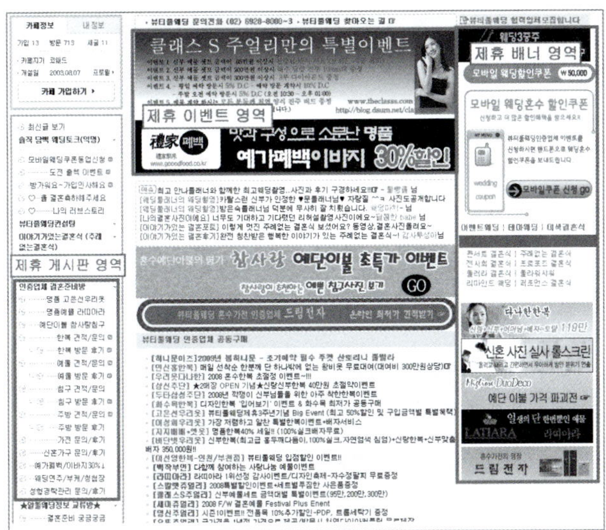

▲ 카페 제휴 마케팅 사례 – 뷰티풀웨딩(http://cafe.daum.net/beautiwed)

● 블로그를 활용한 부가 수익 창출

블로그를 활용하여 추가 수입을 얻을 수 있는 서비스들이 속속 등장하면서 투잡(Two Job)을 노리는 블로거들의 관심이 집중되고 있다. 온라인 서점 알라딘(aladdin.co.kr)에서는 TTB(Thanks to Blogger) 프로그램을 진행하고 있다. 자신이 운영하는 블로그에 글을 올릴 때 알라딘에서 판매하는 상품을 넣고 누군가가 클릭해서 구입하면 작성자에게는 3%, 구매자에게는 1%의 적립금을 지급하는 방식이다. 이를 통해 블로거는 자신이 보거나 좋아하는 책과 음반에 대한 포스트를 작성하는 것만으로 수익을 낼 수 있는 기회를 얻게 된다.

알라딘의 Thanks To Blogger 사례 ▶

다음의 '애드클릭스'나 구글의 '애드센스' 등 자신의 블로그에 찾아온 독자들에게 광고를 보여주고 이들이 광고를 클릭할 때마다 수십 원 정도의 돈을 받을 수 있는 블로그 광고 수익 프로그램도 인기를 끌고 있다. 애드센스의 경우 작게는 한 달에 몇 만원에서 몇 십만 원 수준이고 많게는 몇 백에서 몇 천만 원을 벌었다는 사례도 종종 접할 수 있다. 애드센스를 활용한 광고 수입이 푼돈이 아니라는 인식이 확산되면서 많은 인기 블로거들이 애드센스를 설치할 수 있는 티스토리로 서비스를 옮겨가고 있다.

애드센스에 가입하기 위해서는 'https://www.google.com/adsense'에 가서 등록 절차를 밟아야 한다. 성인 컨텐츠나 저작권 컨텐츠와 같이 문제가 있는 포스팅이 있으면 구글에서 거부권을 행사할 수 있으니 이 점에 유의하고 스크랩보다는 자신만의 컨텐츠를 꾸준히 관리한다면 누구라도 블로그를 통해 수익을 얻을 수 있다.

▲ 블로그에서 구글 애드센스를 활용한 사례

Tip & Know How

간접 수익 창출을 위한 커뮤니티 마케팅 활용 노하우

- 회원수를 늘리고 카페의 랭킹을 높여라!
- 카페 카테고리를 세분화하고 관련 분야에서 No.1 카페로 만들어라!
- 명확한 타깃을 바탕으로 마케팅 효과가 좋은 공간으로서 카페를 브랜딩하라!
- 제휴를 통해 얻어지는 수익에 대한 정보 공개와 투명한 운영이 중요하다.

:: 신규 브랜드 & 제품 홍보를 위한 커뮤니티 마케팅

중소기업이나 개인 사업자와 같이 새로운 브랜드가 런칭이 되어도 마케팅 비용이 넉넉하지 않은 경우, 커뮤니티 마케팅을 활용한다면 보다 효과적으로 시장에 진입할 수 있다. 또한 이미 시장에서 영향력이 있거나 브랜드가 알려진 대기업의 경우에도 개별 신제품이 출시되었을 경우, 효과적인 마케팅 수단으로 커뮤니티를 활용할 수 있다.

신규 브랜드나 제품을 홍보하는데 커뮤니티 마케팅을 활용한다면 저렴한 비용으로 큰 효과를 기대할 수 있을 뿐만 아니라 커뮤니티에서 이루어지는 쌍방향 커뮤니케이션을 통해서 고객의 반응을 실시간으로 감지할 수 있다. 이렇게 고객들의 의견을 수렴하여 제품의 품질이나 성능을 개선하는 아이디어로 활용할 수 있다.

신규 제품 홍보를 위한 커뮤니티 마케팅으로는 활성화 된 카페와의 제휴를 통한 제품 체험 마케팅, 제품에 대한 리뷰나 스크랩을 활용한 입소문 마케팅, 그리고 파워 블로거와의 제휴를 통한 제품 홍보 방법 등이 있다.

● 활성화 된 커뮤니티와의 제휴를 통한 신규 제품 & 브랜드 홍보

대동벽지의 경우 신제품을 홍보하기 위해서 싸이월드의 주부 커뮤니티인 '살림이스트'와 제휴해서 신제품의 체험 이벤트를 열고, 그 외에도 매월 정기적으로 체험 이벤트를 벌여서 주부들의 입소문을 유도하고 있다. 커뮤니티 회원의 경우, 커뮤니티에 대한 신뢰가 대동벽지에 대한 신뢰로 이어져 호감을 갖게 되고 이는 좋은 입소문과 구매로 연결되게 된다.

싸이월드 '살림이스트'에서 실시한 대동벽지 이벤트 페이지 ▶

● 파워 블로거를 활용한 입소문 마케팅

소비자의 마음을 사로잡기 위해 CF에는 스타가 등장한다. 이와 마찬가지로 커뮤니티에서도 커뮤니티 스타가 필요한데 이런 역할을 하는 존재가 바로 파워 블로거이다. 자신의 블로그에 하루에 몇 천, 몇 만 이상 방문자가 와서 글을 올리면 수십 건의 스크랩이 이루어진다. 이런 파워 블로거의 영향력을 활용해서 자사의 제품을 마케팅 한다면 그 효과는 매우 클 것이다.

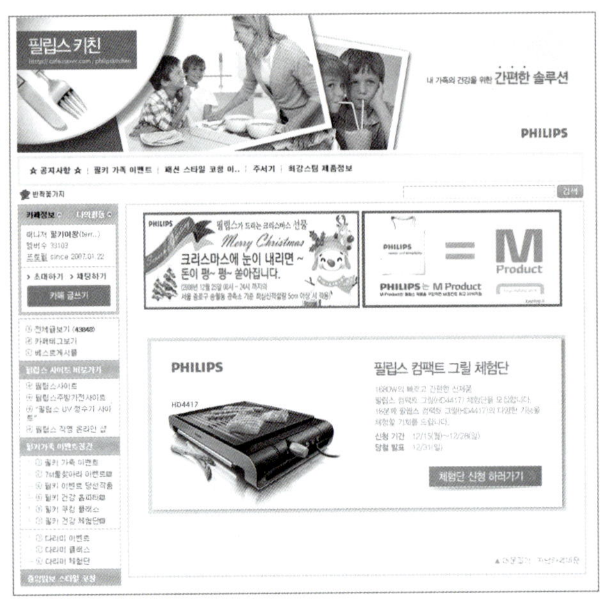

▲ 네이버 카페 필립스키친(http://cafe.naver.com/philipskitchen)

가전 제품 회사인 필립스는 이 점을 활용해서 필립스가 운영하는 네이버 블로그에 파워 블로거들의 카테고리를 만들고, 이 곳에서 파워 블로거들이 필립스 주방 제품을 사용한 요리 레시피를 올리게 하였다. 필립스의 주 소비층인 젊은 도시 주부들에게 인기가 있는 문성실 씨, 마이드림 김미경 씨, 딸기공주 이은미 씨, 슬픈하품 이지혜 씨, 은빈 김은주 씨, 런 김선미 씨, 모아이 한정옥 씨 등 최고의 요리 블로거들을 한 자리에 모은 것이다.

평소에 호감을 가지고 있던 파워 블로거가 필립스의 주방 및 가전 제품을 활용해서 요리한 레시피를 올린다면 방문자들도 필립스 제품에 대해 관심을 가지게 된다. 그리고 파워 블로거들은 '필립스 키친' 카페에 올린 글을 자신의 블로그에도 올리기 때문에 파워 블로거의 블로그를 방문한 소비자 또한 이 글을 접하게 되고 단순 이벤트성 글이 아니라 유용한 요리 레시피의 역할까지 하게 된다. 이렇게 다양한 블로거들에게 스크랩 되거나 검색에 노출되어 더 많은 사람에게 홍보가 되게 된다.

Tip & Know How

신규 브랜드 & 제품 홍보를 위한 커뮤니티 마케팅 활용 노하우

• 목표 타깃에 맞는 커뮤니티를 검토하고 제휴 파트너 선정에 신중을 기하라!
• 제휴 마케팅의 처음부터 끝까지 지속적으로 개입하라!
• 제품이나 브랜드에 대한 부정적인 여론에 대해서도 적극적으로 대응하라!

● 자사 제품 홍보를 위한 커뮤니티 마케팅 관리

기업의 마케팅 담당자라면 자사 제품의 홍보 및 이미지 관리에 항상 신경을 써야 한다. 제품이나 기업에 대해서 관리하는 방법에는 검색했을 때 좋은 내용이 나오게 하는 것도 중요하지만, 나쁜 이야기가 나오지 않게 하는 것도 매우 중요하다. 제품의 경우, 최근 구매자의 성향을 볼 때 사용자 후기에 많은 영향을 받는데, 사용자 후기 중에서 상위에 검색된 내용이 제품에 대해서 부정적이라면 판매에 많은 영향을 미치게 된다. 이러한 것을 방지하고 다음과 같은 관리가 필수적이다.

⑴ 지식in, 블로그, 카페, 뉴스 등 마케팅 활용도가 높은 키워드 검색 시 첫 페이지를 장식할 수 있어야 한다.
⑵ 관련 키워드를 몇 개 정해놓고 주기적으로 검색해서 첫 페이지에서 밀리지 않게 관리할 필요가 있다.
⑶ 검색할 가능성이 높은 키워드를 위주로 새로운 컨텐츠를 주기적으로 생성하고 우호적인 세력을 가진 매니아들을 형성하라.

다음 그림은 '넷북추천'이란 키워드로 검색했을 때 네이버 첫 페이지에 나타나는 화면이다. 만일 자사의 제품 관리를 앞서 알아본 것과 같은 방법으로 한다면 좋은 결과가 있을 것이다.

지식iN

넷북추천 와이브로추천 사이트 누가좀 알려주세요. 2009.03.02
이라고도 불리는 **넷북** 중에 **추천**할 만한 제품 아시는분은 답변좀해주세요. 제가 대충 둘러본 결과
HP2133/NC10/HS103/LGX110 등이 있던데요 동영상강의와 영화감상,한글,엑셀 정도로 쓸려고 하는데 괜찮은 모델 **추천**
좀 해주세요. (참...
노트북 | 답변수 1 · 추천수 0 · 조회수 873

넷북 추천해주세요! 광고사절 2009.02.10
점이 뭐겠어요;; 아무튼 이상의 이유로 MSI**넷북**을 적극 **추천**해 드립니다. 현재 가격비교 사이트에서 80G는... 주네요 ~ 개
인적으로 삼성 **넷북** nc10 을 **추천**해요 ^^ http://www.zaigen.co.kr/notebook/view.asp?...
노트북 | 답변수 2 · 추천수 4 · 조회수 9366

블로그

넷북 추천 - 소니 넷북 바이오P, VAIO P(VGN-P15L)... 2009.02.17
소니 **넷북**, VAIO P를 향한 꿀물의 몹쓸 욕심! 지난달 초 '소니 시크릿 파티'에 초대되었다 하필 파티를 청담동 트라이베카에
서 할게뭐람. 트라이베카와는 안좋은 추억이 있었기에 당연히 불참! 파티에 참여하면 청바지를 준다고 했었다...
http://blog.naver.com/8881397/140063274564 블로그명 : magazinePAPA

넷북 추천 : 넷북 고르는 법 / 미니노트북 추천 : MSI Wind U100 2009.01.18
미니노트북 추천 / **넷북 추천** : 넷북 고르는 법 링크.. 넷북을 추천하다. - 이번에 구입한 넷북 MSI WIND U100, 개인적으로
가격대비 성능이 가장 좋은 모델이라 생각한다.. - 최근들어, 미니노트북이 쏟아지고 있습니다. ^^;...
http://blog.naver.com/mslink/130040977191 블로그명 : 링크의 Something Unique

카페

넷북 추천좀 부탁드릴게요! 2009.03.02
희망이라거나 이런건 없지만 10인치쯤 많이쓰죠? **넷북**은- 보기에 많이 불편한가요?ㅠ 듣기에 막 파포나... 염려가 되서,,외
장도 필요할까요; sdd인가? 그거는 그닥 **추천**안하시더라구요 7. 기타 하실 말씀 있으세요? -...
http://cafe.naver.com/sssens/44336 카페명 : 삼성 센스 노트북 사용자 모임

넷북 추천 좀 해 주세요!! 2009.03.02
! 가격대비 해서 뭐가 좋은지, 그리고 전 여자고 그냥 인터넷 워드 엑셀이랑 동영상 강의 정도??로 쓸것 같거든요~ 그냥 **넷**
북 관심있었던 분이나, 컴터쪽 잘 아시는 분, 뭐가 좋은지 **추천**해 주시면 정말 감사!!
http://cafe.naver.com/iloveau3/44943 카페명 : 시로악어님의 일본드라마 / 미국드라마 - 일드,미드 다시보기

▲ 네이버에서 '넷북추천' 검색 시 나타나는 지식in, 블로그, 카페 화면

:: 기업 브랜드 가치 향상을 위한 커뮤니티 마케팅

커뮤니티 마케팅을 통해 직접적인 수익은 창출할 수 없더라도 기업 브랜드에 대한 호감
도를 높이고 경쟁 업체에 비해 차별화 된 고객 가치를 제공하기 위해 커뮤니티 마케팅을
활용할 수 있다. 초기의 커뮤니티 마케팅은 기업 홈페이지의 딱딱한 느낌이었다. 그러나
이후 더욱 더 친근한 모습으로 고객에게 다가갈 수 있도록 이용자들이 많이 사용하는 네
이버나 다음에 브랜드 카페, 브랜드 블로그를 개설하는 방식으로 전개되었다.

그런데 최근에는 조금 다른 방식의 커뮤니티 마케팅이 주목을 받고 있다. 포털사이트에
서의 브랜드 커뮤니티는 3개월에서 6개월의 짧은 기간 동안 이벤트 형식으로 운영되었
던 것이 일반적이었다. 하지만 최근에는 보다 장기적인 관점으로 커뮤니티 마케팅에 접
근하고 있다. 그 중 대표적인 사례가 바로 쿠쿠 블로그 마케팅과 청정원 기업 커뮤니티
사이트를 통한 기업 브랜드 마케팅 방법이다.

● 기업 커뮤니티 마케팅의 진화, 쿠쿠 블로그 마케팅

쿠쿠 블로그 마케팅은 기존 포털사이트 내의 브랜드 카페, 브랜드 블로그 운영 형태에서 벗어나 자사의 홈페이지를 블로거들의 관리와 교류의 거점으로 활용하고 있는 것이 가장 큰 특징이다. 쿠쿠에 대한 충성도가 높은 블로거들을 모집하여 다양한 미션을 수행하게 하고 이를 통해 쿠쿠 브랜드에 대한 호의적인 온라인 여론 형성을 주도하고 있다. 쿠쿠 브랜드 관점에서 제품의 기능적인 편의를 효과적으로 보여줄 수 있고, 고객의 관점에서는 주부들의 공통 관심사인 '요리'를 테마로 선정하고 다양한 요리 블로거들을 쿠쿠 브랜드 사절단으로 운영하고 있다.

쿠쿠 블로그 마케팅은 단순히 많은 블로거들을 모집하는 소극적인 마케팅을 넘어서 쿠쿠 블로거들을 대상으로 적극적이고 차별화 된 운영을 전개하고 있다. 첫째, 새싹 블로거, 줄기 블로거, 꽃잎 블로거, 열매 블로거 등 블로거들 내부에 등급 체계를 도입함으로써 자연스럽게 활성화를 유도하고 있다. 둘째, 미션을 수행한 블로거들이 할인된 가격으로 쿠쿠 제품을 구매할 수 있도록 별도의 쇼핑몰을 운영하여 쿠쿠 블로거들에게 차별화 된 혜택을 제공하고 있다. 마지막으로 온라인뿐만 아니라 '쿠킹데이 이벤트' 등 오프라인 모임을 통해 쿠쿠 블로거만의 로열티를 키워가고 참여한 블로거들 사이의 커뮤니티 형성을 유도하고 있다.

쿠쿠 블로그 마케팅은 현재까지 16기에 걸쳐 600여 명의 블로거가 활동 중이며 2,000개 이상의 블로그 포스트를 생성하고 있다. 쿠쿠 블로거들이 포스팅 한 게시물들은 주요 포털사이트에서 '쿠쿠'로 검색했을 경우 대부분 검색 리스트 상단에 노출되는 광고 효과를 나타내고 있다. 쿠쿠 블로거 중에는 10만 명 이상의 방문자를 보유하고 있는 파워 블로거의 비중이 10% 정도에 달하며, 이들 블로그를 방문하는 사람들의 수를 합하면 2,000만 명 이상이나 된다.

포트폴리오(http://www.portfolioad.com) 광고사업본부, "쿠쿠의 블로그 마케팅 사례" 참조

이처럼 파워 블로거를 활용한 커뮤니티 마케팅은 엄청난 광고 효과를 가져오며 기업의 브랜드 가치를 높이는데 기여하고 있다.

◀ 쿠쿠 커뮤니티(http://community.cuckoo.co.kr)

● 기업 홈페이지가 커뮤니티 마케팅의 허브가 되다

기업 브랜드 커뮤니티 마케팅 사례로 'Web Award Korea 2008'에서 브랜드 커뮤니티 부문 대상을 수상한 청정원 커뮤니티가 있다. 청정원은 고객 서비스 강화와 커뮤니케이션 채널 확대를 위해 네이버, 싸이월드에서 개별적으로 운영하던 청정원 브랜드 카페, 鮮生(선생) 요리교실, 햇살 담은 간장, 마시는 홍초 카페와 싸이월드 청정원 미니홈피를 통합하여 브랜드 커뮤니티 사이트인 청정원(http://chungjungwon.co.kr)을 새롭게 오픈 했다.

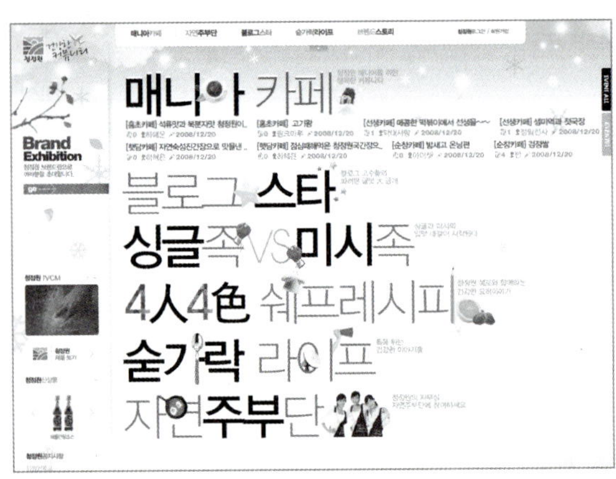

◀ 청정원 커뮤니티(http://chungjungwon.co.kr)

청정원 커뮤니티는 포털 서비스에서 제공하고 있는 카페의 모든 기능을 그대로 구현한 '매니아 카페', '수다가 좋다' 등 다섯 명의 파워 블로거들이 개성 있는 음식 이야기와 레시피를 들려주는 '블로그 스타', 그리고 소비자들이 직접 참여할 수 있는 다양한 체험 이벤트의 기회를 제공하는 '자연 주부단' 과 같은 메뉴로 구성되어 있다.

청정원 커뮤니티는 그 동안 개별 제품별로 분산되어 운영되어 왔던 브랜드 카페, 브랜드 블로그를 통합하고 그 곳에서 제품 체험 이벤트 등 소비자들이 직접 참여할 수 있는 다양한 기회를 제공함으로써 고객들로부터 긍정적인 평가를 받고 있다. 이처럼 커뮤니티 마케팅의 허브 역할을 하고 있는 청정원 사이트는 개별 제품에 대한 홍보 역할뿐만 아니라 '청정원' 이라는 기업 브랜드 가치 향상에도 많은 도움이 되고 있다.

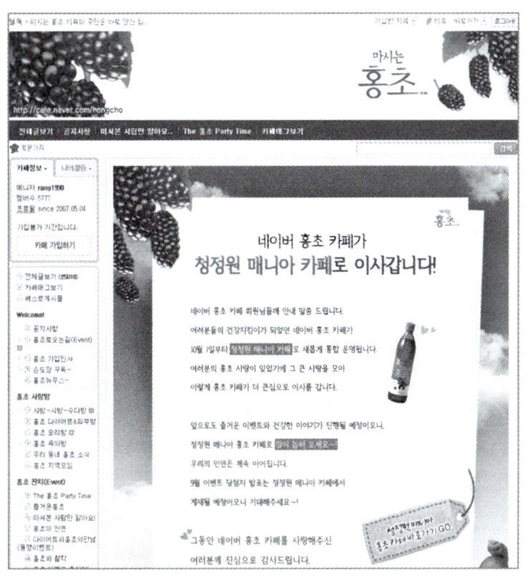

▲ 네이버에서 청정원 매니아 카페로 옮긴 홍초 카페

기업 브랜드 가치 향상을 위한 커뮤니티 마케팅 활용 노하우

- 브랜드 가치 향상을 위해서는 고객의 입장에서 고객의 마음으로 접근하라!
- 커뮤니티 마케팅은 최소 1년 이상 장기적인 전략으로 접근해야 한다.
- 유명한 파워 블로거를 영입하는 것보다 충성도 높은 내부 고객을 육성하는 것에 초점을 맞춰라!
- 오프라인 모임은 선택이 아닌 필수! 오프라인 세미나, 이벤트 등 다양한 문화 행사를 통해 회원들의 참여도와 충성도를 강화시켜야 한다.

Community Marketing

분야별 커뮤니티 마케팅 활용 사례

Section 01 주부 관련 커뮤니티

Section 02 생활 커뮤니티

Section 03 경제 재테크 커뮤니티

Section 04 취미 공예 커뮤니티

Section 05 스포츠 여행 커뮤니티

Section 06 문화 예술 커뮤니티

Section 07 교육 학습 커뮤니티

Section 08 카테고리 별 커뮤니티 종합 정리

지금까지 커뮤니티 마케팅과 관련된 개념과 이론에 대해서 알아보았다. 그럼 실질적으로 우리가 친숙하게 느끼는 포털 커뮤니티에서는 어떻게 적용되고 있는지 알아보도록 하겠다. 이번 장에서는 분야별로 나누어 커뮤니티 마케팅을 활용하고 있는 사례를 알아보고자 한다. 이는 여러분들이 하고 싶은 분야에 커뮤니티 마케팅을 적용하는데 많은 도움이 될 것이다.

section 01 주부 관련 커뮤니티

최근 주부들의 커뮤니티 참여도가 엄청난 속도로 증가하고 있다. 3대 포털사이트의 카페나 블로그만 보아도 상위 커뮤니티들은 거의 주부 관련 테마가 주를 이루고 있다. 최근 유행하는 체험 마케팅, 가족 마케팅, 입소문 마케팅의 주체이고 인터넷을 이용할 수 있는 시간적 여유가 많기 때문이다. 이들 주부 관련 커뮤니티 마케팅은 어떠한 방법으로 이루어지고 있는지 알아보자.

:: 살림이스트(http://salimist-club.cyworld.com)

가족 구성원에서 소비의 주체는 주부라고 할 수 있다. 따라서, 주부 관련 커뮤니티는 항상 기업 마케팅의 첫 번째 대상이 될 수 밖에 없다. 주부를 대상으로 한 기업 마케팅의 대표적인 성공 사례로는 강남 주부들을 대상으로 입소문 마케팅을 펼쳐서 현재 업계 1위를 유지하고 있는 '만도 딤채'의 사례를 들 수 있다. 이렇게 기업들의 관심을 받고 있는 주부 커뮤니티들은 어떤 마케팅을 펼치고 있을까?

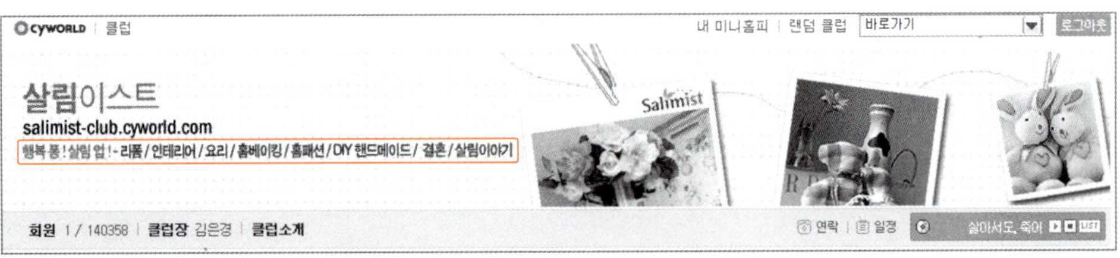

▲ 싸이월드 살림이스트 대문 그림

싸이월드에서 현재 주부 커뮤니티 1위, 전체 랭킹 5위를 차지하고 있는 살림이스트 클럽에 가면 대문 이미지가 다음과 같다. 또한 카테고리에서 확인할 수 있듯이 살림이스트에서 주로 다루는 분야는 리폼, 인테리어, 요리, 홈베이킹, 홈패션, DIY 핸드메이드 등으로 주부들이 공감할 만한 모든 것들이 나열되어 있다고 볼 수 있다. 살림이스트 클럽의 이벤트 또한 다음과 같이 주부들이 관심 가질 수 있으며 참여도가 높을 만한 이벤트들로 주로 구성되어 있다.

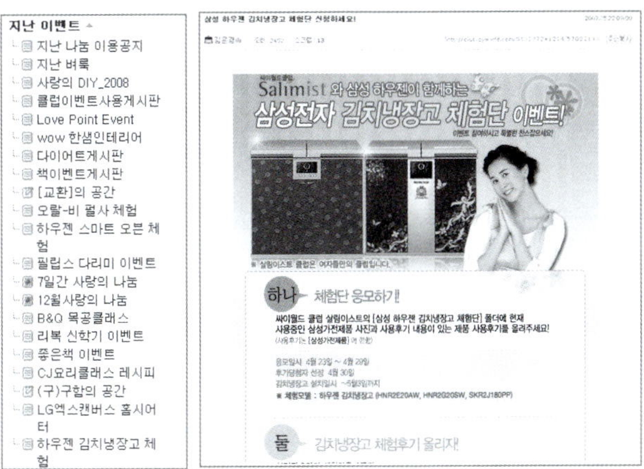

▲ 살림이스트 클럽 지난 이벤트 카테고리

이벤트 내용을 보면 체험 이벤트가 거의 대부분을 차지한다. 김치냉장고 이벤트 또한 살림이스트에서 단독으로 진행하는 체험 이벤트 행사였다. 이처럼 주부 커뮤니티에서는 마케팅 대행사에서 카페의 규모에 맞게 참가 예상 인원을 책정해서 체험단 모집과 체험 후기 등을 통해 마케팅을 진행하는 경우가 많다. 체험 이벤트는 가상 체험 이벤트 형태로도 진행되는데, 그 예로는 듀얼장의 장점 6가지 중에서 회원들이 가장 마음에 드는 장점을 골라 평을 쓰는 한샘 인테리어 이벤트를 들 수 있겠다. 이 이벤트에는 총 446명이 참가해서 다양한 의견을 댓글로 남겼다. 보통 이벤트에서 댓글 응모 방식을 많이 택하는 이유는 응모가 쉬워서 참여율이 높아지는 장점이 있기 때문이다.

▲ 살림이스트 클럽에서 열린 한샘 인테리어 이벤트

기업에서는 체험단을 모집해 제품 홍보를 할 수 있고, 카페 회원들은 새로운 제품 정보를 얻을 뿐만 아니라 운이 좋으면 경품도 탈 수 있는 장점이 있다. 따라서 주부들의 체험 이벤트가 상호 윈윈(Win-Win) 할 수 있는 방법으로 각광 받고 있다.

:: 맘스홀릭베이비(http://cafe.naver.com/imsanbu)

싸이월드에 '살림이스트'가 있다면 네이버 카페에는 예비 엄마들의 관심이 높은 임신, 출산, 육아의 내용을 담고 있는 '맘스홀릭베이비'라는 공간이 있다.

맘스홀릭베이비 카페는 네이버에서 현재 랭킹 2위의 카페이며, 임신과 육아를 다루는 국내 대표 커뮤니티라 할 수 있는 곳이다. 여기에도 살림이스트와 마찬가지로 대부분 체험 이벤트가 실시되고 있는데, 스킨베리 이벤트의 경우 시작 하루 만에 1,000명 이상이 댓글을 작성할 정도로 이벤트 참여도가 높다.

◀ 네이버 맘스홀릭베이비 카페에서 열린 '스킨베리 이벤트'

다음과 같이 테마에 딱 맞는 제품 이벤트를 실시하여 회원들의 공감을 얻고 있는 것도 있다. 이렇게 다양한 이벤트를 열 수 있는 이유는 카페에 작성되어 있는 전체 글 수가 약 5,200,000개에 달하는 큰 규모의 커뮤니티이기 때문에 가능한 것이다.

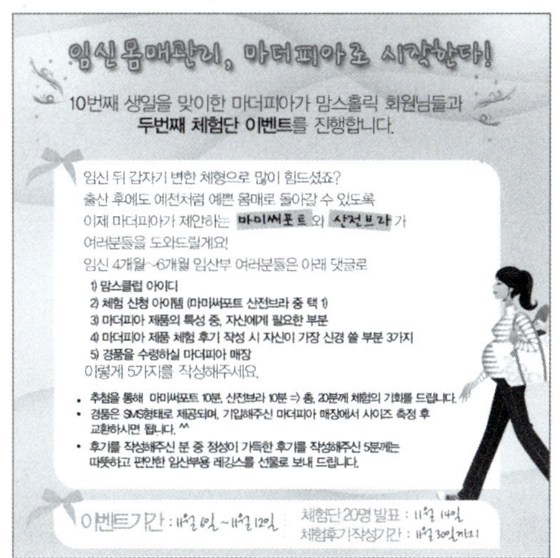

▲ 네이버 맘스홀릭베이비 카페에서 열린 '마더피아 이벤트'

앞서 살펴 본 두 카페의 사례처럼 주부 커뮤니티는 기업과의 제휴 마케팅을 다양하게 하고 있다. 주부 커뮤니티에서 이벤트를 하는 것이 해당 기업 홈페이지에서 이벤트를 하는 것보다 참여율이 더 높다는 것을 알고 많은 기업들이 주부 커뮤니티와 이벤트 제휴를 하기 때문이다. 여러분들도 주부 커뮤니티를 운영하고 앞에서 설명한 충성 회원들을 보유하고 있다면 얼마든지 업체로부터 제안을 받아 체험 이벤트를 진행할 수 있을 것이다.

체험 이벤트를 통해 카페를 활성화 시키는 것도 중요하지만 회원들과 주변 사람들에게 도움이 되는 공익적인 이벤트를 여는 일도 카페의 건전성을 유지하기 위해 중요한 일이다. 이런 맥락에서 살림이스트는 어려운 이웃들을 위한 '나눔 이벤트'를 실시하고 있으며, 맘스홀릭베이비에서도 자체적으로 운영하는 맘스클럽(http://www.moms-club.co.kr)을 통해 임신, 육아 주부들을 위한 다양한 교육을 하고 있다.

▲ 네이버 맘스홀릭베이비 카페에서 열린 '예비 엄마교실'

section 02

생활 커뮤니티

생활 커뮤니티는 음식, 요리, 패션, 결혼, 인테리어 등 일상 생활과 밀접한 소재를 가지고 있으며 특히 여성들이 주체가 되는 커뮤니티들이 많다. 최근 성형, 다이어트, 피부미용 등의 붐과 함께 관련 커뮤니티들이 우후죽순으로 생겨나 이들 커뮤니티들의 마케팅 활동도 점점 다양한 방법으로 시도되고 있다.

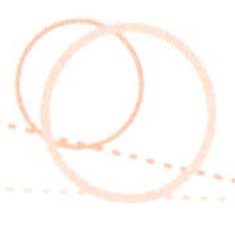

:: 스타일조아(http://stylejoa.cyworld.com)

생활 용품 커뮤니티의 카테고리에는 패션이나 미용, 다이어트, 인테리어, DIY 용품 등이 있다. 이 분야는 20대 여성과 주부의 활동이 많은 비율을 차지한다.

먼저 여성의 패션과 미용을 주제로 한 스타일조아(http://stylejoa.cyworld.com) 커뮤니티를 살펴보자. 스타일조아는 싸이월드에 속한 클럽으로 패션과 미용 분야에서 1위를 차지한 클럽이며 회원수는 10만 명이 넘는다. 이곳의 이선화 시솝은 홍콩에서 관광 관련 업체에 근무한 적이 있다. 당시 꾸준히 클럽 관리를 할 정도로 스타일조아 클럽을 키우기 위해 노력을 했으며 그 결과 싸이월드 최고의 패션 커뮤니티가 되었다. 스타일조아의 메인 화면에는 패션 관련 스폰서 업체의 소개 게시물과 쇼핑몰 배너가 있다. 이 업체들은 모두 스타일조아에서 선정한 업체들이다.

			제목보기	펼쳐보기	요약보기
공지	[공지사항] 선정된 제휴쇼핑몰 미미나리 [1]	이선화	2008.11.14	43
공지	[공지사항] 선정된 제휴쇼핑몰 시보리 [2]	이선화	2008.11.05	1214
공지	[공지사항] 선정된 제휴쇼핑몰 홀리홀리	이선화	2008.10.27	1527
공지	[공지사항] 선정된 제휴쇼핑몰 망고리본	이선화	2008.11.06	2671
공지	[공지사항] 선정된 업체만 광고허용!! [70]	이선화	2006.10.25	3893

▲ 스타일조아 클럽 메인 화면

스타일조아는 브랜드가 아니더라도 중소업체나 소호 쇼핑몰과 연계해서 커뮤니티 마케팅을 실현하고 있다. 공짜 옷 이벤트도 진행하는데 회원들의 참여도가 매우 높다.

[Event] 쇼핑몰 leapyou[리퓨]와 함께 하는 공짜옷 이벤트3 !!!

• 이벤트 참여방법 : 1) 현재 이 글을 자신의 미니홈피 or 블로그로 스크랩한다.

　　　　　　　　　 2) 스크랩한 주소(미니홈피or블로그)를 댓글로 단다.

• 이벤트 진행날짜 : 2008년 11월 22일 (토) 00시 ~ 28일(금) 00시 까지.

• 이벤트 발표날짜 : 2008년 11월 28일 (금) 00시 스타일조아 공짜옷이벤트 게시판 공지.

• 스타일조아 회원님들만을 위한 특별보너스 한가지더!

리퓨쇼핑몰에서 옷을 구입하시면 구입하신 옷 + 한가지 옷 을 더 드린답니다!(구매금액상관없이.)

▲ 스타일조아 클럽 '공짜 옷' 이벤트

그 외에도 이벤트 당첨자에게는 무료로 성형을 해주는 성형 이벤트도 한다. 이 이벤트에도 많은 회원이 몰리고 있다. 테마에 맞는 다양한 이벤트는 회원들을 모을 수 있는 강력한 무기가 되고 회원이 많이 증가하면 클럽도 활성화가 된다. 그러므로 커뮤니티를 활용한 타깃(Target) 마케팅이 되는 것이다.

▲ 스타일조아 클럽 '더 아름다워지자' 이벤트

:: 프로방스집 꾸미기(http://cafe.daum.net/decorplaza)

실내 인테리어를 전문으로 하는 프로방스집 꾸미기(http://cafe.daum.net/
decorplaza) 카페는 다음에서 인테리어 분야 1위에 빛나는 카페이자 전체 카페 랭킹 20
위 내에 들어가고 동시 접속자의 수도 수백 명에 달하는 생활 인테리어 분야에서 국내
최고의 카페이다.

프로방스집 꾸미기 카페는 카페 대문에서부터 뭔가 다르다. 연도와 달이 항상 갱신되는
것을 보면 매달 대문을 바꾸고 있는데, 이렇게 매월 카페 이미지를 변경함으로써 인테리
어의 지존다운 면모를 보이고 있다. 여기서 우측 배너를 보면 현재 진행중인 이벤트를
한눈에 쉽게 볼 수 있다. 역시 인테리어 관련 이벤트들이 주를 이룬다.

▲ 프로방스집 꾸미기 카페의 대문 이미지

다음은 프로방스집 꾸미기 카페에서 이벤트를 진행한 화면이다. 이벤트 페이지 디자인은
업체와 프로방스 로고 등을 적절히 배치하여 꾸몄다.

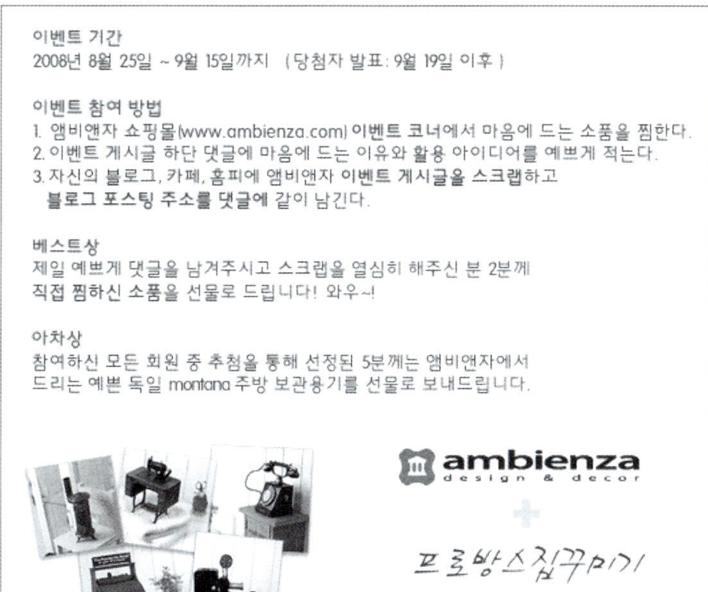

▲ 프로방스집 꾸미기 카페의 이벤트 페이지

프로방스집 꾸미기 카페는 자체 공방을 운영하기도 한다. 이곳에서 회원들과 함께 직접
인테리어 소품을 만들기도 하고 바베큐 파티도 하면서 회원들의 친목을 도모한다. 그뿐
아니라 공동구매 등 다양한 행사를 진행하고 있으며, 각 지역별 작가를 모집하여 컨텐츠
를 만들고 이를 지원하는 체계를 갖추고 있어서 인테리어에 관한 다양한 정보가 항상 넘
쳐 난다.

◀ 프로방스집 꾸미기 카페의 이벤트 페이지

section **03**

경제 재테크 커뮤니티

경제 재테크 커뮤니티는 부자되기, 절약, 인맥 만들기 등 종합적인 포털 형식의 경제 커뮤니티들과 부동산, 주식, 펀드, M&A, 컨설팅 등 구체적인 상품 위주의 재테크 커뮤니티들이 있다. 이들 커뮤니티들은 대부분 재테크 정보를 공유 또는 교환하기도 하며, 오프라인 세미나를 통한 비즈니스 위주의 모임들이 주를 이루고 있다.

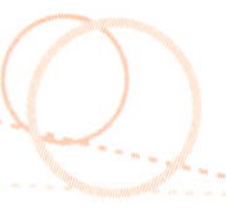

:: M&A 파워포럼(http://www.seri.org/forum/mna)

M&A 포럼은 삼성경제연구소에서 운영하는 세리포럼에 둥지를 만들어 개설 초기부터 줄곧 상위의 랭킹을 유지해 온 세리포럼의 대표 커뮤니티 중에 하나다. 특히, M&A라는 다소 생소한 주제를 다루기 때문에 이 같은 성적은 매우 놀랍다고 할 수 있다. M&A에 대한 방대한 자료와 다양한 인맥 네트워크가 바탕이 되었기 때문에 이와 같은 성과를 거둔 것이 아닌가 싶다.

M&A 파워포럼의 김종태 시솝은 포럼을 개설할 당시 온라인 커뮤니티뿐만 아니라 자체 사이트인 M&A 포럼 'Specialist ACADEMY' (http://www.mnaforum.com)와 인터넷 경제신문 'M&A 타임즈' (www.mnatimes.com)를 개설하여 운영하였다. 대부분의 세리포럼 커뮤니티들이 세리포럼 안에서만 맴돌고 있지만, M&A 파워포럼은 비즈니스에 대한 감각이 남달랐기 때문에 이처럼 한 박자 빨리 마케팅 작업에 들어갔던 것이다.

◀ M&A 타임즈

M&A 파워 포럼은 정기적인 세미나와 다양한 소모임 활동을 하고 있으며, M&A를 성공적으로 수행하기 위해 필요한 전략, 경영 기법, 법률적 문제 등에 대한 토론 및 연구에 중점을 두고 있다.

▲ 제25기 M&A 전문가 합숙 교육

그 중 (주)M&A 포럼은 교육 사업을 위한 'Specialist ACADEMY 경영학원'을 운영하고 있는데 한국경제신문(한경닷컴)과 전략적 제휴를 하여 M&A Specialist 양성 기초과정, 합숙 교육과정 및 고급과정을 운영하고 있다. 또한 우회상장 연구과정, 기업회계와 세무 기초, 비즈니스 협상 스킬과 매너, 비즈니스 영어, 성장경영 에센스, 웹 활용 가치평가사 실무과정, M&A 경영전략 기초과정 등의 교육 사업을 진행하고 있다. 교육 대상은 대기업 및 중견 기업의 전략기획, 기획예산, 재정, 심사투자분석 담당 임직원이다.

이처럼 경제 재테크 커뮤니티들은 대부분 세미나 등의 강좌와 관련된 컨텐츠를 적절히 활용하여 커뮤니티 마케팅을 실현하고 있다. M&A 포럼은 커뮤니티와 오픈사이트를 동시에 운영해서 상호 시너지 효과를 발휘하여 비즈니스에 성공한 대표적인 케이스라고 할 수 있겠다.

:: 다음카페 부자만들기(http://cafe.daum.net/mental)

우리가 일반적으로 재테크하면 가장 먼저 떠오르는 게 부동산과 주식이다. 다음카페에서 경제 분야 커뮤니티 중 상위 랭크는 대부분 절약 쪽이 많지만 부동산, 주식 등 재테크 관련 정보는 '부자만들기(cafe.daum.net/mental)' 카페가 많은 정보를 가지고 있다.

▲ 부자만들기 카페 메인

부자만들기 카페의 메뉴들을 보면 주식, 펀드, 금융, 부동산이 주를 이루고 있고 관련 전문가 칼럼과 상담도 가능하게 되어 있다. 배너 형태의 세미나 소식을 중간에 만들어 오프 세미나 행사를 홍보하고 있다. 이 카페는 메인화면을 일반 기업 사이트처럼 구성하고 '리치마미' 라는 육아 카페도 운영한다는 특징이 있다.

부자만들기에서는 스폰서 모집을 통해 메인에 스폰서 배너를 게재해 주고 있다. 또한 최근에는 매주 토요일마다 경매스터디 반을 개설하여 정기적으로 운영하고 유명 재테크 강사를 초빙하여 세미나를 열기도 한다. 세미나에는 보통 100~200명 정도 많은 회원들이 참여하여 재테크 정보를 공유하고 있으며, 세미나 참가비는 무료이거나 저렴하게 제공되고 있다.

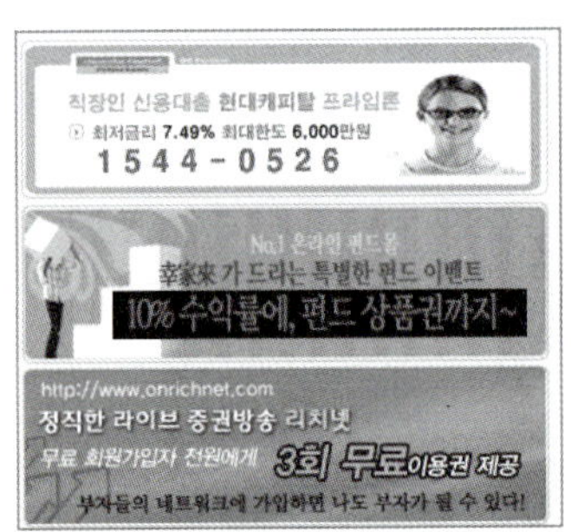

▲ 부자만들기 스폰서 배너

[부자만들기]세미나　부자 재테크 교실과 재정관리 교실~~함께 해요~~^^　🔊 구독하기 ▾

글쓰기　답글　새해 소원성취

"MBC 경제야 놀자" 우승택PB의 부자만들기 회원 초청 투자설명회

글쓴이 : 부자지킴이　|　조회수 : 3393　|　08.04.07 16:37

"MBC경제야 놀자"

부자만들기 까페에서는 〈MBC경제야 놀자〉로 유명하신 삼성증권의 우승택 센터장님을 모시고
카페 회원님들 대상으로 투자강연회를 개최합니다. 많은 성원 바랍니다~

○ 일시 : 4월16일(수) 오후 7시 30분

○ 주제 : 불황에도 강한 성공투자 강연회

○ 장소 : 코엑스 본관 4층 그랜드컨퍼런스룸 (서울 삼성동)

○ 강사 : 우승택 센터장 (삼성증권 호텔신라 자산클리닉 센터장)

◀ 부자만들기 세미나 공지

Tip & Know How

- 커뮤니티 운영으로 인한 수익이 자신의 월급 수준 이상으로 꾸준히 유지되기 전에는 절대 커뮤니티 운영을 본업으로 생각하지 마라.
- 온라인상의 수익 발생 가능성이 높은 아이템일수록 커뮤니티 마케팅이 활발해 질 수 있다.
- 전문 분야의 커뮤니티에서는 자신이 전문가가 되어 컨설팅/강의 등을 통해 인지도를 높인다면 디욱 큰 수익을 기대할 수 있다.
- 처음에는 순수 커뮤니티를 지향하더라도 오랫동안 커뮤니티를 유지하려면 자체 수익 또는 회비 등으로 인한 융통 자금 확보가 반드시 필요하다. 단, 투명성을 유지해서 회원들의 반발을 사지 않게 해야 한다.
- 회원들과 좋은 인간관계를 형성하고 관련 업체 종사자들과 긴밀한 관계를 유지하라. 이러한 인맥 관계가 당신의 큰 자산이 될 것이다.

section 04 취미 공예 커뮤니티

흔히 취미라 하면 요리, 인테리어, 쇼핑, 스포츠 등 모든 분야를 포함할 수 있지만, 포털사이트에서는 일상 생활과 스포츠를 제외한 분야를 취미 카테고리로 분류한다. 취미 공예 커뮤니티는 주로 체험과 교육을 중심으로 운영하는 곳이 많으며, 최근에는 자신이 만든 작품을 판매하거나 강좌를 개설해 교육 등을 실시함으로써 소일거리에서 수익원으로 점점 승화되어 가고 있다.

:: 네스홈(http://cafe.naver.com/nesshome)

웰빙이 생활의 중요 가치로 대두되면서 일체의 가공을 하지 않은 천연섬유, 리넨에 대한 관심이 증가하고 있다. 조물조물 만들고, 집 꾸미고, 살림하는 것을 좋아하는 감각파 주부들 사이에서 리넨은 단순한 천이 아니라 하나의 문화에 가깝다. 솜씨 좋은 주부들 사이에서 이미 유명 스타로 손꼽히는 온라인 바느질 고수들이 다 모인 곳이 바로 '네스홈'이다.

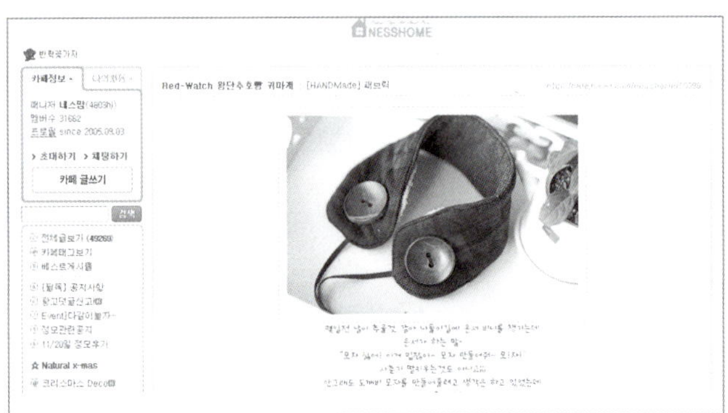

▲ 네스홈 카페

네스홈 카페는 회원들의 작품을 카페 메인인 대문에 걸어 놓음으로써 회원들이 자신들의 작품을 카페에 적극적으로 올릴 수 있는 분위기를 조성하고 있다. 또한 네스홈은 리넨 원단을 활용한 「DIY BOOK」을 출간했다. 패션 소품, 인테리어 소품, 주방 소품, 아이 용품 등 꼭 하나 갖고 싶은 리넨 소품들이 알차게 소개된 이 책에는 꼼꼼한 만들기 비법은 물론 당장 활용할 수 있는 실물본이 수록되어 누구나 쉽게 따라 할 수 있다. 네스홈 카페에는 책을 보고 만든 작품을 올릴 수 있는 공간까지 마련되어 있다.

네스홈 카페에서는 실력이 좋은 회원들을 리넨 고수라고 명명하고 이들에게 따로 게시판을 할애한다. 그리고 이 컨텐츠를 모아 책을 편집해서 내기도 한다. 이러한 활동을 통해 카페의 회원들이 고수로 발굴되고, 이들이 만드는 양질의 컨텐츠가 카페를 풍성하게 하는 것이다.

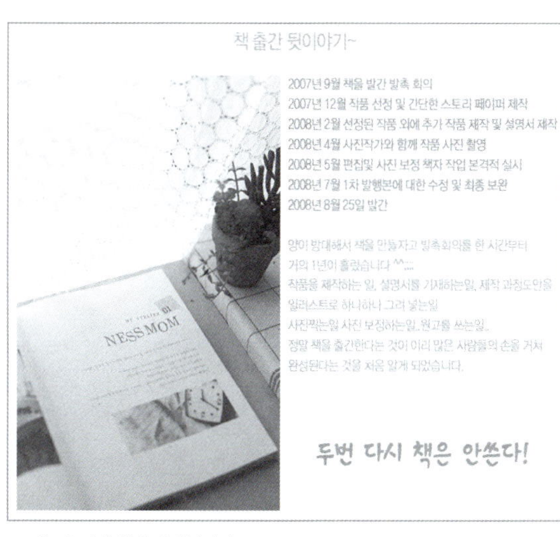

▲ 네스홈 카페 책 출간 뒷이야기

네스홈 카페 운영자는 네스홈(http://www.nesshome.com)이라는 쇼핑몰을 함께 운영하는데 이곳은 네스홈 카페 회원들도 참여할 수 있다. 자신의 작품을 네스홈에서 판매하는 것이다. 직거래 게시판을 활용해서 판매할 수도 있고, 네스홈의 작가로 선정되어 자신의 작품을 DIY 패키지의 형식으로 판매할 수도 있다. 이를 통해 쇼핑몰은 다양한 상품을 구비할 수 있어서 좋고, 카페 회원은 쇼핑몰을 자신의 작품을 판매하는 공간으로 활용할 수 있어 좋다. 쇼핑몰과 카페 두 곳에 다 도움이 되는 아주 이상적인 커뮤니티 마케팅의 예이다.

네스홈 쇼핑몰에는 다양한 소품들이 깔끔하게 정렬되어 있고 다양한 이벤트 마케팅을 아주 잘 활용하고 있다. 또한, 다양한 패키지 상품과 라벨 제작 등 구성 자체를 흥미롭게 하여 소비자를 즐겁게 해준다. 카페 또한 계절과 분위기에 맞춘 구성에 신경을 많이 쓰고 있다. 가령 12월에는 크리스마스 분위기로 만들어 회원들에게 즐거움을 더한다.

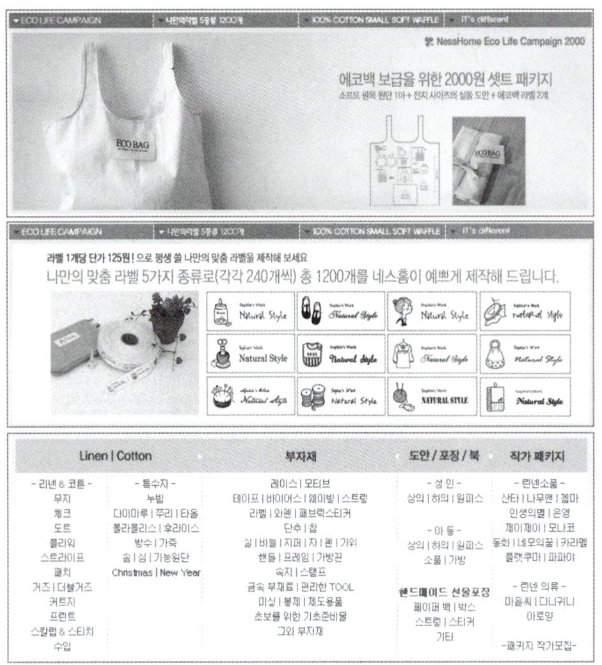

▲ 네스홈 쇼핑몰

카페 시솝이자 네스홈 대표인 송현숙 씨는 쇼핑몰 성공 노하우에서 다음과 같은 점을 강조했다.

쇼핑몰 성공 노하우

- 차별화된 나만의 시장 아이템 확보한다.
- 다품종 소량 생산으로 고객 니즈를 만족시킨다.
- 핸드메이드 작품을 만들 듯 정성을 다해 고객을 상대한다.
- 주문 제작일 경우 불량이 나오지 않게 주의한다.
- 부업으로 시작하지만 사업으로 연결할 수 있는 확장 가능성을 미리 생각한다.
- 커뮤니티를 바탕으로 하는 부분이라면 회원들에게도 수익 사업으로 연결시켜주는 부분을 고려한다.

:: 선명한 사진(http://cafe.naver.com/realdslr)

선명한 사진 카페는 네이버 카페 중 디카/사진분야 1위 카페이자 본 책의 출판사인 대림 출판사의 박기덕 실장이 직접 운영하는 카페이다.

선명한 사진 카페에서 출간한 책은 디카 분야 베스트셀러이다. 총 2권을 출간했으며 장시간 스테디셀러로 인기를 차지하고 있다. 그 큰 이유 중 하나는 바로 카페를 운영하고 있기 때문이다. 이는 예전 다음 카페의 장미가족의 태그교실이 포토샵 분야 베스트셀러였던 사례와 유사하다고 보면 되겠다.

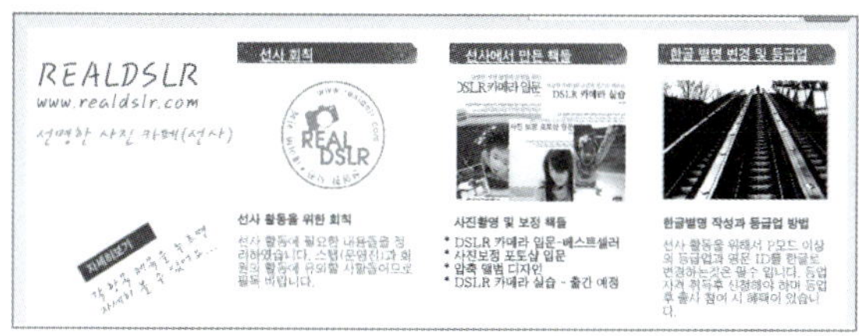

▲ '선명한 사진' 네이버 카페

선명한 사진 카페는 디카 모임이다 보니 출사와 같은 오프라인 모임을 많이 한다. 다음 이미지를 보면 11월에만 해도 전국에 걸쳐서 엄청나게 많은 출사가 있음을 알 수 있다. 재미있는 사실은 출사 때 찍을 모델도 회원들이 직접 추천하거나 섭외해서 진행된다는 점이다.

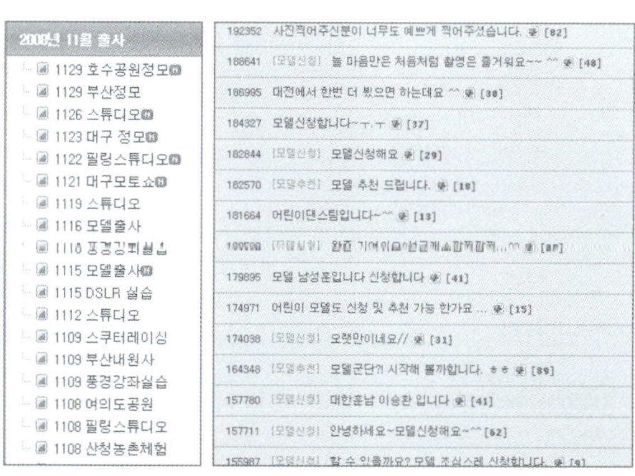

▲ '선명한 사진' 네이버 카페 출사 카테고리와 모델 관련 게시물

그리고 매우 활성화 된 카페여서 댓글 이벤트나 공동구매 같은 행사에 참여율이 매우 높다. 그 외에도 업체의 갤러리가 있어서 프로들의 사진도 많이 올라오고 있다. 업체에게는 카페에 작품 사진을 올릴 수 있는 공간을 만들어 주고 회원들에게 제휴 업체를 통해 저렴하게 사진을 인화할 수 있게 함으로써 상호 윈윈(Win-Win) 할 수 있는 공간을 만들어 가고 있다.

▲ '선명한 사진' 네이버 카페의 업체 갤러리

▲ ''선명한 사진' 네이버 카페의 회원 갤러리

회원들은 카페의 많은 정보를 통해 점점 사진 고수가 되고, 카페는 공동구매나 출사 등을 통해 다양한 활동을 제공하는 훌륭한 공간이 되고 있는 것이다.

 05

스포츠 여행 커뮤니티

스포츠 여행 커뮤니티는 오프라인 모임을 위주로 다양한 정보를 교환하기도
하고 정기 모임 등을 통해 다양한 행사를 가진다. 스포츠 커뮤니티는 관련 상
품 공동구매가 활발한 장점이 있고, 여행 커뮤니티는 단체 패키지나 할인 상품
들을 저렴하게 이용할 수 있는 장점들도 있다.

:: 골프마니아클럽(http://www.golfmaniaclub.com)

최경주, 박세리, 신지애 등 글로벌 스타들이 국제 대회에서 우승을 하면서 국내에서도
골프가 많이 대중화 되었다. 그에 따라 온라인에서의 골프 커뮤니티도 많이 생겼다. 그
중에서 네이버 NO1 골프 카페 '골프마니아클럽'을 소개한다.

'골프마니아클럽' 카페의 시숍은 원래 일간지 신문 기자이다. 우연히 스포츠 기자가 된
이후로 카페를 만들었다고 한다. 스포츠 분야 커뮤니티는 오프라인 모임이 필수인 만큼
'골프마니아클럽' 카페도 정기 오프라인 모임이나 정기 월례회 등 다양한 오프라인 모
임을 갖고 있다.

25407	[공지] 골프마니아클럽 6월 정기 오프모임 [59]
23874	골마 2007년 05월 정기 오프모임 취소의견 [16]
21777	2007년 4월 정기모임 공지...... [47]
20226	2007년 3월 정기모임 공지..... [38]
16729	[날짜변경 12/15] [2006년도 골프마니아클럽 송년회] [82]
15728	골프마니아클럽 11월 정기모임 공지........ [56]
14647	10월 골프마니아클럽 오프모임 공지 [40]
13379	[9월 정기 오프모임 공지] 9월 정기모임입니다. 필독요망~^^ [85]
11970	[정기 모임] 8월 골마 오프 정기모임 공지합니다. 필참석 75 [89]
9982	서울 전지역 모임 장소 확정!!!!! [56]

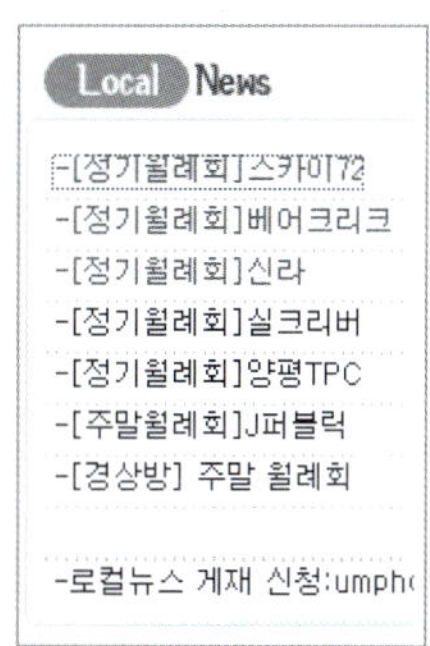

▲ '골프마니아' 네이버 카페의 오프라인 모임 공지 게시물

'골프마니아클럽'의 가장 큰 특징은 바로 '골마카드'라고 말할 수 있다. 골마카드는 '골
프마니아클럽' 카페의 회원에게만 발급되는 제휴 카드이다. 대회 신청 및 할인을 비롯하
여 그린피 면제, 무료 골프보험 가입, 국내외 프로대회 초청 등 다양한 혜택을 제공한다.

▲ '골프마니아' 네이버 카페의 골마카드

그 외에도 골프 관련 상품을 공동구매를 해서 회원들에게 좋은 상품을 저렴하게 제공한다. 공동구매 상품에 골프마니아 자체 로고를 사용해서 판매하기도 하고 다른 업체와 제휴해서 무료 이벤트를 열기도 한다. 또한 협찬사를 두어 다양한 지원을 받고 있다.

▲ '골프마니아' 네이버 카페의 공동구매 이벤트

▲ '골프마니아' 네이버 카페의 협찬사 배너

:: 일본 여행동아리 – J여동(http://cafe.daum.net/japanricky)

J여동은 자타가 인정하는 일본 여행 관련 최고의 커뮤니티이다. 1999년 생성되어 만 10년째 운영하고 있는 커뮤니티로 시숍 최혁선 님의 열정이 대단한 커뮤니티이다. 우선 메인화면을 보면 일본 여행에 관련된 카페에서 가장 자주 이용하는 메뉴들을 체계적으로 정리를 잘 해놓았다. 항공사, 교통편, 자주 가는 관광명승지의 홈페이지를 링크해 놓고 국내 대표 일본 여행사들의 링크를 무료로 걸어줌으로써 회원들이 이용하기 편리하도록 메인이 설계되어 있다.

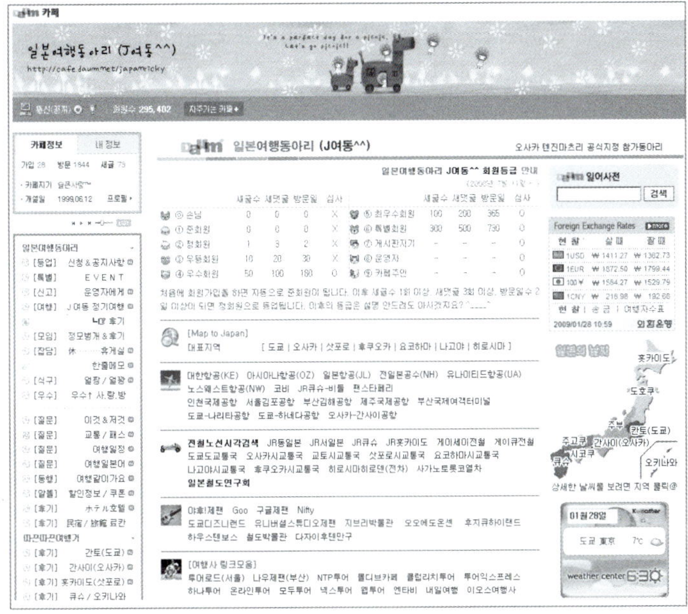

▲ 'J여동' 메인화면

J여동의 가장 큰 메리트는 일본 여행을 정기적으로 간다는 것이다. 저렴한 가격에 회원들과 함께하는 정기 여행은 2004년 1월부터 시작되어 올해로 5년째 계속되고 있다. 크루즈 여행, 비행기 여행 등 교통 수단별, 지역별로 다양한 테마 여행을 선보이고 있으며, 회원들의 만족도와 참여도도 매우 높은 편이다.

▲ J여동의 펜스타크루즈 정기 여행

게시물을 보면 최근 환율 변동으로 인해 일본 여행이 매우 고가임에도 불구하고 댓글이 160개 이상 달리는 것을 보면 그만큼 인기가 많다고 볼 수 있다.

그 외 J여동은 항공과 호텔 공동구매를 통해 회원들에게 보다 저렴하게 항공과 호텔을 이용할 수 있도록 해주고 있다.

번호	말머리▾
공지	[도쿄 / ②급 / 베구로] 프린세스가든 Hotel [23]
공지	[도쿄 / ①급 / 시나가와] 다카나와도부 Hotel [62]
공지	[도쿄 / ⑥급 / 아사쿠사] 히다카 Hotel [140]
공지	[도쿄 / ②급 / 신바시] 아타고야마도큐인 Hotel [168]
공지	[도쿄 / ②급 / 신주쿠] 아스카 Hotel [2]

▲ J여동 호텔 공동구매 게시판 공지

또한 다양한 이벤트를 통해 회원들에게 즐거움을 주고 있다. 아래는 일본어 책 서평 이벤트이다.

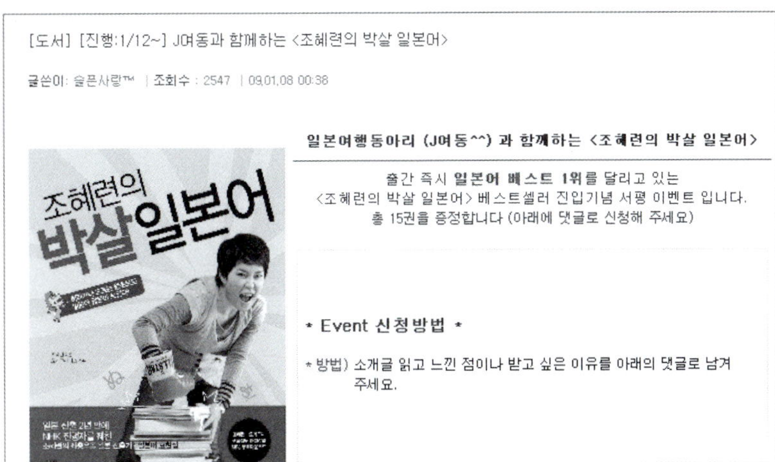

▲ J여동의 도서 이벤트

본 책에서는 J여동의 이벤트 마케팅 부분을 집중적으로 조명했지만, 카페에 들어가보면 일본 여행 관련 정보를 중심으로 사용자들이 가장 자주 찾는 메뉴들과 컨텐츠들이 주로 나타나 있고 마케팅 이벤트 영역은 숨어 있는 느낌이 있다. 이처럼 커뮤니티는 회원들이 가장 원하는 것이 무엇인지 파악해서 최적의 맞춤 서비스를 해주는 것이 우선이 되어야 커뮤니티 마케팅이 아주 자연스럽게 보여지게 된다.

section **06**

문화 예술 커뮤니티

최근 공연 위주의 문화가 점점 유행하면서 연극이나 뮤지컬 같은 공연을 동시에 하는 영화관이 많이 생겼다고 한다. 일반 대중의 문화 수준이 높아짐에 따라 문화 소비의 형태가 관람 위주에서 커뮤니티를 통해 능동적인 참여를 하는 문화로 탈바꿈하고 있다.

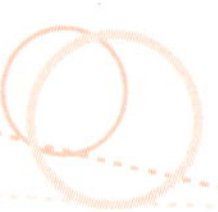

:: 문화충전 200%(http://cafe.naver.com/real21.cafe)

네이버에 문화 공연 이벤트 분야에서 타의 추종을 불허하는 최고의 카페가 있으니 바로 '문화충전 200%' 카페이다. 2005년에 개설되어 현재 7만 명 이상의 회원을 확보한 이 카페에는 시사회, 연극, 뮤지컬, 음악회 등의 다양한 공연과 문화 이벤트가 넘쳐 난다.

하루에도 몇 건이나 새로운 문화 공연 이벤트가 올라오는 등 활동이 매우 활발한 카페이다. 이벤트뿐만 아니라 자체적으로 정모나 번개 모임도 자주하는 편인데 정모 시에는 수백 명씩 참가하기도 한다.

▲ '문화충전 200%' 네이버 카페의 이벤트 소식

‘문화충전 200%’에서 진행하는 이벤트는 깜짝 이벤트, 초대 이벤트, 영화 이벤트, 할인 이벤트, 단체 관람 이벤트 등 매우 다양하다. 참여자 수도 상당히 많은데 회원이면 누구나 응모가 가능하다.

[공지] [시사회] 달콤한 거짓말_12월12일(금)9시_브로드웨이 [25]   만두볼기   2008.12.08   184
[공지] [초대] 최소영 피아노 독주회_14일(일)8시_예술의전당 [12]   만두볼기   2008.12.05   297
[공지] [초대] 강주아 비올라 독주회_14일(일)3시_예술의전당 [11]   만두볼기   2008.12.05   203
[공지] [앙케이트] 영화 관람료 인상에 따른 관객의 입장 조사 [96]   흑기사   2008.12.05   955
[공지] [초대] 가정무협활극<화영> 10일~14일_나온시어터_각5쌍 [34]   만두볼기   2008.12.05   304
[공지] [영화초대]리튼 12월 22일(월)20시30분~인디스페이스(20좌석) [25]   영화광   2008.12.04   756
[공지] [초대] 겨울 스포츠 농구 <SK 나이츠>10일경기 접수신청 [19]   진행관리   2008.12.04   947
[공지] [초대] 영화 예매권 이벤트 <트로픽 썬더> 12월3일마감 [155]   흑기사   2008.12.04   913
[공지] [초대]<홍대클럽파티Lady Like it>12/13(토)무제한신청가능 [20]   순대국   2008.12.02   1420
[공지] [초대] 서평이벤트<그림애호가로가는길> 12월8일_서평단발표 [63]   흑기사   2008.12.01   530
[공지] [공연모임]'현정아 사랑해'12월 13일(토) 6시30분 50%할인 [3]   보다   2008.11.30   479
[공지] [초대] 영화<예스맨>기대평이벤트 12월11일_7시50분/서울극장 [182]   흑기사   2008.11.24   1691
[공지] [40%할인]안산문화예술의전당 [오! 당신이 잠든 사이에] [23]   레몬아잉   2008.11.19   607
[공지] <문화충전200%> [회칙] 확정 시행안 - 전회원 필독 요망 - [436]   흑기사   2008.09.11   3319
[공지] [초대]2008 KBS국악관현악단송년음악회 12월12일/7시30 [22]   보다   2008.12.02   367

▲ ‘문화충전 200%’ 네이버 카페의 이벤트 공지

‘문화충전 200%’ 카페의 이벤트는 대부분 협찬사들의 제안 요청에 의해 이루어진다. 메일로 제안서 등이 오면 운영진이 검토해서 이벤트 여부를 결정하고 적절한 기간과 당첨 인원을 협의해서 진행하는 것이다. 또한 ‘문화충전 200%’ 카페는 동맹 커뮤니티를 잘 활용하고 있다.

국내 최고의 시사회 정보 커뮤니티인 ‘덕스무비(http://www.ducksmovie.net)’ 등과 문화 이벤트 정보를 교류하면서 시너지 효과를 만들고 있는 것이다.

그리고 특이한 점은 ‘문화충전 200%’ 카페에 자체 합창단과 연주단이 있다는 점인데, 합창단인 ‘문충글로리아’와 연주단인 ‘프리마베라’는 자체 정모와 연습을 통해 실력을 다져가고 있다. 다양한 문화 공연 이벤트를 하려면 관련 업계에 인맥과 제휴 마케팅이 필수적이다. 문화충전 카페는 문화 공연을 홍보하고자 하는 공연 관련 업체들과 보고 싶어하는 회원들간의 연결고리를 잘 만들어서 회원들이 때로는 무료로, 때로는 저렴하게 공연을 볼 수 있다. 그리고 업체에게는 회원들이 올린 후기와 사진으로 입소문 마케팅을 실현할 수 있게 해준다.

:: 비트박스(http://cafe.daum.net/box)

다음의 비트박스 카페는 비트박스 장르에서는 단연 돋보이는 카페이다. 2,000년도 개설되어 벌써 8년째 운영되고 있는 역사가 깊은 카페로서 회원수만 40만 명이 넘는, 비트박스 마니아들의 대표 카페라고 할 수 있다.

▲ '비트박스' 다음 카페

접속하자마자 카페 분위기에 어울리는 비트박스 관련 배경 음악이 회원들을 즐겁게 한다. 메뉴는 배틀박스, 필독박스, 친목박스, 공구박스, 감상박스, 강좌박스 등으로 메뉴 이름을 카페명과 잘 일치하게 만들었다.

비트박스 카페는 엄청난 양의 컨텐츠를 자랑하고 있는데 특히, 카페 시솝이 직접 만든 동영상이 압권이다. 조회수가 거의 1만 이상을 차지할 정도로 인기인 이 UCC는 회원들을 열광시키기에 충분한 매력을 가지고 있다.

▲ 다음 카페 '비트박스' 시솝의 UCC 동영상   ▲ 다음 카페 '비트박스' 시솝의 UCC 동영상 리스트

이러한 막강한 무기를 가지고 있는 비트박스 카페 운영자는 또 '비트박스샵 (http://cafe.daum.net/eden8080)' 이라는 카페도 운영하고 있는데 이곳에서는 공동구매를 주로 하고 있다. 주로 마이크와 티셔츠 등이 공동구매의 물품이다.

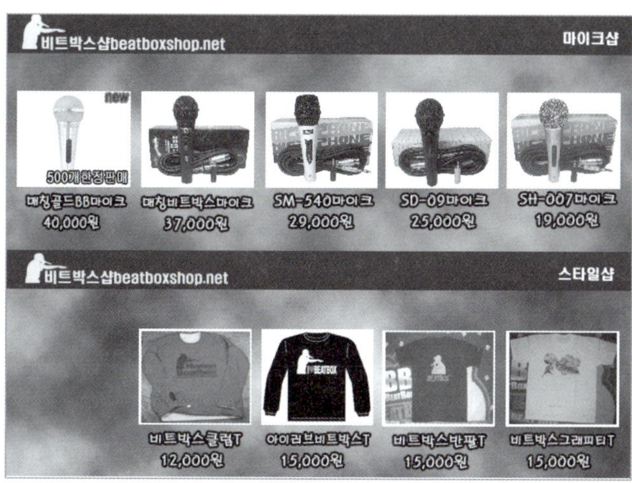

▲ '비트박스샵' 다음 카페의 공동구매 화면

비트박스 카페는 다른 카페와 연합하여 다채로운 오프라인 행사도 주관하고 있다.

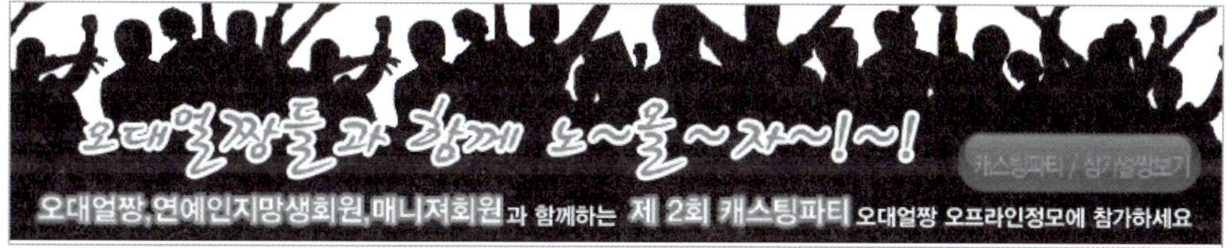

▲ '비트박스샵' 다음 카페의 오프라인 행사 배너

비트박스 카페는 시숍이 직접 동영상 UCC를 만들어서 회원들이 비트박스를 쉽게 배울 수 있도록 돕고 쉽게 알려주고, 공동구매를 통해 회원들에게 좋은 물건을 저렴하게 공급하고, 관련 공연 등에 회원을 초대하는 등 다양한 커뮤니티 활동을 통해 성장한 전문 음악 커뮤니티라 할 수 있다.

section **07**

교육 학습 커뮤니티

교육 학습 커뮤니티들은 취업을 위한 외국어, 공무원, 고시 등의 커뮤니티들
과 입시 커뮤니티들이 주를 이룬다. 이러한 커뮤니티들은 대부분 자체 홈페이
지를 가지고 있지만 커뮤니티 영역을 활성화 시키기에는 한계가 있다. 그래서
카페 등을 이용해서 반별 또는 과목별로 커뮤니티를 형성하고 담당 선생님과
의 커뮤니케이션 채널로 활용하기도 한다.

:: 해커스토익과 텝스(http://cafe.daum.net/HackersToeic)

해커스토익(http://www.Hackers.co.kr)은 2005년부터 랭키닷컴에서 영어교육분야 1
위 사이트로 등록이 되어있는 인기 사이트이다.

해커스는 장기적인 안목으로 우수한 컨텐츠를 지속적으로 보강하고 커뮤니티를 통해 사
용자의 활발한 활동을 유도하였다. 더불어 취업과 특목고 및 대학 진학 등 사용자의 주
요 관심 정보 등을 적절히 배치해서 성공할 수 있었다. 그렇지만 가장 중요한 성공 요인
은 해커스토익 사이트를 홍보하기 위해서 일찌감치 다음(Daum)에 '텝스' 카페를 개설
하고 카페 커뮤니티를 활성화 시킨 점이라 할 수 있다.

▲ 다음의 '텝스' 카페와 '해커스토익' 사이트

해커스토익과 텝스 카페에는 영어 학습 자료를 비롯한 취업 정보 등 다양한 컨텐츠가 제공된다. 이런 과정을 통해 2009년 3월 현재 20만 명 이상의 회원수를 유치한 국내 최고의 온라인 사이트와 커뮤니티를 동시에 가지게 되었다.

해커스토익 사이트와 텝스 카페는 회원제로 운영되기 때문에 좀 더 가족적인 분위기라는 것이 특징이다. 텝스 카페에서는 해커스토익과 관련한 다양한 이벤트를 실시하고 있으며 이를 통해 자연스럽게 해커스토익을 홍보하게 된다.

▲ 해커스토익과 텝스 카페에서 운영되는 이벤트와 컨텐츠

그 외에도 토익 시험을 대비해서 남은 시험 날짜, 예상 강의, 무료 동영상 강의 등을 제공해서 회원들에게 서비스하고 있다.

◀ 해커스토익과 텝스 카페에서 제공되는 동영상 강의

해커스토익과 텝스에서 출간한 교재의 정보를 노출시켜 교재를 자연스럽게 홍보하고 있으며, 교재 관련 Q&A게시판, 자료실, 서평 게시판 등을 통해 회원들이 교재를 공부하다가 궁금한 것을 쉽게 문의할 수 있다.

해커스토익 카페가 성공한 이유에 대해 카페 시숍은 다음과 같이 말했다.

"2004년 6월 해커스토익과 텝스 카페 개설 이후 다음 카페 내 영어 학습에 관련된 분야에서 상위 랭크를 고수하고 있습니다. 이는 꾸준한 회원님들의 관심과 사랑의 결과입니다. 저희는 회원님들의 기대에 부응하고자 항상 회원님들의 의견에 귀 기울이며 이를 적극 반영하고 있습니다. 스스로 만들어 가는 공간이기에 저희 카페의 회원님들은 더욱 더 해커스토익과 텝스 카페에 애정을 갖고 활동하고 있다고 생각합니다."

해커스토익의 사례는 회원을 위해서 양질의 컨텐츠와 서비스를 제공한 결과가 최고의 커뮤니티 마케팅을 이끌어 왔다는 것을 보여주는 좋은 사례라고 볼 수 있다

카테고리 별 커뮤니티 종합 정리

앞에서 카테고리 별 커뮤니티의 다양한 사례를 비교 분석해 보았다. 분석 결과 각 테마 별로 각각 다른 이벤트와 프로모션을 진행함을 알 수 있었다. 주부 커뮤니티는 체험 이벤트를 통해 커뮤니티를 활성화 시키고, 경제 커뮤니티는 다양한 오프라인 세미나와 교육을 통해 회원 참여를 이끌고 자체 역량을 높여서 전문분야 컨설팅도 진행하고 있었다. 그리고 취미 공예 커뮤니티에서는 우수한 회원들의 작품을 컨텐츠로 잘 활용하고 있으며, 카페의 컨텐츠를 책으로 출간하여 오프라인 모임을 통해 다양한 활동을 하였다.

스포츠 커뮤니티는 오프라인 쪽의 성향이 강하기 때문에 정기적인 행사와 관련 제품 등의 공동구매, 그리고 스폰서 활용으로 커뮤니티의 가치를 높이고 있는 점을 발견할 수 있었다. 문화 커뮤니티는 다양한 문화 공연 초대와 UCC 컨텐츠로 회원 참여를 이끌고 있었으며, 마지막으로 교육 커뮤니티는 브랜드 홍보와 회원들의 컨텐츠 공유를 통해 회원과 기업의 상호 윈윈(Win-win)의 결과를 내고 있었다.

이처럼 커뮤니티 마케팅은 테마 별로 각기 다르게 운영되고 있으며, 그 활용 방법이 점점 다양해지고 있다.

〈표 4-1〉 카테고리 별 커뮤니티 종합 정리

구분	커뮤니티	테마 이벤트	공동구매	기타	자체 사이트
주부	살림이스트	○		봉사활동	
	맘스홀릭베이비	○		교육	○
생활	스타일조아	○			
	프로방스집 꾸미기	○	○	DIY 정모	
경제	M&A 포럼	○		교육 / 컨설팅	○
	부자만들기	○		세미나	
취미	네스홈	○	○	우수작가 작품	○
	선명한 사진	○	○	업체 프로모션	
스포츠	골프마니아	○	○	카드, 프로모션	○
여행	일본 여행동아리	○	○	정기 여행투어	
문화	문화충전 200%	○		단체 관람	
	비트박스	○	○	연합 행사	
교육	해커스토익	○		무료 온라인강의	○

Community Marketing

커뮤니티 마케팅 성공과 실패 사례

Section 01 그들은 어떻게 성공했나?

Section 02 그들은 왜 실패했나?

실제로 커뮤니티 마케팅을 활용해서 성공한 사례와 실패한 사례들은 어떤 것이 있는지 알아보자. 본 장에서는 아주 성공한 대기업이나 누구나 이름만 들으면 아는 업체 보다는 독자들이 실제로 사업하면서 커뮤니티 마케팅을 적용하기 쉬운 성공과 실패 사례를 위주로 다루었다.

section 01 그들은 어떻게 성공했나?

커뮤니티 마케팅을 활용해서 성공한 사람들 중에서 처음부터 커뮤니티를 활용하리라 마음먹고 시작한 사람은 없었다. 다만, 고객 서비스를 위해 기본에 충실하다 보니 고객과의 대화 창구인 게시판을 소중하게 다루었고, 나아가 게시판을 기본으로 다양한 커뮤니티 활성화에 많은 관심과 서비스를 제공한 결과 타 경쟁업체를 이기고 성공하게 되었다.

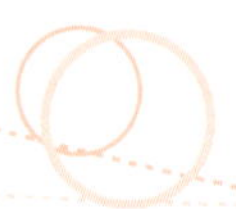

:: 국내 최고의 전문 세미나 공간 - 토즈(http://www.toz.co.kr)

사람과 커뮤니티를 모토로 하는 오프라인 커뮤니티 전문 공간, 토즈는 세미나 공간 대여 분야에서 타의 추종을 불허하고 있다. 토즈 이전에 '민들레 영토'가 커피숍과 문화 공간을 배경으로 하는 최초의 모임 공간을 시도했지만, 토즈는 이러한 모임 공간을 스터디 위주의 공간으로 업그레이드하여 국내 최초로 전문 세미나 공간을 탄생시킨 것이다. 현재 인터넷 커뮤니티나 기업, 대학생 등의 모임 전문 공간으로 활용되고 있으며 서울에 7개 지점, 부산에 3개 지점을 가지고 있다.

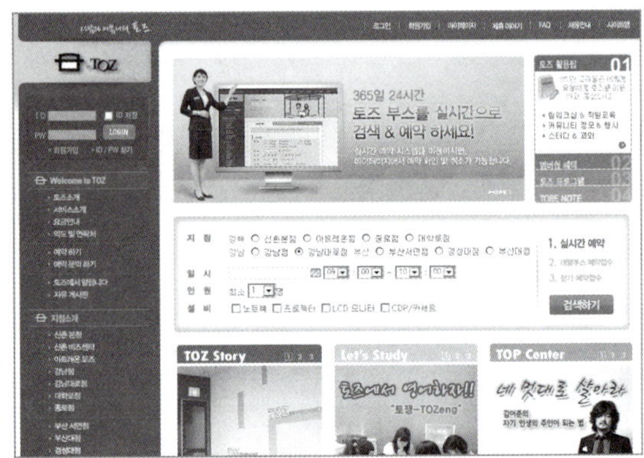

▲ 토즈의 김윤환 사장과 토즈 사이트 메인 페이지

현재 랭키닷컴의 카페/음식점 분야 랭킹 1위를 달리고 있는 토즈의 특별한 성공 노하우는 무엇일까? 토즈의 김윤환 사장을 만나 토즈의 탄생 배경과 오프라인 커뮤니티로 시작해 온라인 마케팅으로 성공한 과정을 들어본다.

Q 모임 전문 공간 토즈는 어떻게 탄생하게 되었나?

A 토즈는 온라인 커뮤니티에 오프라인의 환경을 만들기 위한 사명을 가지고 시작하게 되었다. 이러한 사명감으로 비즈니스 환경의 어려움을 극복하고 경쟁 관계를 넘어 창업 철학을 실천하는 것이 토즈의 가장 큰 강점이라고 할 수 있다.

Q 토즈는 오프라인을 토대로 사람들에게 스터디나 모임의 공간을 제공하고 있다. 오프라인에서 온라인으로 사람들을 유입하기 위한 수단은 무엇인지 궁금하다.

A 오프라인을 토대로 사업을 하는 경우 온라인 접근에 편의성과 정보성을 제공하는 것이 중요하다. 오프라인 지점을 이용하는 커뮤니티 고객은 실제 온라인에도 매우 강한 속성과 심리를 가지고 있다. 토즈는 고객의 편의성을 증대시키기 위해 모든 지점에 대한 실시간 검색 및 예약 시스템을 구축했고, 오프라인 모임에 대한 정보를 공유하는데 노력을 기울이고 있다.

Q 그동안 유사 업계가 많았지만 업계에서 선두 자리를 차지하고 있다. 토즈만의 성공 비결이 있다면 무엇인가?

A 토즈의 성공 비결은 커뮤니티와의 관계에서 지역별로 거점으로 두고 시스템을 구축한 것이다. 토즈는 처음 시작할 때 많은 커뮤니티 운영자와 인터뷰를 하면서 실제 니즈를 반영하기 위해 노력했고, 이를 통해 커뮤니티와의 기초적인 관계 구축이 이루어졌다. 7년 동안 커뮤니티가 필요한 거점 지역에 지속적으로 진출하면서 그 수요와 니즈를 해결하고 있다.

Q 토즈는 홈페이지와 웹진 등 커뮤니티를 활용한 사례가 많은데 어떤 긍정적인 효과가 있는지 궁금하다.

A 커뮤니티의 회원 기반은 커뮤니티가 가진 컨텐츠의 공유에 있고, 이를 통한 회원 확보는 자연스럽게 홍보력을 가지게 된다. 토즈가 커뮤니티와 지속적으로 발전 가능한 파트너가 되기 위해서는 바로 토즈만의 홍보력을 구축하는 일이 중요했다. 그래서 토즈는 홈페이지나 웹진 등 다양한 채널을 통해 커뮤니티를 홍보하고 오프라인 모임 및 행사의 안내와 참여를 돕는 역할을 하고 있다.

Q 토즈의 현재 마케팅 전략과 앞으로의 마케팅 전략은 무엇인가?

A 한마디로 최적 서비스 마케팅이다. 토즈는 오프라인에서 커뮤니티의 목적과 가치가 존중되고 실현되는 최적의 환경을 서비스하자는 경영 철학을 기반으로 만들어졌다. 따라서 토즈에서

진행하는 마케팅의 핵심적인 내용은 바로 '커뮤니티의 목적에 맞게 서비스 할 수 있고, 그 커뮤니티가 가진 가치를 이해하고 서비스 할 수 있느냐?' 이다.

인터뷰에는 빠졌지만 토즈 사장은 직원간의 단합이나 사기진작을 위해 다양한 이벤트를 하고 있다. 가령 지점별 UCC 만들기 대회나 장기자랑을 유치해서 팀원간의 화합을 도모함과 동시에 UCC 마케팅을 자연스럽게 익히고, 체육대회 등을 통해서는 화합과 친목의 커뮤니티를 배우게 된다. 커뮤니티 마케팅을 하려면 직원들 스스로가 먼저 커뮤니티에 친숙해 있어야 하므로 '직장생활 + 커뮤니티 = 즐거움'의 등식이 성립될 수 있도록 환경을 만들어 주고 있는 것이다.

토즈의 한 직원이 운영하는 블로그에 가면 토즈에서의 즐거운 일상을 볼 수 있다. 이 블로그를 방문한 사람들은 토즈에 대해서 좋은 이미지를 가질 것이다. 이 직원은 블로그를 통해서 토즈의 온라인 마케팅을 자발적으로 하고 있는 셈이다. 토즈 커뮤니티 마케팅의 원동력은 오프라인의 즐거움을 온라인으로 옮겨가게 하는 강력한 힘이 아닐까 싶다.

▲ 토즈 직원의 블로그

:: 부품 문의를 소중하게 생각하여 성공으로 – 현대모비스 성남센터
(http://www.mobiscenter.co.kr)

▲ 김기현 이사와 현대모비스 성남센터 사이트

자동차 부품을 구매하기 위해 사이트를 검색하다가 현대모비스 성남센터를 방문하였다. 사이트를 둘러 보다가 '부품 문의' 라는 게시판을 보게 되었는데, 이 게시판에 글이 상당히 많이 올라온다는 사실과 이 게시물에 거의 실시간으로 올라온 댓글이 달린다는 사실을 보고 깜짝 놀랐다. 고객의 질문에 대한 친절한 답변이 고객의 마음을 움직이고 발걸음을 돌리게 한다는 것은 너무도 당연하지만, 실제 사업을 하다가 보면 소홀하기가 쉬운 부분이기 때문이다.

그러나 김기현 이사는 두 아이의 자상한 아빠의 마음으로 현대모비스 사이트의 친절하고 믿을 수 있는 운영자의 두 가지 역할을 톡톡히 해내고 있다.

과연 부품 문의에 대한 성실한 답변 글이 성공의 가져다 줄 것이라고 예상했을까? 김기현 이사가 사이트를 개설한 계기와 운영하면서 가장 중요하게 생각한 점은 무엇인지 질문 해 보았다.

Q 현대모비스 성남센터는 부품 문의에 대한 질의 사이트로 유명한데, 사이트 개설 계기는 무엇인가?

A 현대모비스 성남센터 사이트는 2004년에 오픈 했다. 오픈 전 동호회 활동을 하다가 회원

들간의 부품 구입이 상당히 어렵다는 얘기를 듣고 시작하게 되었다. 그때 당시만 해도 온라인 판매가 전무하고 부품의 특성상 일반인이 직접 구매하는 것에 한계가 있기 때문에 판매한다는 것 자체가 조금은 모험이었다.

Q 부품 문의를 통해 매출이 창출되는 것을 예측했는지 궁금하다. 그리고 사이트를 운영하는 목표는 무엇인가?

A 어느 정도는 예측하긴 했지만 당시에는 같은 컨셉의 웹사이트가 없었기 때문에 벤치마킹을 할 수 없었고 그래서 많이 부담이 되었다. 다행히 초기 예측이 맞아 떨어져서 사이트가 성장하기 시작했다. 현대모비스 성남센터의 운영 목표는 고객이 만족할 수 있는 빠른 답변 그리고 빠른 배송이었다. 즉, 고객 만족 서비스를 최대한 실현하고자 했다.

Q 회원들의 부품 관련 질문에 하나하나 답변해 주는 것은 시간 소요가 클 것 같은데, 업무 하는데 방해되지 않나?

A 물론 조금 방해되는 부분도 있지만 업무의 연장선이라 그리 큰 문제가 되지는 않는다. 오픈 초기에는 자동차 판매하는 것도 바빠서 답변하는데 시간이 많이 걸렸다. 모든 고객들이 원하는 것을 정확하게 알려줘야 하지만 시간에 쫓겨 그렇게 하지 못한 경우가 종종 생기기도 한다.

Q 부품 문의만 하고 구매를 하지 않은 경우도 있을 것 같은데, 타지방 고객도 문의를 많이 하나?

A 고객 입장에서는 오프라인으로 문의하는 것보다 온라인으로 문의할 경우 문의에 대한 답변을 실시간으로 확인할 수 있어 편리하다고 볼 수 있다. 부품의 대한 정보를 알고 싶은 경우에는 전국, 아니 세계 어디서나 바로 답변을 얻을 수 있기 때문이다.

그러나 가끔은 사이트에서 문의 후 타 판매점에서 구입을 하는 경우도 종종 보이는데, 그런 경우는 사실 알면서 모른 척 하고 넘긴다. 고객의 입장에서는 이득이 되는 선택을 하는 것이기 때문에 탓을 할 수는 없다고 생각한다. 그러나 그런 경우라도 결국 부품 문의를 하기 위해 다시 우리 사이트를 찾게 될 것을 알기 때문에 다른 곳에서 구입했더라도 인연이 끊어졌다고 생각하지는 않는다. 온라인상의 연은 한 번 맺으면 계속 이어진다는 생각으로 어떤 고객에게든 최선을 다한다.

Q 모비스 관련해서 카페도 있고, 부품 센터 등 홈페이지가 많은데 차별성이 있다면 무엇인가?

A 현대모비스 성남센터 사이트는 대기업 사이트처럼 크지는 않지만 고객을 마주하고 언제든 궁금한 점을 실시간으로 바로 확인할 수 있다는 장점이 있다. 또한 부품업에 종사한지 오래돼서 실질적으로 고객이 원하는 답변을 드릴 수 있는 것이 큰 강점이다. 바로 그것이 노하우이자 차별성이라고 할 수 있다.

자동차 부품에 대한 정보는 모비스 홈페이지에 가도 찾아볼 수 없고 수많은 자동차 동호회에 가도 찾기가 힘들다. 그러나 현대모비스 성남센터에 가면 부품에 관한 정보를 많이 찾을 수 있다. 게다가 자동차 부품에 관해서는 국내에서 가장 빠르고 정확하게 답변을 해주기 때문에 사람들이 이 사이트에 몰리게 된다.

어떻게 보면 가장 기본적인 서비스인 고객 만족을 가장 단순한 형태인 온라인 게시판을 통해 성공한 사례가 아닌가 싶다. 즉, 남들보다 한 발 빠르고, 더욱 더 친절하고, 더 많은 정보를 주는 것에 모토를 두며, 비록 자신의 고객이 아니더라도 친절히 응대하는 미덕이 결국 성공을 가져다 주게 되는 결정적인 열쇠가 아닐까 생각한다.

:: 취미에서 사업으로 그리고 성공까지 – 3쿠션 연구소
(http://cafe.naver.com/billiard)

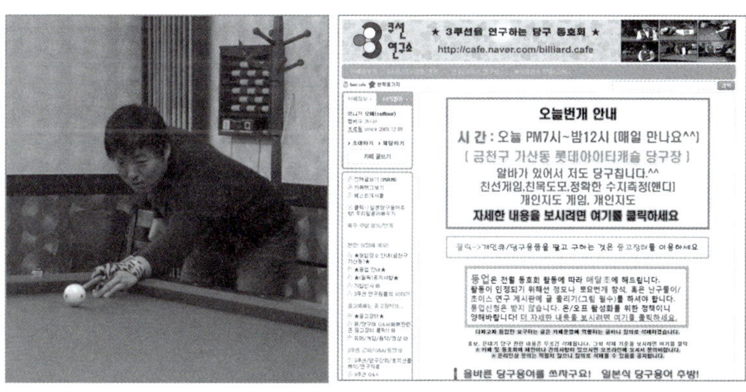

▲ 김형환 사장과 네이버 카페의 '3쿠션 연구소'

네이버의 스포츠/레저 카테고리에서 당구 카페로 당당히 1위를 차지한 '3쿠션 연구소'의 김형환 사장은 자신이 좋아하는 취미인 당구를 통해 커뮤니티를 형성하고 이를 기반으로 한 개인 사업까지 성공해 일석이조의 효과를 거두었다.

'3쿠션 연구소' 는 처음에 당구 자료실을 운영하는 카페로 시작하였다. 당구를 좋아하는 사람들이 모이게 되었고 다양한 사람들과 인연을 만들어 가게 되었으며, 세월이 지남에 따라 서로에게 힘이 되어주는 공간이 되었다. 이런 것들을 기반으로 당구장이라는 개인 사업까지 시작하게 하는 원동력이 되었다. 김형환 사장이 취미에서 시작해 개인 사업까지 성공하게 된 흥미로운 히스토리를 들어보자.

Q 처음 당구를 소재로 '3쿠션 연구소' 라는 카페를 만들게 된 계기는 무엇인가?

A 직장 생활 스트레스 해소를 위해 취미 생활을 찾던 중 젊은 시절 즐겼던 당구를 다시 시작하게 되었다. 동호회 몇 곳을 찾아 활동도 하고 당구 비디오 자료를 보면서 3쿠션에 대해 집중적으로 연구를 해봐야겠다는 욕심이 들었는데, 마침 네이버에서 카페 서비스를 시작한다는 소식을 듣고 자료실 목적으로 카페를 개설하게 되었다. 처음에는 당구 동호회를 만들겠다는 생각은 전혀 없었고 개인적으로 연구 자료를 만들어 카페를 자료실로 이용하려는 목적이었다. 이것이 '3쿠션 연구소' 만의 독특한 출발이었다.

Q 커뮤니티 활성화를 위한 '3쿠션 연구소' 만의 특별한 노하우는 무엇인가?

A '3쿠션 연구소' 에서는 사람들이 궁금해 하거나 어렵게 느끼는 공 배치를 올려 고점자들의 조언을 얻을 수 있다. 이런 창구는 10년, 20년 동안 당구를 쳐도 실력이 제자리인 사람들에게는 오아시스와 같은 존재로 자리매김을 했다. 3쿠션 연구와 토론을 통해 실전 노하우를 서로 공유하며, 나이에 상관 없이 당구라는 매개체로 형, 동생의 인연을 맺고 나아가 삶의 활력소가 되니 커뮤니티는 저절로 활성화가 되었다.

Q 5년 동안 쌓인 김형환 사장만의 운영 노하우는 무엇인가?

A 사람들이 카페를 찾는 이유는 원하는 정보를 얻거나 취미가 같은 사람과 어울리기 위함이다. 당구 카페 '3쿠션 연구소' 는 원하는 정보를 주기 위해 노력했으며 오프라인 모임에 참석하면 적극적으로 환영하고 편하게 어울릴 수 있게 도와주었다. 그 후에는 자연스럽게 커뮤니티가 형성되어 관리가 쉬워졌다. 회원들이 당구에 대해 궁금하고 답답해 하는 내용을 되도록 빠른 시

간 내에 해결해 주고 있다. 무슨 일이든 정성과 노력이 최고인 것 아닌가?

Q '3쿠션 연구소'를 운영하면서 카페의 마케팅 활동은 어떤 것이 있었고, 그 효과는 어땠나?

A 지금까지 직접 마케팅 활동을 한적은 없다. 동호회가 활성화 되고 여러 명의 프로 선수들이 함께 활동하다 보니 인터넷 방송, 케이블 TV 등에서 동호회 활동을 촬영하게 되었다. 사실 홍보는 운영자인 나보다도 회원들이 더욱 적극적으로 했다고 말할 수 있다. 입에서 입으로 전해져서 추천으로 가입하는 경우가 많았다. 그리고 현재는 당구에 대해 궁금하면 일단 '3쿠션 연구소' 부터 찾아오는 인지도까지 형성되었다.

Q 다른 당구 카페에서는 만날 수 없는 '3쿠션 연구소' 만의 가치는 무엇인가?

A '3쿠션 연구소' 의 소프트웨어다. 자신들이 직접 만든 자료들이 아닌 복사해 놓은 자료를 올리는 당구 카페들이 너무 많다. '3쿠션 연구소' 는 연구 프로그램을 통해 문답 형식으로 된, 당구 교본에도 없는 귀중한 자료들이 무수히 많이 축적되어 있다. 또한 큐, 당구대 등을 포함하여 당구에 필요한 모든 궁금증에 대해 회원들이 힘을 합해 도움을 주고 있다. 앞으로도 '3쿠션 연구소' 는 당구의 매력을 최대한 널리 전파시키고, 당구인들이 항상 즐겨 찾는 동호회가 될 수 있도록 온–오프라인으로 활발한 활동을 할 것이다.

토즈와 모비스 성남센터가 오프라인 매장 이후 온라인 커뮤니티 활동을 했다면, 3쿠션 연구소 카페는 카페를 먼저 운영하고 당구장을 차렸다. 따라서 카페는 5년간 운영했지만 당구장 사장이 된지는 불과 4개월 밖에 되지 않는다고 한다. 개업한 지 얼마 되지 않은 당구장이지만 카페의 기반이 있기에 당구장 사업이 순조롭게 이루어지고 있다. 이처럼 온라인 커뮤니티를 기반으로 오프라인에 매장을 여는 경우 그 매장은 온라인 카페의 열성 회원들의 아지트로 활용되어 커뮤니티 활성은 물론 오프라인 사업의 활성에도 많은 도움을 받게 된다.

사람들에게 최고의 직업은 어떤 것일까? 연봉이 많은 직업? 복지 혜택이 많은 직업? 가장 좋은 것은 자신이 하고 싶은 분야에서 꿈을 펼칠 수 있는 직업이 아닐까? 그런 의미에서 하고 싶은 일을 같은 취지를 가진 사람들과 함께 하는 김형환 사장이야말로 우리가 꿈꾸는 최고의 직업에 종사하는 아주 행복한 분이 아닐까 생각한다.

:: 오픈마켓에서 엄마들의 마음을 사로잡다 – '플로랑스 아기물티슈'
(옥션 www.auction.co.kr 검색 '플로랑스 물티슈')

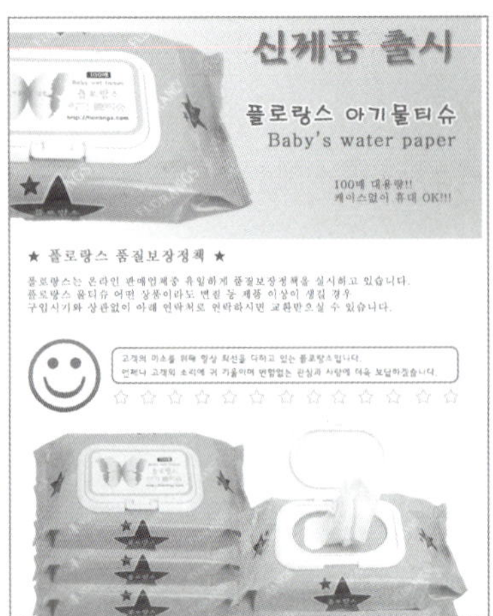

▲ 여인선 대표와 플로랑스 아기물티슈 판매 페이지

물티슈 공장에 취직하면서부터 개인 사업의 꿈을 키웠던 여인선 대표는 당시 100만 원의 월급을 받으면서 물티슈라는 사업 아이템의 사용자 분석과 판매 방법을 연구했다. 물티슈를 가장 많이 소비하는 것은 아기이다. 자신의 아기에게 사용할 물티슈를 구매하는 엄마들의 마음을 파악한 결과, 충분히 사업성이 있다고 판단되어 6개월을 준비한 끝에 개인 사업을 시작하게 되었다. 오픈마켓의 단어조차 생소하기만 했던 그가 오픈마켓에서 판매자로 성공하고, 대중적인 물티슈 브랜드로 성장하게 된 노하우를 들어보았다.

Q 오픈마켓에서 판매하게 된 계기와 오픈마켓의 장점이 무엇인지 궁금하다.

A 우연히 가격 검색을 위해 옥션이라는 사이트를 방문했다가 물티슈를 판매하는 다른 회사를 보면서 '아! 나도 여기서 판매하면 되겠구나!' 라는 생각을 했고, 수개월을 준비한 끝에 2003년 5월에 첫 판매를 시작했다.

물티슈라는 제품은 아기가 쓰는 만큼 가격 차이가 나도 오프라인 매장을 선호하는 구매 성향이 뚜렷했지만 제품을 한 번 써보기만 하면 재구매를 이끌어 낼 수 있다는 자신감으로 도전을 했다. 그 당시 택배비만 지불하면 제품을 무료로 보내주는 파격적인 마케팅을 펼친 결과, 처음 3

개월은 매출이 미비했지만 4개월째부터는 안정적인 수입을 창출할 수 있었다.

Q 주요 고객인 엄마들을 공략하는 여인선 대표만의 운영 노하우는 무엇인가?

A 과거 2003년부터 2년간 옥션 본사에서도 놀랄 정도로 부지런히 고객의 문의 게시판과 상품평 하나 하나에 댓글을 달았다. 업무 시간의 절반을 소비할 정도로 막대한 시간과 노력이 들어가는 이 작업을 통해 소비자들의 신뢰를 많이 얻게 되었다. 최근에는 그렇게 까지 댓글을 달지는 않는데, 그 이유는 귀찮아서가 아니라 환경이 바뀌었기 때문이다.

예전에는 상품평에 달린 판매자의 댓글을 가지고서 온라인 구매의 거부감을 없애고 믿음을 심어줄 수 있었다. 그러나 지금은 상품 페이지에 고객의 상품평이 바로 보이기 때문에 판매자의 댓글은 과거보다 효과가 없어졌다. 대신 고객의 상품평이 더 중요해졌다. 세상이 변하듯 오픈마켓의 환경도 급속도로 변한다. 진화되는 오픈마켓의 시스템을 파악하고 해마다 바뀌는 소비자들의 성향에 따라 판매 방식을 바꾸는 등의 대처를 해야 성공할 수 있다.

Q 플로랑스 아기물티슈 판매를 하면서 가장 중요하게 생각한 것은 무엇인가?

A 우수한 품질과 디자인 그리고 빠른 배송은 이제 기본적인 요소가 되었다. 그러나 과거부터 현재까지 변하지 않는 중요한 요소는 고객의 신뢰를 얻는 것이며, 이로 인해 성패가 갈리기도 한다. 왜곡되지 않은 정확한 상품 정보의 전달과 고객의 요구 사항에 대한 빠르고 정확한 응대를 통해 '이 회사 제품은 믿음이 있다.' 라는 생각을 심어주어야 한다. 플로랑스가 오픈마켓을 처음 시작한 2003년부터 한결같이 제품 불만족 반품에 대한 비용은 플로랑스에서 지불하고 있고, 법적으로 허용되는 7일 이내의 반품뿐 아니라 구매한 지 1년이 지난 상품도 조건 없이 반품이 가능하게 하여 소비자 신뢰를 구축해 놓았다.

Q 플로랑스 아기물티슈를 고객에게 알리기 위해 어떤 노력을 했고, 그 마케팅의 효과는 어떤가?

A 플로랑스 초창기 마케팅 전략이 샘플 배포로 가격대비 제품의 우수성을 홍보하는 것이었다. 지금은 연간 백만 개가 넘는 제품을 판매하다 보니 입소문 마케팅으로 전환되었다. 입소문 마케팅이 이루어 질 수 있는 비결은 자체 브랜드에 있다. 처음에는 생소한 브랜드에 대한 거부감 때문에 판매를 이끌어내는 것이 쉽지 않다. 하지만 그런 과정을 극복하고 어느 정도의 반열에 오르면 제품을 사용한 소비자의 입을 통해서 자체 브랜드가 자연스럽게 홍보되어 안정적인 판매를 이룰 수 있다. 더불어 과거에는 플로랑스 물티슈 사용자의 모임을 카페로 만들고 이곳에서

다양한 이벤트를 열면서 판매자와 구매자의 거리감을 좁혀 상당한 홍보 효과도 이루었다.

Q 플로랑스 아기물티슈라는 단일 상품으로 오픈마켓 판매에 성공하게 된 성공 전략은 무엇인가?

A 플로랑스는 최고급 물티슈도 최저가 물티슈도 아니다. 다만 아기 엄마들에게 익숙하고 친근한 아기물티슈 브랜드이다. 6년의 세월 동안 한결같이 고객과 호흡하고 고객의 마음을 이해하면서 판매를 했다. 이제는 일년에 백만 개 넘게 판매되는, 단일 상품으로 10억이 넘는 매출을 올리는 대중적인 브랜드가 되었다.

고객의 마음을 이해하면서 판매한다는 것. 어디서나 들을 수 있는 일반적인 문구이지만 그것을 실행에 옮기는 것은 결코 쉬운 과정이 아니다. 내 아기가 사용하는 제품을 만들기 위해 더욱 품질을 개선하였고, 설령 제품을 구매한 고객과 분쟁이 생겼더라도 고객의 입장에서 반품 등의 A/S를 처리하다 보면 작은 빗방울이 모여 큰 바다를 만들 듯 소비자의 신뢰도 쌓여 웬만한 파도에는 휩쓸리지 않는 단단한 배가 될 것이라고 생각한다.

'플로랑스 물티슈' 를 옥션에서 검색해 보면 알겠지만 엄청난 스크롤이 필요한 페이지에는 다양한 컨텐츠를 포함하고 있다. 인터뷰에서도 밝혔지만 여인선 대표는 오픈마켓에서 활동하면서 초창기부터 고객을 위한 커뮤니티 관리에 충실히 하였고 그 결과 상품평에 대부분 '적극추천' , 구매자의 평도 대부분 '만족' 으로 최고의 고객 평가를 받고 있다.

여인선 대표는 한때 물티슈 사용자 모임 카페도 운영했다고 한다. 당시 수시로 이벤트를 진행하기도 하고 고객과 가깝게 지내왔던 경험들을 통해 고객의 심리를 잘 파악했다. 그 결과 상품평이 100% 만족에 가깝게 나타나고 있는 것이다. 최근 특허청에 상표 등록 등으로 브랜드 마케팅에도 많은 관심을 가지고 있는 플로랑스 물티슈가 오픈마켓의 커뮤니티 마케팅의 대표적인 성공 사례로 앞으로 쭉 성공하길 바라며, 고객을 위해 더욱 훌륭한 서비스를 해주길 바란다.

section 02 그들은 왜 실패했나?

사업과 동시에 커뮤니티를 운영한다고 해서 무조건 성공하는 것은 아니다. 기본적인 수익을 창출하고 있는 상태에서 좀더 사업을 번창시키기 위해 커뮤니티 마케팅을 활용하는 것은 바람직하지만, 사업을 전적으로 커뮤니티에 의존하는 것은 절대 금물이다. 다음 두 가지 사례를 통해 왜 실패했는지 원인 분석을 해보도록 한다.

:: 줌바 씨앗이 자라면 다시 새롭게 부활한다 – 줌바 댄스
(http://cafe.daum.net/zumba)

'줌바'는 지루하게 반복하는 운동이 아닌 신나는 음악에 맞춰 재미있게 즐기는 댄스 스포츠이다. 쉽게 따라할 수 있는 줌바 댄스는 다이어트, 몸매 관리 효과가 있다고 하여 한때 줌바 열풍을 불러 일으키기도 했다.

신촌에 오프라인 댄스 교습소 운영과 함께 다음 카페를 운영하면서 줌바 댄스를 활성화시켰던 윤우명 사장, 한때 다음 카페 회원수가 1만 명이 넘고 방문 회원도 꽤 되었지만, 오프라인 사업을 지속적으로 운영하지 못하고 사업을 접을 수 밖에 없었던 이유는 무엇일까?

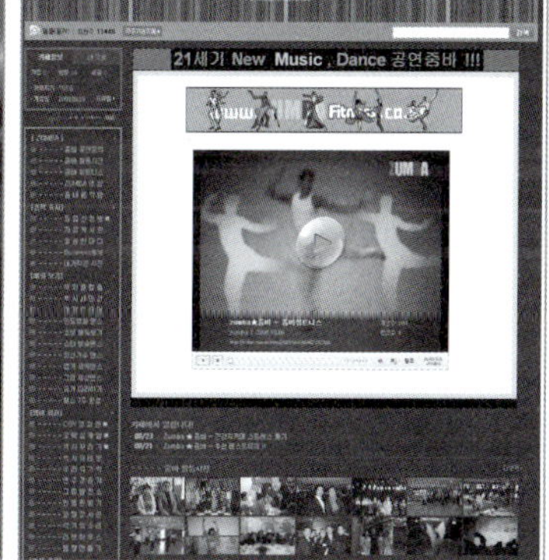

▲ 줌바 댄스 교습소와 줌바 댄스 다음 카페

Q 오프라인 댄스 교습소와 함께 카페를 운영했던 이유는 무엇인가?

A 줌바라는 브랜드를 가지고 2003년에 다음과 네이버에 카페를 개설하여 온라인과 오프라인을 운영했다. 줌바 휘트니스의 특징을 알리고 공연 및 무료 강좌를 통해 회원들에게 혜택을 주기 위해 좀 더 체계적인 시스템을 만들고자 카페 활동을 시작하게 되었다. 카페 운영은 댄스 교습소 사업에도 많은 도움이 되었다. 카페에 올려진 무료 강좌나 공연을 보고 찾아오는 등 오프라인보다 홍보에 더 효과적인 면이 있었다.

Q 카페 서비스의 초기에 카페와 오프라인 댄스 교습소를 함께 운영한다는 것이 쉽지 않았을 것 같다. 운영 시 결정적으로 취약했던 부분은 무엇이었나?

A 카페의 목적은 줌바 댄스의 홍보와 커뮤니티 활동이었고, 강좌와 무료 공연 안내를 통해 마케팅 활동을 했으나, 인터넷 마케팅 관련하여 경험과 정체성이 부족했던 것이 취약점이었다. 광범위하고 포괄적인 온라인 마케팅을 당시 초보자였던 내가 활용하기에는 역부족이었던 것 같다.

카페를 운영하면서 회원과 특별한 관계를 지속적으로 유지하는 것의 중요성을 깨달았다. 맥이 끊어지면 다시 살리기 위해 몇 배의 노력이 필요하다. 특히, 회원 관리는 기회가 왔을 때 잘 관리되지 않으면 잠깐 사이에 뿔뿔이 흩어지고 만다. 컴퓨터 조작에 약하고 커뮤니티 운영에 대한 지식 또한 부족하여 카페 회원을 잘 관리하지 못한 것이 실패의 원인이라고 생각된다.

Q 사업은 실패했지만 카페 운영을 통해 배운 점이 있다면 무엇인가?

A 단 한 명의 소중한 관계에서부터 그 이상이 될 때까지 지속적으로 가입한 회원들에게 활동을 독려하고 커뮤니케이션 할 수 있도록 여건을 마련해 주는 것이 중요하다는 것을 알았다. 줌바 댄스를 운영하면서 오기로 잠 안자고 버티며 관리를 했지만 그리 쉽지 않았다. 끊임 없는 변화를 충족시키기 위해 전략을 짜고 이벤트, 경품, 쿠폰, 무료 등 시기 적절하게 사용하는 것도 필요했다.

커뮤니티를 잘 활용하면 인생에 보약이 될 수 있으나 그렇지 못하면 시간만 허비하게 된다는 것을 명심해야 한다. 예전에 뿌려 놓았던 줌바 씨앗이 조금씩 잘 자라 주기를 바란다. 긴 한숨 자고 다시 도전할 것이다.

커뮤니티 축제의 인연으로 줌바 댄스를 신촌에서 배워본 적이 있다. 재미있고 신나는 댄스였지만 2~3개월 다니다가 바쁘다는 핑계로 그만 두었었다. 당시 윤원장 님의 고민은 항상 온라인 카페의 활성화와 카페와 관련된 마케팅이었지만 결국 성과를 거두지 못하고 사업을 접고 한동안 잠적하셔서 무척 안타까웠었다.

당시의 윤원장 님은 사업을 하는데 가장 기본적인 사항을 놓친 게 아닌가 싶다. 우리가 카페에서 정모를 하더라도 사전 조사를 통해 최소 몇 명이 오는지 확인하고 날짜를 잡듯이 오프라인 사업도 어느 지역에서 사업을 하면 어느 정도의 수익이 창출될 수 있을지 기본 정보는 가지고 시작해야 하는 것인데 그렇지 못한 것 같다.
만약 줌바 댄스가 앞의 3쿠션 연구소처럼 카페가 활성화 된 상태에서 개업을 하거나 아니면 비트박스 카페처럼 자체적으로 독특한 컨텐츠를 보유해서 마니아들을 확보한 다음에 오프라인 사업을 준비했다면 결과가 어땠을까?

그리고 가장 힘들어 하는 카페의 운영은 댄스 수강생에게 맡기고 수익 사업과 마케팅에 열중하면 좀 더 좋은 결과를 낳지 않았나 싶다. 개인적으로 좋아하고 축제 때도 큰 인기를 누렸던 줌바 댄스의 화려한 부활을 기대해 본다.

:: 한때 인기였던 – 토피어리아트(http://cafe.naver.com/topiaryart)

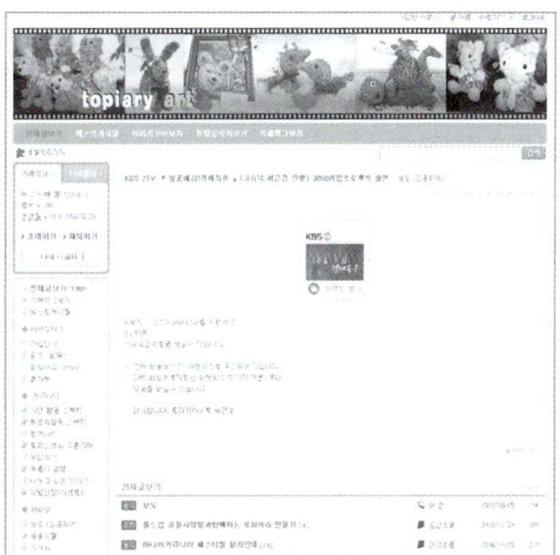

▲ 배경호 대표와 토피어리아트 네이버 카페

아직도 네이버 카페의 토피어리 분야에서 랭킹 2위를 달리고 있는 토피어리아트 카페가 사그라든 이유는 무엇일까? 언제나 행사를 하면 인기가 많지만 그와는 무관하게 카페 운영이 잘 안 되는 이유는 무엇이었는지? 그리고 사업이 잘 안 되는 이유는 무엇인지 배경호 대표에게 물어보았다.

Q 한때 카페도 운영하고 매장도 운영했는데, 둘 다 그만둔 이유는 무엇인가?

A 카페는 바쁘게 활동한 만큼 얻은 것도 많았다. 하지만 계속해서 전시 및 체험 학습으로 시간이 부족해 카페를 관리하기 힘들었고, 매장의 경우는 창작품에 들어간 재료비에 비해 시장 내 가격이 낮게 형성되어 유지하기 어려웠다.

Q 연세가 있음에도 불구하고 카페를 직접 운영했는데 어려움은 없었나?

A 무엇보다 카페를 운영하면서 커뮤니티를 위해 나 자신이 뭔가 더 해야 한다는 부담과 걱정 때문에 힘들었다. 대응하기 귀찮은 글에도 일일이 친절하게 답변해야 하는 것도 큰 어려움이었다. 물론 커뮤니티의 활성화를 위해서는 회원들과의 대화가 가장 중요하다는 것을 알기에 더욱 부담되었던 것 같다.

Q 오프라인에서의 홍보 활동은 어떻게 진행되었나?

A 교육 쪽이나 문화센터 강의로 월드컵공원, 과천 어린이대공원, 현대백화점 투어전시, 주민 자치단체 등에서 많은 활동을 했다. 전시장이나 행사장에서도 많은 활동을 했는데 그것을 통해 방송 매체 등의 섭외도 많았다. 특히 문화센터나 공공 장소에 전시 섭외가 잘 이루어진 점이 좋았다.

Q 카페나 사업이 힘들었던 이유는 아이템 자체와도 관계가 있을 것 같은데, 비슷한 분야에 창업을 준비하는 사람들에게 조언을 한다면?

A 한정된 소재가 아닌 식물, 그 자체를 이용한 토피어리 작품을 소비자에게 어필했으면 더 좋았을 것이라고 생각된다. 소재가 한정되다 보니 아무래도 장기간 고객들에게 인기를 끌기에는 어려운 점도 있었다. 그리고 창업을 준비한다면 미리 작품 소재에 대한 사전 지식을 충분히 갖춘 후에 시작하는 것이 좋을 것 같다.

현재 토피어리아트 배경호 대표는 최근 절에서 수양을 하고 있으면서 다른 사업을 준비 중이다. 인터뷰의 마지막에 창업자에게 조언을 한 것처럼 어떠한 사업을 하기 전에 반드시 당장의 수익보다는 장기적인 사업 구상을 마친 후 시작해야 된다. 커뮤니티에서는 요리, 맛집, 건강, 여행 등 시대가 흘러도 변하지 않는 주제들이 장수하듯이 아이템 자체가 생활 속에서 접하기 쉽고, 쉽게 배울 수 있는 주제로 시작하는 것이 좋을 것이다.

위의 두 사례 외에도 내 주위에는 커뮤니티 마케팅을 소홀히 해서 사업에 실패한 지인들이 의외로 많다. 카페를 운영할 능력이 충분히 있고 좋아하면서도 타 카페에 자신의 사업 소개만 계속하다가 결국은 사업을 마감하게 된 친구도 있다. 그리고 홈페이지에 너무 과다한 투자를 해서 망한 경우, 매장은 크고 화려했지만 홍보 마케팅을 소홀히 해서 망한 경우 등 너무나 많은 실패 사례들이 있다.

최근 통계에 의하면 우리나라에서 자영업으로 성공한 사례가 약 4% 정도이고 현상유지가 15%이며 대부분은 2년 이내에 실패한다고 한다. 성공은 쉽지가 않다. 하지만 철저한 준비와 커뮤니티 마케팅을 잘 활용한다면 위험 요소를 줄여가면서 성공에 접근할 수 있을 것이다.

Tip & Know How

커뮤니티 마케팅을 위한 아이템 선별 방법

1. **시장성 있는 아이템**
   - 해당 아이템이 성장 추세에 있는지 관련업계 종사자, 전문가 등으로부터 의견 수렴
   - 네이버 지식 쇼핑, 옥션, G마켓 등에서 관련 상품의 상품평이나 판매도 파악
2. **꾸준한 판매도**
   - 해당 제품이 꾸준한 수요층이 있는 제품인지 판단
   - 해당 제품의 경쟁업체 현황과 유사상품 출시 여부에 대한 검토
3. **자신의 관심노**
   - 자신이 해당 제품에 대한 전문적인 지식과 충분한 자료 분석
   - 주변이 관련 전문가들이나 관심을 가진 지인 확보

Community Marketing

Chapter 06

나도 커뮤니티 마케팅을 할 수 있을까?

Section 01 주부를 위한 커뮤니티 마케팅

Section 02 대학생, 구직자를 위한 커뮤니티 마케팅

Section 03 투잡, 노후를 대비하는 직장인을 위한 커뮤니티 마케팅

Section 04 창업 준비자를 위한 커뮤니티 마케팅

Section 05 카페 운영자를 위한 커뮤니티 마케팅

Section 06 오프라인 사업자를 위한 커뮤니티 마케팅

Section 07 기업을 위한 커뮤니티 마케팅

큰 돈 들이지 않고도 좋은 효과를 볼 수 있는 커뮤니티 마케팅! 꼭 마케팅 전문가만이 할 수 있는 것은 아니다. 커뮤니티 마케팅의 특성을 잘 알고 자신의 강점을 살린다면 누구나 커뮤니티 마케팅을 통해서 좋은 결과를 얻을 수 있을 것이다. 이 장에서는 커뮤니티 마케팅이 필요한 사람들을 주부, 대학생과 구직자, 직장인, 창업 준비자, 카페 운영자, 오프라인 사업자, 기업 이렇게 7가지로 분류해서 각각의 상황에 맞게 커뮤니티 마케팅을 할 수 있는 방법을 제시하고 그 사례를 들었다. 이 장을 통해서 자신에게 맞는 효율적인 커뮤니티 마케팅 방법을 찾을 수 있기를 바란다.

주부를 위한 커뮤니티 마케팅

마케팅의 방법 중 비용이 적게 들면서 전파력이 큰 것이 바로 입소문 마케팅이다. 제대로 입소문을 타면 광고 비용이 비싼 공중파 TV 광고 보다도 훨씬 더 좋은 효과를 볼 수 있기 때문에 많은 기업들이 입소문 마케팅의 효과를 보기 원한다. 이러한 입소문 마케팅을 가장 강력하게 전파할 수 있는 계층이 바로 주부들이고 이 때문에 많은 마케팅의 대상이 되고 있다. 최근에는 단순한 마케팅의 대상에서 벗어나 주부의 지위를 활용한 주도적 마케팅을 하는 주부들이 늘어나고 있다. 인터넷 커뮤니티 마케팅을 활용한다면 시간과 인맥, 자금력이 없는 주부라도 스스로의 가치를 키우고 새로운 사업에 도전할 수 있는 것이다.

:: 와이프로거? 그게 뭐야?

NAVER 국어사전

사전홈 | 영어사전 | 영영사전 | 국어사전 | 한자사전 | 일본어사전 | 중국어사전 | 백과사전 | 용어사전 | 의약학사전

국어사전 ∨ | 와이프로거 | 검색

검색범위 : ● 전체보기 ○ 단어 ○ 속담/관용구 ○ 예문 ○ 설명문

단어 검색 결과 (1-1 / 1건)

와이프로거 오픈사전
'아내'를 뜻하는 '와이프'와 블로그를 만들고 운영하는 사람을 뜻하는 '블로거'의 합성어로 주부이면서 블로그를 만들고 운영하는 것, 또는 사람을 뜻하는 말이다....

▲ 네이버 오픈 사전에서 찾은 '와이프로거'의 뜻

'이번 주 일요일이 시어머니 생신인데 집에서 치르자고 하시니... 음식은 무엇으로 하지?'
'큰 돈 안들이고 집안을 꾸미고 싶은데... 어떻게 하면 좋지?'

이런 고민들이 있다면 보통 어떻게 할까? 예전 같으면 친구나 친척 또는 선배에게 전화를 해서 물어보거나 요리, 인테리어 책을 뒤졌을 것이다. 그러나 요즘은 인터넷으로 정보를 찾게 되는데 검색을 해서 나오는 정보 중 많은 부분이 바로 개인의 블로그나 카페 등의 커뮤니티 공간에 올린 글이다. 이러한 글을 올린 사람은 전문가가 아니라 일반 주부인 경우가 많다.

특히 살림살이를 주제로 해서 블로그를 운영하는 주부를 '와이프로거' 라고 한다.

와이프로거(Wifelogger)란?
와이프(Wife)와 블로거(Blogger)를 합친 말로 최근 블로그 붐을 타고 새로 생긴 신조어이다.

와이프로거들은 주부의 입장에서 직접 경험한 사실을 바탕으로 기록을 하기 때문에 같은 소비자로써 신뢰를 가질 수 있고, 주부 특유의 꼼꼼하고 정감있는 내용으로 이해하기 쉽게 쓰기 때문에 많은 호응을 얻고 있다. 최근 와이프로거의 블로그 중에서 인기가 높은 블로그는 웬만한 미디어보다 더욱 큰 파급 효과가 있어서 기업들도 관심을 가지고 있다. 와이프로거뿐만 아니라 각종 커뮤니티에서 활발히 활동하는 주부들 중에서는 전문가보다 더욱 많은 인지도와 신뢰를 받고 있는 경우가 많다. 이를 적극적으로 활용하여 사업이나 자아 실현으로 연결시켜서 제2의 인생을 누리는 사람들도 있다.

주부 관련 커뮤니티의 경우 주제가 보통 살림살이다 보니까 각종 소비재 및 서비스와 밀접한 관련을 가지게 된다. 이런 특징 때문에 효과적인 마케팅의 수단으로 인식되고 있다. 그래서 주부 커뮤니티는 최근 기업으로부터도 각광 받고 있고 앞으로도 끊임 없는 관심의 대상이 될 것이다.

:: 주부라서 더 좋은 커뮤니티 세상

새로운 경력을 쌓거나 장차 사업을 해 보고 싶은 주부라면 우선 커뮤니티 활동을 고려해 보기를 적극 권한다. 돈이 들지 않고 시간에도 구애를 받지 않을뿐더러 노력에 비해 다양하고 많은 성과를 낼 수 있기 때문이다. 게다가 다른 사람들보다 특히 주부에게 유리한 분야가 커뮤니티 마케팅이다.

◑ 주부가 커뮤니티 마케팅을 하기에 유리한 점
1. 같은 주부를 대상으로 하기 때문에 운영하기 편리하다.
   • 주부가 만드는 커뮤니티의 성향상 회원이나 방문자들도 주부인 경우가 많기 때문이다.

2. 주부는 상대적으로 시간의 여유가 많다.
   • 커뮤니티를 처음 개설하고 활성화 되기까지는 시간이 많이 든다. 아무래도 주부의 경우

에는 다른 사람들보다 커뮤니티에 투자할 시간을 만들기가 조금 더 수월하다. 회원들도 마찬가지로 시간적 여유가 있어서 주부 대상의 커뮤니티는 다른 커뮤니티에 비해서 올라오는 게시물의 수가 많고 회원들의 방문 횟수가 잦은 편이다. 이 때문에 활성화시키기 유리하다.

3. 주부의 일상생활 모두가 커뮤니티의 컨텐츠가 될 수 있다.
- 요리, 살림, 인테리어, 육아, 교육, 취미 등 주부의 일상 생활 모두가 유용한 컨텐츠가 될 수 있으니 컨텐츠를 만들기가 쉽다.

4. 기업과 제휴하기 유리하다.
- 주부는 가족에게 필요한 상품을 구매하는 소비자이기 때문에 기업의 중요한 마케팅 대상이다. 이 때문에 다수의 기업들은 주부들을 마케팅의 최우선 대상으로 정하고 적극적인 프로모션을 한다.

:: 주부라서 딱 맞는 분야

주부들이 관심을 갖는 분야에는 여러 가지가 있겠지만 그 중에서 임신과 출산, 육아와 교육, 요리, 인테리어, 살림 등은 모든 주부들이 공통적으로 관심을 가지는 분야이다. 본인이 주부이면서 이러한 분야에 관심이 있다면 이 점을 살려서 커뮤니티 마케팅을 하는 것이 유리하다.

● 임신과 출산, 육아와 교육

주부에게 임신과 출산, 그리고 육아와 교육은 무엇보다 중요한 일이다. 그래서 많은 정보를 구하게 되는데 병원이나 업체에서 줄 수 있는 정보보다 먼저 아이를 낳아서 기른 선배 엄마의 경험담이 더욱 더 도움이 되는 경우가 많다. 자신이 출산을 앞둔 주부라면 카페 등을 개설해서 자신에게 필요한 다양한 정보를 구한 다음, 그 자료를 정리해서 블로그에 올리다 보면 비슷한 상황에 있는 주부들에게 많은 공감을 얻을 수 있을 것이다.

맘스홀릭베이비 카페(http://cafe.naver.com/imsanbu)의 경우
주부 김경선 씨가 임신을 하게 되면서 자신에게 필요한 임신과 출산에 관한 정보를 모으기 위해 만든 카페이다. 이 카페에 임신과 출산 정보가 필요한 예비 엄마들이 하나 둘씩 회원으로 가입하면서 자료와 얘깃거리들이 점차 늘어가고 임신, 출산뿐만 아니라 육아에 이르기까지 점점 범위가 넓어지게 되었다. 마침내 회원 56만 명의 대형 카페가 되면서 현재 네이버 카페 랭킹 2위에 이르렀다.(2009년 3월)

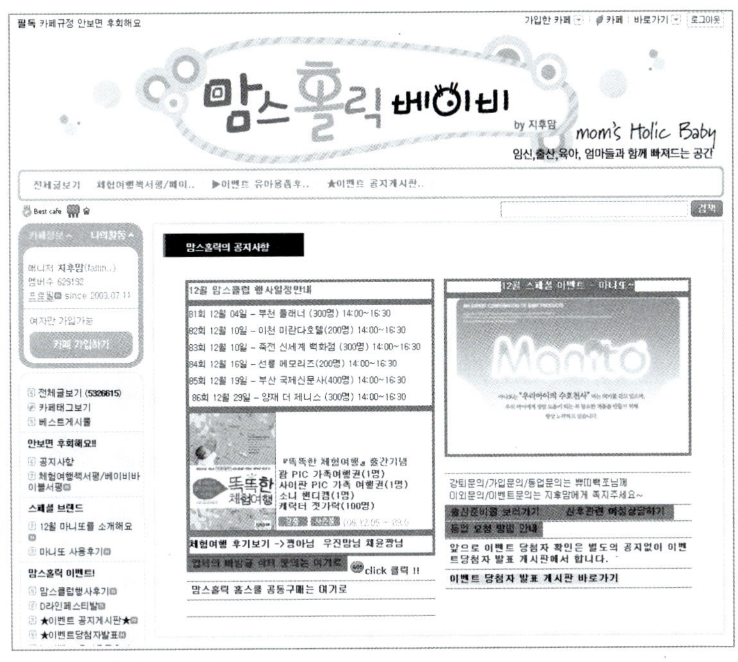

▲ 맘스홀릭베이비 네이버 카페

이처럼 특별한 취미나 자신 있는 분야가 없더라도 주부에게 필요한 정보를 모으고 나누면서 훌륭한 커뮤니티를 만들 수 있다. 또한 이런 커뮤니티 활동을 통해서 자신의 영역을 넓힐 수 있게 된다. 자신과 이웃의 경험이야말로 최상의 컨텐츠이며, 커뮤니티의 기본은 마음 편히 자신의 이야기를 나누고 공감할 수 있는 분위기 조성에 있는 것이기 때문이다.

● 요리

주부가 매일 고민하는 것 중 하나가 바로 '오늘 저녁은 뭐 해먹지?' 이다. 그러면서 옆 집은 무엇을 먹는지 궁금해 한다. 그렇기 때문에 요리에 자신이 있는 주부라면 매일 저녁 식탁에 오른 메뉴만으로도 멋진 컨텐츠가 될 수 있다. 이렇게 만든 음식의 조리 과정이나 완성된 음식 사진을 촬영하여 블로그나 카페에 포스팅을 한다면 다른 사람들의 관심을 끌기에 충분하다. 요리 관련 카페를 만들어서 메뉴와 레시피 등을 올리고 성실히 운영을 한다면 그 커뮤니티가 주부들의 사랑방이 될 것이다.

82쿡(http://www.82cook.com)의 경우

「일하면서 밥해먹기」의 저자 김혜경 씨가 운영하는 요리 커뮤니티이다. 요리뿐만 아니라 주부들이 사는 이야기를 나누는 정감 있는 공간으로 회원들의 친밀도가 다른 커뮤니티보다 높은 것이 특징이다. 요리 컨텐츠뿐만 아니라 주방 용품과 생활 용품의 공동구매 등 다양한 마케팅을 통해서 주부들에게 더 좋은 서비스를 제공하고 있다.

먹거리에 대한 불안과 물가 상승으로 가정에서는 요리의 중요성이 점점 더 커지게 되었다. 그러므로 앞으로도 요리에 대한 관심은 점차 늘어날 것으로 보인다. 또한 가정 식단뿐만 아니라 홈베이커리, 건강 식단, 외국 요리 등 다양한 분야의 요리 커뮤니티가 꾸준히 각광을 받을 것이다. 가전 제품 업체나 식품 업체 등 기업에서 가장 주목하는 분야도 바로 요리 커뮤니티이다.

▲ 82쿡(http://www.82cook.com)

● 인테리어, DIY

주부들이 전문가의 영역을 넘보는 시대가 왔다. 오래 써서 싫증난 가구를 새것처럼 바꾼 다던가 고장 나고 부서진 생활 용품을 고치는 것은 물론, 새롭게 가구를 만들거나 집안 인테리어를 스스로 하는 등 감각 있고 알뜰한 주부들이 많아진 것이다. 이런 주부들 중의 많은 수가 학원이나 공방 등이 아니라 커뮤니티를 통해서 배운다고 한다. 만일 자기의 취미가 이러한 분야이거나 관련 전공자라면 이런 취미 관련 커뮤니티를 개설해서 취미도 발전시키고 커뮤니티도 만드는 일석이조의 효과를 누릴 수 있을 것이다.

레몬테라스 카페(http://cafe.naver.com/remonterrace.cafe)의 경우

황혜경 씨는 2004년 초 결혼하면서 본인이 직접 신혼집 꾸미기에 도전하게 되었다. 그러면서 네이버에 '레테' 블로그와 '레몬테라스' 카페를 오픈한 다음 본인이 직접 궁리하고 만든 집 꾸미기 노하우를 하나하나 업데이트 하기 시작했다. 전문 인테리어 업자도 아닌 황씨가 주부의 힘과 아이디어로 신혼집을 멋지게 꾸민 것이 다른 주부들에게 놀라움을 주었다. 이런 황씨의 카페에는 많은 사람들이 북적이게 되었고, 지금은 회원수 80만 명에 이르는 대형 커뮤니티가 되었다.

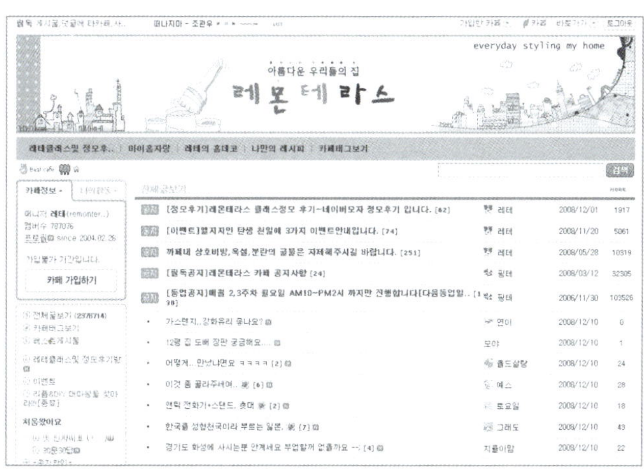

▲ 레몬테라스 카페(http://cafe.naver.com/remonterrace.cafe)

취미의 경우 커뮤니티의 속성과 매우 궁합이 잘 맞기 때문에 좋은 아이템으로 성실히 운영한다면 커뮤니티를 바탕으로 해당 분야의 전문가로서 독보적인 위치에 오를 수 있다.

이를 바탕으로 출판, 온라인 강좌, 오프라인 강좌, 작품 판매, 온라인샵, 제휴 및 광고 수익 등 다양한 수익을 창출할 수 있다.

● 살림

너무나 평범해 보이는 살림에도 많은 노하우가 숨겨져 있다. 미국과 일본에서는 일찍부터 살림 노하우에 대한 가치를 높게 평가받고 많은 사람들이 관심을 가지는 스타 주부들이 탄생하였다. 이제 국내에서도 살림 솜씨가 좋은 주부들이 자신의 노하우를 인터넷에 올림으로써 유명세를 타고 있다. 한국의 마샤 스튜어드를 꿈꾸며 살림의 여왕으로 등극하기 위해서는 커뮤니티 마케팅이 제격이다.

털팽이 블로그(http://blog.naver.com/white7722)의 경우

정리의 달인 털팽이 조윤주 씨. 털팽이라는 닉네임은 조윤주 씨의 아버지께서 성격이 너무 털털하다는 뜻으로 지어주신 별명이라고 한다. 이렇게 털털한 조윤주 씨가 집안 정리에 몰두하면서 이를 블로그에 기록으로 남기게 되었는데 이 내용이 많은 주부들의 공감을 얻어 '수납의 달인' 이라는 별칭까지 얻게 되었다. 이 블로그의 정리 비법은 한마디로 '버리고, 이름 붙여서 정리하기' 로 말할 수 있다. 버려지는 생활 용품을 이용한 정리 비법 등 돈 들이지 않고 정리할 수 있는 아이디어로 가득하다.

▲ 털팽이 블로그(http://blog.naver.com/white7722)

살림은 누구나 쉽게 할 수 있다고 생각하기 쉽지만 의외로 어려운 분야이다. 게다가 생필품의 종류가 많아지고 생활이 복잡해지면서 살림을 효율적으로 해야 할 필요성이 늘어나고 있다. 이웃 나라 일본에서는 이미 살림에 대한 다양한 노하우를 가진 주부 전문가들이 자신만의 방법으로 기업과 손잡고 제품 개발에도 영향력을 행사하고 있다. 주부로서 누구나 흔히 할 수 있다고 생각되는 분야라도 커뮤니티 마케팅을 활용해서 전문가가 될 수 있는 것이다.

● 상품 체험, 리뷰

상품 체험과 리뷰는 비용이 적게 들면서 홍보 효과가 좋기 때문에 최근 기업에서 많이 선호하는 마케팅 방법이다. 이를 적극적으로 활용해 상품 리뷰를 쓰는 블로거로 활동을 하면 어떨까? 현재 기업에서 운영하는 커뮤니티 사이트인 '쿠쿠'는 리뷰 활동을 하는 주부들을 '쿠쿠 블로거'라는 이름으로 모집하고 활동에 따라서 경품을 지급하고 있다. 그 외에도 네이버 블로그 내의 필립스 카페라든가 체험닷컴 등을 통해 리뷰어로 선정되면 상품을 받아서 직접 써 볼 수 있는 기회가 주어진다.

〈표 6-1〉 주부를 대상으로 한 상품 리뷰 관련 모집 사이트

제목	사이트	내용	수익
체험 전문 사이트	체험닷컴 http://www.chaehum.com 소비자닷컴 http://www.soviza.com 아줌마닷컴 http://azoomma.com 미즈모니터 http://www.miz.co.kr/monitor 살림이스트 http://www.salimist.com	리뷰어로 등록하면 각종 체험 이벤트에 응모할 수 있다.	해당 기업의 제품이나 이벤트 상품
기업의 커뮤니티	필립스키친 http://cafe.naver.com/philipskitchen 오븐앤조이 http://cafe.naver.com/delonghi 쿠쿠 커뮤니티 http://community.cuckoo.co.kr	카페 등에 가입하면 해당 기업의 제품 체험 이벤트에 응모할 수 있다.	해당 기업의 제품이나 이벤트 상품
블로그 리뷰	프레스블로그 http://www.pressblog.co.kr 파워블로그 http://www.powerblog.co.kr	블로그에 해당 제품에 대한 글을 쓰고 원고료를 받는다.	원고료 능 현금 위주

상품 리뷰의 경우 본인이 리뷰어가 되어서 기업의 마케팅 활동에 참여할 수도 있지만, 반대로 자신의 카페에서 기업과의 제휴를 통해 상품 리뷰 이벤트 등을 유치할 수도 있다. 커뮤니티가 커지면 활성화를 위해서 이벤트 등을 열어야 할 필요성을 느끼게 되는데 운영자 혼자서 이를 마련하기는 부담이 된다. 이럴 때 규모 있는 커뮤니티라면 기업과 제휴해서 서로에게 도움이 되는 방향으로 리뷰 마케팅을 활용할 수 있을 것이다.

:: 개설 – 주부 커뮤니티 개설 방법

주부 커뮤니티의 경우 대부분 포털사이트나 주부 포털사이트를 중심으로 개설되는 경우가 많다. 그 이유는 각종 포털사이트가 주부들이 많이 활동하는 공간이기 때문이다. 운영자의 경우에서도 별도로 도메인과 서버를 사거나 호스팅을 받아서 웹사이트를 만들면 일단 비용과 기술적인 문제가 발생하며 홍보도 따로 해야 하는 어려움이 생긴다. 그런데 포털사이트에 있는 카페나 블로그를 사용하면 클릭 몇 번으로 손쉽게 만들 수 있고 추가 비용이 들지 않으며, 포털사이트의 검색 정책상 홍보에도 유리한 장점이 있다. 물론 포털 내에서 운영하는 커뮤니티이기 때문에 포털사이트의 약관에 따를 의무가 있으며, 특히 상업성이 짙으면 게시물 삭제, 접근 차단 그리고 심한 경우에는 카페 폐쇄가 될 수도 있으니 주의를 해야 한다.

〈표6-2〉 각 포털사이트 별 카페 특징

포털	장점	단점	합한 카페
네이버	• 네이버 검색에 노출이 잘 된다. • 사용자가 가장 많은 네이버이기 때문에 신규 회원 유입이 쉽다.	• 상업성에 대한 제재가 심하다. • 카페 기능이 단조롭다.	취미 등을 공유하는 비상업적인 카페
다음	• 상업적인 카페의 개설이 가능하다. • 카페 기능이나 관리 기능이 잘 되어 있다.	블로그 등의 다른 서비스와의 연계가 미약하다.	직접 상품을 판매하거나 관련된 상세 정보를 제공하는 성격의 카페
싸이월드	• 실명 기반이다. • 미니홈피와 연동이 잘 된다.	색과 연동이 잘 안 되어서 신규 회원 유입이 어렵다.	실명을 기반으로 한 인맥 등이 중시되는 카페

:: 마케팅 – 주부 커뮤니티 마케팅의 방법

주부 커뮤니티의 마케팅은 입소문과 관련된 마케팅이 유리하다. 공동구매 이벤트, 체험 이벤트, 스크랩 이벤트, 오프라인 행사 등이 그것인데 소문에 민감한 주부들의 특징에 잘 맞기 때문이다.

● 공동구매 이벤트

커뮤니티에서 가장 흔히 하는 이벤트로 커뮤니티에서 추천된 상품을 할인된 가격으로 단체구매를 하는 행사이다. 회원들에게는 엄선된 물건을 저렴한 가격에 살 수 있는 기회가 되고 기업으로는 제품 판매와 홍보의 기회가 된다.

▲ '문성실의 이야기가 있는 밥상' 블로그(http://blog.naver.com/shriya)의 공동구매

● 체험 이벤트

신제품이 나왔을 때 소비자 반응을 알아보고 입소문 홍보를 하기 위해서 미리 제품을 나눠주고 써보게 하는 홍보 방법이다. 기업으로서는 제품에 자신이 있으나 잘 알려지지 않

은 경우에 사용하면 효과를 볼 수 있고 커뮤니티 회원들은 무료로 신제품을 사용할 수 있는 기회를 얻는다.

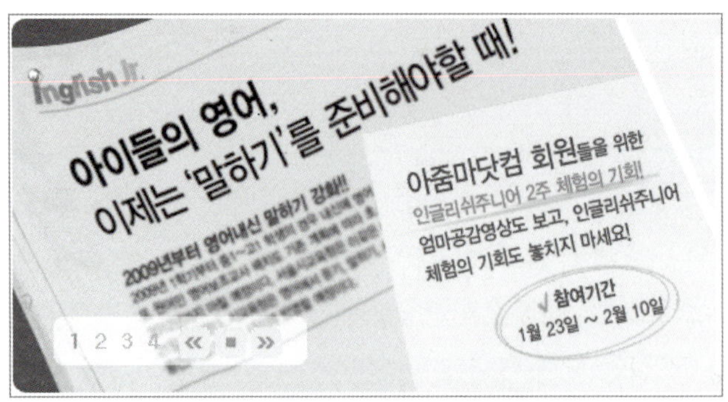

▲ 주부 커뮤니티 '아줌마 닷컴' (http://azoomma.com)의 체험 이벤트

● 스크랩 이벤트

회원들의 카페나 블로그 등에 이벤트 페이지를 스크랩하면 추첨을 통해 경품을 제공하는 이벤트. 기업으로서는 이벤트 페이지를 빠르게 전파할 수 있는 장점이 있다. 커뮤니티 회원에게는 무료 경품의 기회가 된다.

▲ '오븐앤조이' (http://cafe.naver.com/delonghi) 카페의 스크랩 이벤트

● 오프라인 행사

기업에서 제품과 관련해서 강좌, 견학, 간담회 등의 행사를 할 때 커뮤니티에서 신청자를 받거나 공동 진행을 하게 되면 타깃팅 된 소비자를 쉽게 모을 수 있으며 전파 효과도

크다. 커뮤니티로서는 행사를 통해 커뮤니티 회원에게 혜택을 줄 수 있고 활성화에도 도움이 된다.

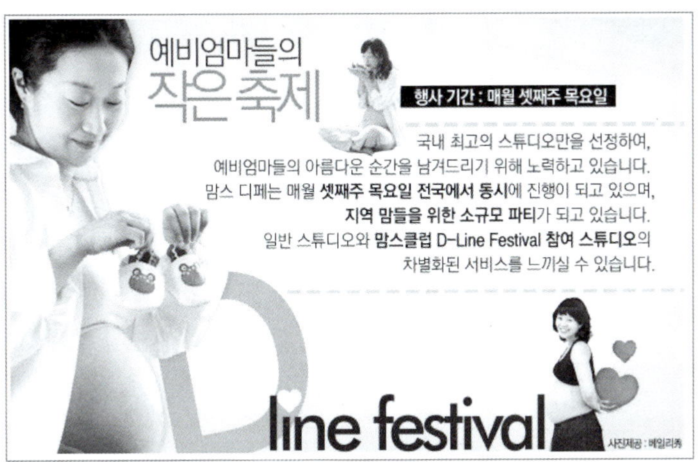

▲ 육아 커뮤니티 '맘스클럽'(http://moms-club.co.kr)의 오프라인 행사

Tip & Know How

주부 커뮤니티 마케팅을 할 때 주의할 점

- 커뮤니티의 주제에 맞는 이벤트를 실시할 것
- 이벤트의 규모나 간격을 적당한 선으로 유지할 것
- 커뮤니티 활성화에 도움이 되는 이벤트를 실시할 것
- 당첨자 선정을 투명하게 해서 신뢰를 줄 것

Tip & Know How

살림이스트 운영자인 김은경 님의 조언

"처음부터 기업 이벤트만을 바라지 말고 커뮤니티만의 다양하고 개성 있는 이벤트를 스스로 만들어 시작해 보세요!

재미있게 즐기며 커뮤니티를 운영하다 보면 회원과 운영자 모두가 성장하게 됩니다."

대학생, 구직자를 위한 커뮤니티 마케팅

section 02

공부와 취업 준비만으로도 바쁜 대학생과 구직자에게 커뮤니티 마케팅이란 말은 언뜻 한가한 얘기처럼 들린다. 그러나 점점 더 치열해지는 취업 경쟁 속에서 자신을 더 돋보이게 하기 위해서는 남들이 다 가지고 있는 것을 갖추는 것만으로는 2% 부족하다. 이 2%를 가장 효과적으로 채워줄 수 있는 것이 바로 커뮤니티 마케팅이다.

:: 커뮤니티 마케팅을 활용하면 취업의 바늘 구멍이 커진다

취업 포털 커리어(www.career.co.kr)가 2008년 10월 설문 조사를 실시한 바에 따르면 인사 담당자에게 파워 블로거(전문성이나 능력을 인정 받아 인기를 모으는 블로그 운영자)들의 채용에 대한 생각을 물은 결과 60.9%가 '긍정적'이라고 응답해 블로그의 운영 능력이 채용에 영향을 줄 수 있는 것으로 나타났다. 긍정적으로 평가하는 이유로는 '블로그의 영향력이 회사 홍보에 도움이 될 것 같아서'가 35.3%, '전문적인 지식 능력을 높이 사서'가 27.5% 이었다.

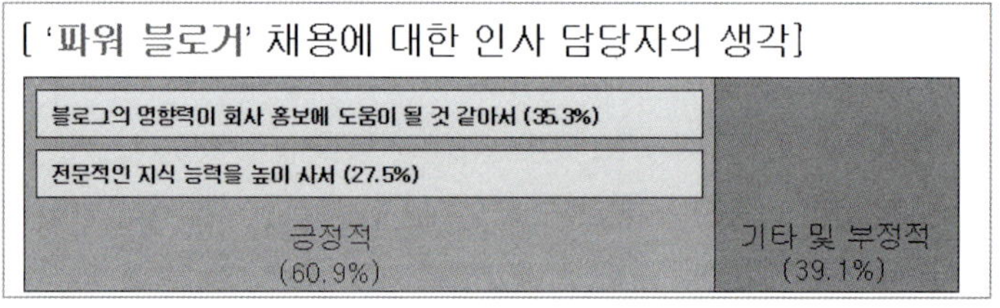

▲ 취업 포털 커리어가 실시한 설문 조사 중 파워 블로거 채용에 대한 내용

경쟁이 치열해 지면서 비슷비슷한 스펙이나 이력서로는 더 이상 인사 담당자의 눈길을 사로잡지 못하게 되었다. 이럴 때 자신을 돋보이게 할 수 있는 새로운 방법이 바로 커뮤니티 속에 있다. 전문 지식이나 열정을 보일 수 있는 블로그 등을 운영하면서 이력서에 블로그 주소를 한 줄 적는 것만으로도 인사 담당자는 당신을 더 잘 알게 될 것이며, 준비된 인재라는 인상을 받게 할 수 있을 것이다.

:: 블로그를 활용해서 취업하기

인사 담당자에게 자신의 전문적인 지식과 열정을 알리고 싶다면 블로그를 개설하자. 입사하길 원하는 기업이나 분야를 정하고 계획적으로 상품을 정해서 그와 관련된 내용을 작성한다. 마케팅 분야의 지원자라면 마케팅적 관점에서 해당 상품 및 경쟁 상품 그리고 해외 사례 등을 분석하고, 디자이너라면 디자인 측면에서 분석하여 개선 방안을 제시하는 식으로 전문적이고 창의적이며 열정적인 태도로 블로그를 작성한다.

Tip & Know How

취업을 위한 블로그를 만들 때 주의할 점

- 카테고리를 너무 잡다하게 만들지 말고 취업하고자 하는 분야로 제한하라.
- 퍼온 글보다 자신의 생각을 위주로 포스팅 하라.
- 산업 동향 등을 꾸준히 포스팅 하라.
- 새로운 아이디어나 제안을 블로그에 담아라.
- 기업은 긍정적인 사람을 좋아한다. 비관적이거나 비판적인 글은 삼가라.

:: 카페의 활용

좀 더 적극적으로 커뮤니티를 활용하고 싶다면 해당 기업과 관련된 카페 활동을 통해 이력을 쌓아보자. 취업을 원하는 기업이나 분야에 해당되는 카페를 개설해서 활동을 한다면 블로그 보다는 시간과 노력이 더 필요하겠지만 그만큼 취업에는 효과가 있다.

패션 업체에 취직을 하고 싶은 사람이라면 패션에 관련된 커뮤니티를 만들어서 운영을 한다던가 특정 제품을 주제로 한 카페를 운영한다면 충분히 경쟁력 있는 이력이 된다. 카페를 개설하기 어렵다면 해당 분야의 영향력 있는 카페에서 적극적인 활동을 하자. 운영진으로 올라가거나 게시판 등을 배정 받아서 칼럼을 올리거나 하는 등의 방법도 효과적이다.

카페 활동은 단순히 이력에 도움이 되는 활동일 뿐만 아니라 인적 네트워크를 형성하기에도 유리한 활동이다. 3D 그래픽 디자이너들의 카페인 네이버의 '3D STUDIO MAX 제압하기' 카페의 경우 예비 디자이너뿐만 아니라 재직중인 현직 디자이너들의 활동도 활발해서 서로 많은 교류가 이루어지고 있다. 이 카페에서 눈에 띄는 회원의 경우 현직 디자이너가 회사의 인사 담당자에게 추천을 해서 취업이 이루어지는 일도 종종 일어난다. 이런 경우도 커뮤니티를 활용한 취업의 예라 할 수 있을 것이다.

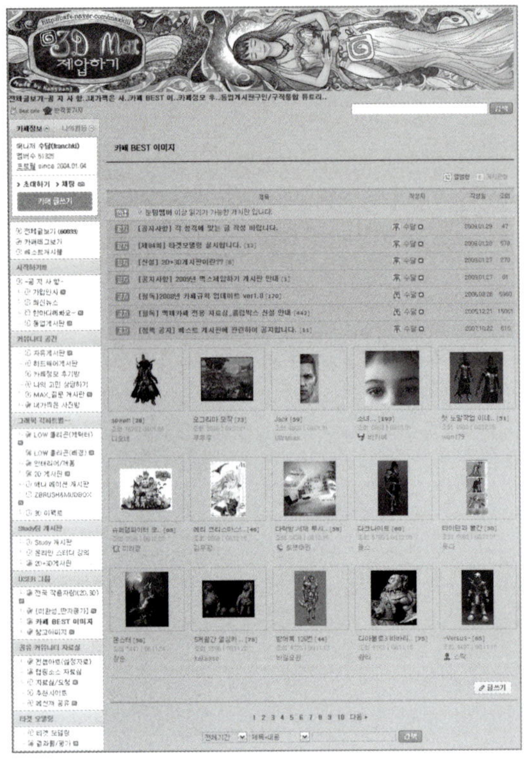

▲ 네이버의 '3D STUDIOMAX 제압하기!!' 카페의 '카페 BEST 이미지' 게시판

싸이월드에서 '웹사이트 기획 실무 클럽'(http://webplan.cyworld.com)을 운영하고 다음의 카페 기획팀에서 근무하고 있는 강민식씨는 당신이 면접관이라면 비슷한 실력의 면접자 1,000명 중에서 한 사람이 커뮤니티 운영자임을 알고 있으며, 예전부터 좋은 이미지로 그 이름을 알고 있었다면? 과연 누굴 선택하시겠습니까? 라

고 하면서 커뮤니티의 운영이 셀프 마케팅의 가장 좋은 툴이라고 말한다.

:: 해당 기업의 커뮤니티 마케팅에 적극 참여

기업에서 마케팅의 일환으로 벌이는 각종 봉사 활동, 체험 마케팅, 공모전, 견학 등을 통해서 해당 기업의 커뮤니티 마케팅에 적극 참여하면 그 기업의 문화를 배우고 인맥을 쌓음과 동시에 취업에 유리한 이력을 쌓을 수 있다.

● 공모전

새로운 아이디어를 발굴하고 우수한 인재를 발굴하기 위한 공모전은 예전부터 많이 실시해 왔다. 특히 참신한 아이디어가 필요한 분야에서는 매년 기업에서 정기적으로 공모전을 여는 곳도 많다. 이 공모전을 잘 활용하면 취업으로 가는 길이 보인다.

● 체험

대학생들을 대상으로 한 기업의 다양한 체험 행사가 있다. 주로 대기업에서 많이 실시하는데, 기업의 이미지를 제고하는 목적과 우수한 인재를 모으고 선발하려는 의도를 가지고 있다. 이러한 행사에 직접 참여해서 활동한다면 본인에게 좋은 경험이 됨과 동시에 취업에 유리한 경력이 될 수 있다.

㈜현대자동차에서 운영하는 커뮤니티 사이트인 '영현대'에서 활동하다 현대자동차에 취업을 하게 된 김동완 씨는 기업의 커뮤니티를 활용한 취업 사례라고 할 수 있다. 김동완 씨는 현대자동차에 실시한 대학생 해외 탐방 프로그램인 'Be Global Friends with HYUNDAI 중국편'과 '1사 1촌 농촌봉사활동'에 참여하면서 기업 문화는 물론 현대자동차에 대해 더 자세히 알게 되었다고 한다. 이를 바탕으로 실제 면접에서 면접관들에게 '내가 우리 회사에 이 만큼 관심이 있었으며, 준비해 왔다'라고 어필할 수 있었다고 한다. 이것이 바로 다른 면접자들과 차별 되는 김동완 씨의 필승 전략이었다.

김동완 씨의 얘기를 직접 들어보자.

"어떤 인사 담당자라도 그들 기업이 주관한 행사에 선발되었던 인원을 우선 고려할 것이라고 생각합니다. 채용 과정에서 기업이 감수해야 할 리스크를 상당 부분 경감할 수 있을 테니까요. 특정 기업에 대한 여러분의 관심과 애정을 커뮤니티 활동을 통해 십분 표현하시기 바랍니다. 아울러, 커뮤니티 활동에는 '마감 시한'이 없는 것 같습니다. 공식적인 활동이 종료된 이후에도 같이 활동했던 대원들, 담당자분과 계속 교류를 쌓고 커뮤니케이션을 갖는다면 비단 취업뿐만 아니라 여러 가지로 많은 도움을 받을 수 있습니다."

▲ 현대자동차 대학생 해외탐방 프로그램인 'Be Global Friends with HYUNDAI 중국편'

● 그 외의 참여 방법

기업 또는 제품의 특징에 따라서 리뷰어, 기자, 모니터 요원, 봉사활동 등 다양한 행사를 벌이고 있다. 원하는 기업이나 직업에 맞춰서 기업의 행사에 적극 참여한다면 남다른 이력서를 만들 수 있을 것이다.

Tip & Know How

취업을 위한 커뮤니티 활동을 할 때 원칙
- 자신이 취업하고자 하는 분야나 기업이 구체적이고 명확할 것.
- 취업 직전에 준비하는 것이 아니라 재학 중에 시간을 가지고 충분히 준비를 할 것.
- 단순히 취업만을 위한 것만이 아니라 자신의 발전과 인적 네트워크 형성의 목적을 위해 꾸준히 활동할 것.

section 03 투잡, 노후를 대비하는 직장인을 위한 커뮤니티 마케팅

사교육비의 증가와 불안정한 고용, 그리고 노후 준비를 위해서 투잡을 하고 싶어하는 직장인이 늘고 있다. 2007년 온라인 취업 사이트 '사람인'이 리서치 전문 기관인 '폴에버'와 함께 직장인을 대상으로 조사한 결과 조사 대상의 70%가 투잡을 하고 싶다고 설문에 답했다는 결과도 있을 정도로 직장인의 투잡 열망은 높은 편이다. 그렇지만 마땅한 방법을 찾지 못해 단순 아르바이트 수준의 투잡을 하는 경우가 많은 것을 볼 수 있다. 전공을 살리면서, 혹은 취미 생활을 투잡으로 승화시키려면 어떻게 하는 것이 좋을까?

:: 본업과 관련된 커뮤니티 마케팅의 방법

본업과 관련된 지식이나 경험을 활용하여 블로그 또는 카페를 만들면 새로운 수입원을 창출하거나 미래를 대비할 수 있다. 보통의 웹디자이너라면 아는 사람을 통해서 웹디자인 아르바이트를 할 수는 있을 것이다. 그렇지만 고정적인 일감이 있기가 어렵고 단순한 아르바이트의 수준을 벗어나기 힘들다. 만일 이 디자이너가 웹디자인이나 포토샵 카페의 운영자라면 어떨까? 카페가 커 나감에 따라서 운영자로서의 권위도 생기고 인맥도 넓어지게 된다. 카페 회원들은 자신에게 문의를 하거나 일을 의뢰할 것이고 건수도 많아질 것이다. 웹디자인 작업 의뢰뿐만 아니라 포토샵 강의, 출판 등 관련된 다양한 방면으로 자신의 능력을 펼 수도 있을 것이다.

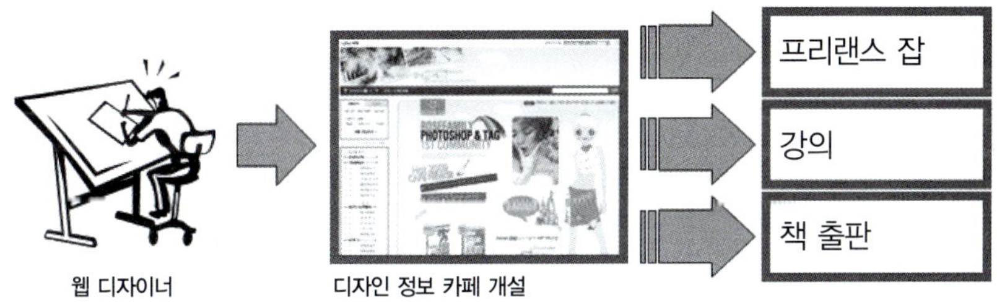

▲ 웹디자이너가 자신의 본업을 살려서 카페를 개설했을 경우

직장에서 경영기획팀에 있었던 OOO씨는 업무상 사업계획서나 제안서 등의 프레젠테이션 작성을 자주 하게 되면서 포털사이트의 커뮤니티에 가입, 활동을 하게 된다. 커뮤니티 활동을 하면서 OOO씨는 많은 외주 회사나 클라이언트의 담당자들이 프레젠테이션 작성에 어려움을 겪고 있는 것을 알게 되었고, 프레젠테이션 제작 대행의 시장성이 크다고 생각해서 투잡을 시작하게 되었다. 커뮤니티를 통한 인맥으로는 일반 기업부터 IT 관련 업종, 교육 기관, 개인에 이르기까지 다양한 고객을 만날 수 있었고, 이에 따라 집중적으로 마케팅 관련 커뮤니티 등에서 홍보를 하였다. 그 결과 OOO씨는 크게 성공하였고 투잡으로 시작하였던 프레젠테이션 제작 대행으로 창업도 하게 되었다.

자신의 관련 분야 커뮤니티에서 자신의 특기나 전공 등을 살려서 어필할 수 있다면 새로운 기회의 문을 열 수 있다. 물론 한 순간에 이루어지는 것은 아니지만 꾸준히 즐기면서 커뮤니티 활동을 한다면 어느새 든든한 명성과 신뢰를 얻게 되고 그것을 바탕으로 관련된 사업에 진출할 수 있을 것이다.

:: 취미와 관련된 커뮤니티 마케팅의 방법

취미 커뮤니티를 발전시키면 새로운 수익원을 만들거나 은퇴 후 새로운 직업으로 전업하는데 큰 도움이 된다. 요즘 한창 인기를 끄는 사진의 경우 처음에는 단순히 취미로 시작하더라도 취미의 수준이 깊어지면 전문가가 되고 그렇게 되면 또 다른 직업으로 수익을 낼 수 있는 것이다. 이것을 도와주는 것이 바로 커뮤니티이다. 커뮤니티를 통해 사진 기술을 배울 수도 있고 또 사진과 관련된 부업을 찾을 수도 있기 때문이다. 휴일을 이용해 웨딩 사진이나 상품 사진 등을 찍을 수도 있고 다른 사람에게 사진을 가르칠 수도 있을 것이다. 취미 커뮤니티를 운영하다가 아예 사진 관련 회사를 차린 SLR 클럽 (http://www.slrclub.com)의 운영자와 같은 경우도 있다. 스쿠버 다이빙이나 스키와 같은 레포츠도 커뮤니티를 잘 활용한다면 투잡이나 은퇴 후 직업이 될 수 있을 것이다.

다음의 댄스 클럽 '헬로우 라틴' 의 운영자인 은하마님은 증권사의 감사실에서 근무하면서 취미로 댄스를 배우고 다음에 커뮤니티를 만들었다. 평일에는 본업에 충실하면서 주말이 되면 댄스 강사나 댄스 공연으로 투잡을 한 지 벌써 5년째. 많으면 주 2회 정도 하게 되는 댄스 강의는 대부분 소속된 동호회에서 요청을 받아서 한다. 댄스 문화를 전파하기 위해서 하는 강의라 강사료는 많이 받지 않지만 가끔씩 하는 댄스 공연으로 부수입을 올린다고 한다. 커뮤니티를 통해 좋아하는 댄스도 하면서 돈도 버는 일이라 바쁘지만 즐거운 나날을 보내고 있다.

▲ 다음의 댄스 커뮤니티의 정모 사진

:: 직장인이 커뮤니티 마케팅을 할 때의 주의점

직장인들이 커뮤니티 마케팅을 할 때 현재 생활의 돌파구처럼 여겨 본업을 망각한 채 몰두하는 경우가 종종 있다. 그리고 조금씩 들어오는 수입을 늘리기 위해 커뮤니티에 재투자를 하는 경우도 생기게 된다. 하지만 욕심은 화를 가져오는 가장 빠른 길이다. 직장인의 기본적인 신분을 잊지 않도록 하는 것이 커뮤니티 마케팅으로 원원하는 방법이다.

1) 커뮤니티 마케팅의 목적은 투잡, 혹은 미래를 위한 투자라는 것을 명심하고 본업에 소홀함이 없는 범위에서 열심히 한다.

2) 너무 수익성에만 초점을 맞춘 활동보다는 길게 보고 커뮤니티를 확장 시킬 수 있는 방법을 함께 고민한다.

3) 욕심 부리지 말고 즐기면서 해야 커뮤니티 활동과 투잡을 발전적으로 할 수 있다.

section 04 창업 준비자를 위한 커뮤니티 마케팅

창업을 하기 위해서는 많은 조언과 여러 방면에 대한 조사, 그리고 홍보가 필요하다. 그러나 자금과 인력, 그리고 시간의 한계 때문에 이를 충분히 준비하지 못하는 경우가 많다. 커뮤니티 마케팅을 활용하면 이러한 한계에 효과적으로 대처해서 원하는 목적을 달성할 수가 있다. 창업의 각 단계에서 커뮤니티 마케팅을 어떻게 활용할 수 있는지 알아보자.

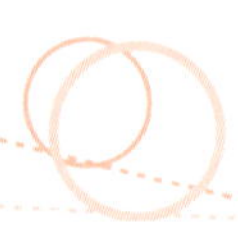

:: 커뮤니티를 통해 사전 조사하기

성공적인 창업을 위해서는 꼼꼼한 사전 분석만큼 중요한 것이 없는데 무작정 발로 뛰면서 조사하기에는 너무 많은 비용과 시간이 소비된다. 이럴 때 커뮤니티 마케팅을 활용하면 비용과 시간을 절약할뿐더러 소비자의 생활 패턴 등을 좀 더 자세히 알 수 있다.

만일 유아 용품 매장을 생각하고 있다면 육아 커뮤니티 등을 통해서 소비자들은 어떤 브랜드를 선호하는지, 쇼핑은 어떤 식으로 이루어지는지, 어느 정도의 가격 선을 선호하는지, 유아 용품을 구매할 때 가장 중요하게 생각하는 것이 무엇인지 등 소비자에 대한 대부분의 정보를 파악할 수 있다. 직접 카페 등을 개설해서 육아에 대한 정보를 제공하면서 회원들의 성향을 조사하는 방법도 좋지만, 시간적 여유가 없다면 기존 커뮤니티에 가입해서 회원들의 게시글을 꼼꼼히 읽어보는 것만으로도 큰 도움이 된다.

물론 한 번 커뮤니티를 방문한 것만으로 모든 것이 일목요연하게 한눈에 보이지는 않을 것이다. 그러나 해당 커뮤니티의 특성과 회원 구성을 파악하고 빈도와 선호도 등 기준을 잡아서 조사를 한다면 원하는 정보를 얻을 수 있게 된다. 그리고 이 정보를 잘 활용한다면 소비자의 마음을 사로잡는 방법을 알게 될 것이다. 커뮤니티를 통해서 사전 조사를 할 때 단순히 정보만을 위해서 가입하지 말고 직접 커뮤니티의 구성원으로서 적극적으로 활동을 한다면 단편적인 정보뿐 아니라 더 소중한 인간관계를 쌓을 수 있다.

◀ 육아 커뮤니티에 있는 유모차 관련 게시물 검색 결과

유아 용품에 대한 창업을 준비하고 있다면 육아 커뮤니티에 있는 이런 게시물들이 도움이 될 것이다. 그러나 검색을 통한 단편적인 정보보다는 커뮤니티 활동을 통해 소비자들의 정서를 잘 이해하는 것이 무엇보다 중요하다.

:: 커뮤니티를 활용해서 홍보하기

모든 것을 준비하고 창업을 했는데 홍보가 되지 않아 손님의 방문이 없다면 곤란하다. 그러나 돈을 써서 무턱대고 홍보를 한다고 손님이 찾아오는 것도 아니다. 그런 사태를 방지하기 위해서 창업 전 커뮤니티를 좀 더 적극적으로 활용할 필요가 있다. 만일 스스로 커뮤니티를 만들었다면 회원을 모으고 활성화 시키기 위한 노력을 해야 할 것이다.

스스로 만든 커뮤니티가 아니라면 커뮤니티 구성원들에게 필요한 정보를 올리고 회원들과의 유대관계를 돈독히 하는 등 커뮤니티의 활성화와 발전에 기여하고 운영자와도 좋은 관계를 유지해야 한다. 이는 어느 정도 시간이 필요한 일이니 창업 이전 단계부터 꾸준히 준비를 하면 좋다. 이렇게 커뮤니티의 구성원으로 신뢰를 얻으면 운영진과 논의해서 커뮤니티에 기여를 하면서도 자신의 사업에도 도움이 되는 방법을 찾아본다. 상품을 건 이벤트나 체험 테스트, 입소문 이벤트 등을 커뮤니티를 통해서 한다면 커뮤니티에도 이익이 되고 자신의 사업을 알릴 수 있어서 서로 좋은 일이 될 것이다.

커뮤니티에서 홍보를 할 때 좋은 점은 전파력이 좋다는 점이다. 창업 후에도 고정적으로 커뮤니티를 통해 공동구매나 할인 이벤트 등을 한다면 별다른 노력과 돈을 들이지 않고도 지속적인 홍보 효과를 노릴 수 있을 것이다.

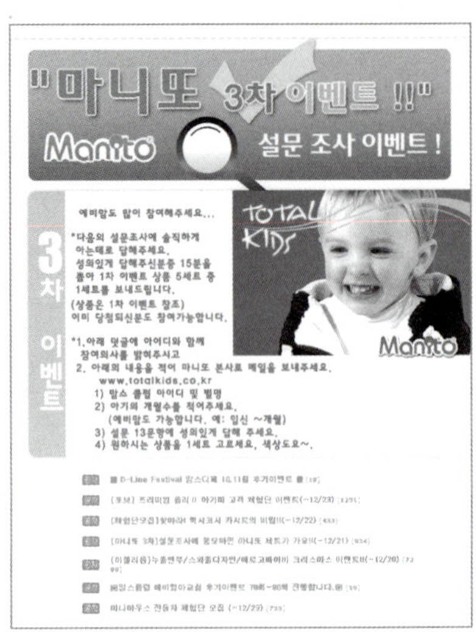

육아 커뮤니티의 각종 이벤트 ▶

:: 커뮤니티를 활용해서 사업하기

▲ 다음 카페 로맨티크(http://cafe.daum.net/PLUMPINK)

다음 카페에서는 상업적인 카페를 개설할 수 있기 때문에 커뮤니티 내에 쇼핑몰을 차릴 수도 있다. 다음에 있는 카페 '로맨티크'는 카페에다 여성의류 상점을 차렸다. 일반 쇼핑몰보다 소비자에게 더 친근하게 다가서는 것이 카페 쇼핑몰의 장점이다. 댓글이나 쪽지를 이용해서 회원과 운영자간의 커뮤니케이션이 활발히 이루어져야 회원이 신뢰를 하고 구매로 이어지게 된다.

쇼핑몰이 있더라도 카페 등의 커뮤니티를 활용하면 더욱 큰 도움을 받게 된다. 특히 취미와 관련된 쇼핑몰이라면 커뮤니티를 함께 운영하는 것이 좋다. 이 때 카페 등은 취미와 관련한 정보를 올리고 함께 얘기하는 커뮤니티 공간으로 만들고 구매를 원하는 사람들은 쇼핑몰로 가서 구매를 할 수 있도록 연결해 주면 좋다. 네이버 카페 '스마일 러브'는 손뜨개 취미 커뮤니티로 운영자가 손뜨개 관련 정

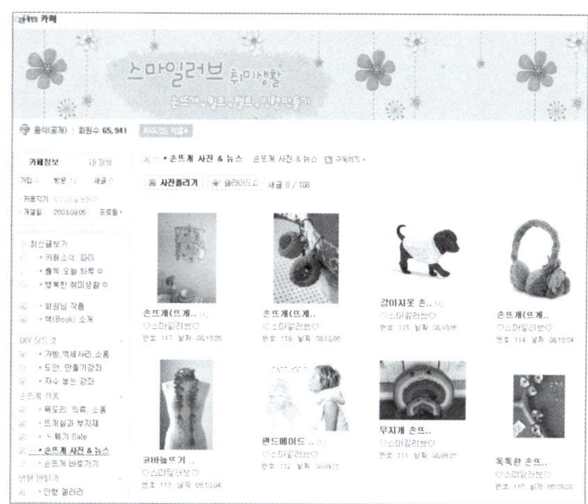

▲ 네이버 손뜨개 카페 스마일 러브(http://cafe.naver.com/smileloveknit)

보도 올리고 쇼핑몰의 상품도 함께 홍보하고 있다. 커뮤니티를 통해 정보를 접한 후 운영자에게 친근감을 느낀 회원들은 당연히 운영자의 쇼핑몰에 단골 고객이 되는 것이다.

◀ 다음 카페 웨딩공부(http://cafe.daum.net/wedgongu)

커뮤니티 자체가 사업의 수단이 되는 경우도 있다. 다음의 웨딩공부 카페는 웨딩 커뮤니티이기도 하지만 이 카페 자체가 토탈 웨딩 업체로서 웨딩 박람회의 역할을 한다. 이 카페에서는 웨딩 컨설팅과 아울러 관련 업체 선정, 공동구매 등의 사업을 하고 있다. 이처럼 사람들에게 관심이 있을만한 주제를 정해서 직접 커뮤니티를 꾸미고 이 커뮤니티를 활성화해서 새로운 사업의 밑거름으로 삼을 수 있다.

처음에는 순수한 취미 커뮤니티인 척 하다가 회원들이 어느 정도 모이면 갑자기 상업성을 띄는 커뮤니티가 있는데 이런 경우는 회원들에게 신뢰를 받지 못하고 중간에 와해될 소지가 많다. 처음부터 자신의 입장을 솔직하게 밝히고 그러면서도 성실하게 커뮤니티를 관리하고 좋은 내용의 컨텐츠를 제공한다면 회원들이 오히려 사업의 응원군이 될 것이다.

:: 커뮤니티를 활용하여 창업을 준비할 때 주의할 점

1) 커뮤니티에서 가장 중요한 것은 평판이다. 나쁜 평판이 돌지 않도록 공정하고 투명하게 커뮤니티 활동을 해야 한다.
2) 인터넷 커뮤니티에서 활동해 본 경험이 없다면 새롭게 커뮤니티를 만들기 전에 반드시 기존 커뮤니티에 가입해서 활동해 본다.
3) 커뮤니티에서 받은 만큼 회원들에게 돌려준다는 생각으로 커뮤니티를 운영한다.
4) 각 포털사이트나 카페 등의 정책을 확인해서 불이익을 당하지 않도록 한다.

section 05 카페 운영자를 위한 커뮤니티 마케팅

카페를 개설하는 것은 쉬운 일이다. 카페 기능이 있는 포털사이트에 가입한 후 클릭 몇 번만으로도 만들어 진다. 그러나 카페를 개설한 후 회원을 모으고 활성화 시키고 인기 카페로 만드는 것은 무척 어렵다. 카페를 많은 사람들에게 알리고 가입하게 하려면 카페에 사람들을 끌어들일 수 있는 매력이 있어야 하기 때문이다.

:: 운영에는 돈이 든다

카페 운영자라면 자신의 카페를 활성화시키고 회원들에게 좋은 혜택을 주고 싶은 마음이 있을 것이다. 그러나 우수 회원에게 상품을 주고 싶거나 카페 관련 행사를 벌이고 싶어도 모든 활동에는 돈이 들게 마련이다. 그리고 포털사이트에 있는 카페가 아니고 독립 커뮤니티라면 서버 비용과 도메인 비용 그리고 사이트를 리뉴얼 하는 비용도 만만찮게 든다. 그러나 온라인 커뮤니티의 특성상 일일이 회비를 걷을 수도 없는 일이다.

이럴 때 커뮤니티 마케팅을 활용하면 회원들에게 더 좋은 서비스를 제공하고 운영자의 부담을 덜 수 있다. 커뮤니티는 공통의 관심사나 취미, 나이, 지역 등으로 형성되기 때문에 기업으로서는 타깃팅 된 소비자를 만날 수 있는 최적의 장소이다. 이 장점을 활용해서 기업과 제휴를 한다면 그 수익으로 카페 회원들에게 좀 더 좋은 환경과 서비스를 제공할 수 있을 것이다.

가장 우선 생각할 수 있는 것은 배너 광고나 구글 애드센스, 다음 애드클릭스 등이 있을 것이다. 그 외에도 공동구매를 통해서 저렴한 가격에 물건을 구매한다던가 이벤트 프로모션을 제휴해서 회원들에게도 이익이 되고 카페의 활성화에도 도움을 줄 수 있다.

카페 마케팅의 방법

1. 배너 광고
2. 구글 애드센스, 다음의 애드클릭스 등의 문맥 광고
3. 공동구매
4. 이벤트 제휴

▲ 다음의 '취업뽀개기' 카페의 메인에 걸린 배너 광고

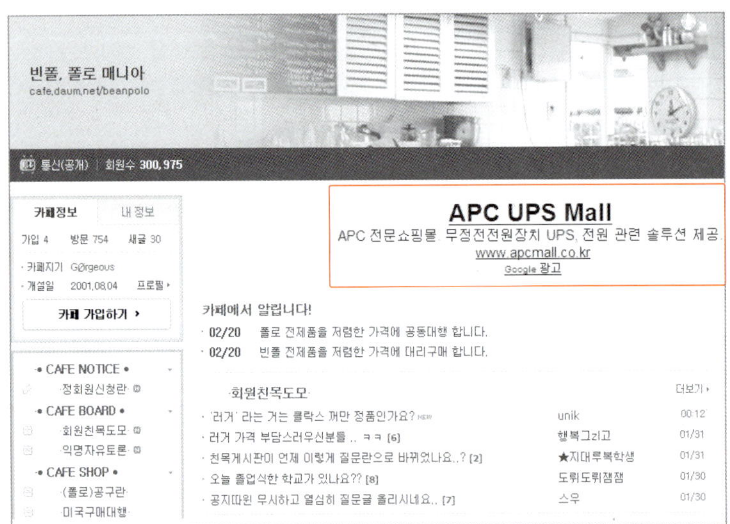

▲ 다음의 '빈폴, 폴로 매니아' 카페에 설치된 구글 애드센스

:: 뭉치면 돈이 된다

당장은 카페의 규모가 작아서 기업들에게 매력적이지 못하더라도 커뮤니티 마케팅을 할
수 있는 방법이 있다. 그것은 바로 여러 카페가 함께하는 것이다. 비슷한 주제의 카페들
은 서로 경쟁 관계이기도 하지만 어차피 한 길을 가는 친구이다. 공동의 목표를 위해서
서로 뭉친다면 좋은 효과를 볼 수 있을 것이다.

▲ 인터넷 커뮤니티 연합 시솝 클럽(http://www.sysopclub.com)

비슷한 카페를 일일이 찾아 다니기 어렵다면 커뮤니티 연합을 활용해 보자. 우리나라 유
일의 온라인 커뮤니티 연합인 시솝 클럽(http://www.sysopclub.com) 에는 현재 분야
별 대표 커뮤니티가 약 450개 가량 가입되어 있고 커뮤니티 총회원수는 2000만 명 이상
에 달한다. 이 시솝 클럽을 활용한다면 자신이 운영하는 커뮤니티를 활성화 할 수 있는
좀 더 다양한 방법을 찾을 수 있을 것이다.

section 06 오프라인 사업자를 위한 커뮤니티 마케팅

자신이 온라인과는 관계가 없는 오프라인 사업자라고 해서 온라인에 대해서 무심하다면 큰 기회를 놓치는 셈이다. 왜냐하면 잠재적인 고객들이 모여있는 곳이 바로 온라인 공간이기 때문이다. 사람들이 맛집을 찾아서 인터넷을 뒤지는 일은 이미 일상이 되었고 인터넷에서의 식당 리뷰가 식당의 흥망을 좌우하는 경우도 있다. 위험 요소는 줄이고 새로운 고객을 개척하기 위해서, 오프라인 사업자라고 하더라도 커뮤니티 마케팅을 활용하는 것은 이제 필수가 되어가고 있다.

:: 당신이 모르는 인터넷 평판

온라인에 홈페이지를 만들고 유명 사이트에 배너를 달아서 인터넷 홍보를 하는 것은 오프라인 상점에서도 많이들 하고 있는 마케팅이다. 그렇지만 홈페이지를 만드는 일에도 돈이 들어가고 막상 만들어도 관리가 쉽지 않으며, 배너 광고 또한 효과에 비해서 많은 비용이 들어가게 되어서 부담이 된다.

인터넷을 활용해서 좀 더 정확한 고객을 대상으로 효과적으로 홍보를 하려면 커뮤니티를 활용하는 것이 좋다. 많은 비용을 들여서 인터넷 광고를 하기 전에 우선 검색 포털사이트에 자신의 상점 이름을 검색해 보라. 블로그, 뉴스 기사, 카페 글, 지식인, 지역 정보 등에 자신의 상점이 검색되지 않았다면 홍보하기 좋은 인터넷 공간을 낭비하는 셈이다. 요즘 사람들은 저녁 한 끼를 먹거나 감기에 걸려서 병원에 가도 인터넷으로 검색해서 가려는 경향이 많기 때문에 검색이 안 된다면 당신은 잠재 고객을 놓치는 셈인 것이다.

만일 당신의 상점을 검색했을 때 검색이 되기는 하는데 부정적인 내용이 많을 수도 있다. 이런 경우는 당신의 잠재 고객이 당신의 상점을 방문하기도 전에 부정적인 소문 때문에 발길을 돌리게 됨으로 정말 큰일이다. 인터넷에서의 부정적인 소문은 삭제하거나 반론하기가 쉽지 않을뿐더러 기업의 광고보다는 같은 네티즌의 체험 평가를 더욱 신뢰하는 경향이 있기 때문이다. 역으로 이런 상황을 잘 활용해서 긍정적인 반응을 이끌어 낸다면 비록 오프라인 사업일지라도 온라인 홍보의 날개를 달아 매출이 증가할 수 있게 된다.

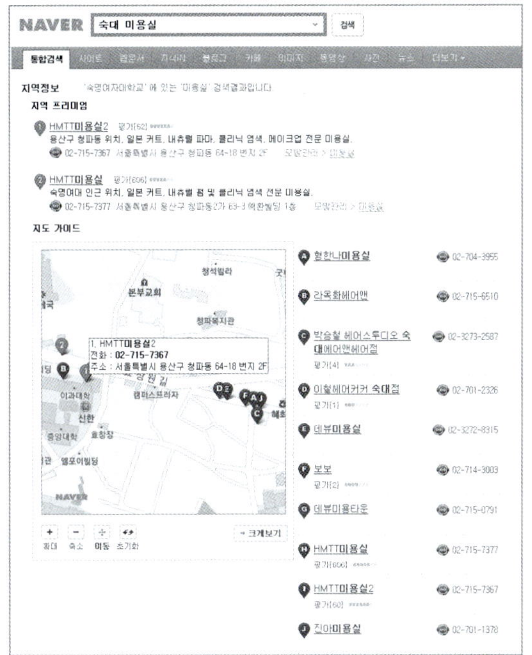

◀ 네이버에서 '숙대 미용실'을 검색했을 때 나오는 지역 정보

최근 필자는 집 근처 미용실을 찾기 위해 '숙대 미용실'로 검색을 했더니 댓글수가 무려 606개나 있는 미용실이 눈에 띄웠다. 궁금하기도 하고 내용 확인도 할 겸 해서 'HMTT 미용실'을 방문했다. 댓글 내용은 대부분 친절하고 서비스가 좋다는 내용이었고 필자가 직접 가보고 머리를 자른 결과 필자도 서비스 등에 만족하여 해당 미용실의 평가와 체험 후기를 적게 되었다. 이후에 다시 그 미용실에 가서 미용실 관계자와 얘기하다가 댓글에 대해 언급을 했더니 원장님이 선물도 주셨다.

이처럼 인터넷 포털사이트의 지역정보에서는 숙대 근처의 미용실 위치뿐만 아니라 회원들이 직접 작성한 평점과 의견을 볼 수 있다. 이 곳에 처음 방문하는 사람이라면 지역 정보에 있는 다른 사람들의 평가를 보고 갈지 말지를 판단하게 된다. 그러므로 이런 곳에 숨어있는 평판을 방치한다면 자기도 모르게 큰 손실을 입는 것이다. 또한 소리 소문 없이 단골을 확보함으로써 입소문 마케팅을 실현할 수 있는 훌륭한 출발점이 되고 있다.

:: 알바성 글은 NO!

인터넷에서 자기 상점의 평판을 올리기 위해서는 커뮤니티 마케팅이 필요하다. 종종 커뮤니티 마케팅을 단순히 자사의 홍보 문구를 댓글이나 게시물로 도배하는 것으로 여기는 경우가 있다. 이런 홍보성 글의 경우 단기적으로는 효과를 볼 수도 있겠지만 장기적으로는 오히려 평판을 떨어뜨리는 일이 된다는 사실을 인지해야 한다. 커뮤니티 마케팅은 기본적으로 신뢰를 바탕으로 하고 있기 때문이다.

커뮤니티 마케팅의 방법은 다양하다. 우선 단기적으로는 자신의 상점에 온 고객들에게 이벤트를 하여 인터넷 평을 쓰도록 유도하거나, 특정 커뮤니티를 대상으로 할인 이벤트 등을 펼쳐 우호적인 내용의 글을 인터넷상에 많이 퍼뜨리도록 하는 방법이 있을 수 있다. 좀 더 장기적으로는 블로그나 카페 등의 커뮤니티를 꾸리거나 제휴를 해서 입소문을 퍼뜨리는 방법도 있을 수 있다.

:: 인터넷 커뮤니티 홍보 방법

1) 주고객이 인터넷을 많이 사용하는 층이라면 오프라인 사업자라고 해도 인터넷에 근거지는 하나쯤 만들어 두는 것이 좋다. 만들기 쉽고 업데이트가 간편한 블로그를 만들어서 기본적인 정보를 올린다. 길을 가다가 당신의 가게를 지나쳤던 사람이 우연히 검색을 할 수도 있다는 것을 명심하자.

2) 블로그를 만들었다면 검색 사이트에 등록을 한다. 네이버, 다음, 야후에는 반드시 등록을 하도록 한다. 등록비는 무료이다.

3) 방문했던 고객이 인터넷으로 좋은 평을 남길 수 있도록 유도한다.

4) 관련 카페 등과 제휴해서 이벤트를 한다.

▲ 네이버 '산골총각 서울아가씨' 블로그(http://blog.naver.com/hong10694)

네이버의 '산골총각 서울아가씨'(http://blog.naver.com/hong10694)라는 블로그는 대구 팔공산 근처에 위치한 전통 식당과 그와 연계된 전통 식품 쇼핑몰을 홍보하기 위한 블로그이다. 이 블로그에서는 음식점을 홍보하는 내용보다는 요리법이나 주인장의 사는 얘기가 더 많은 부분을 차지한다. 그런 글에 이웃 블로거들의 댓글이 주렁주렁 달려서 마치 전통 식품을 주제로 한 동네 사랑방 같은 느낌을 준다.

커뮤니티 마케팅의 특성상 너무 직접적인 홍보보다는 이미지를 좋게 하고 소비자와 신뢰를 쌓는 것이 장기적으로 더 크게 도움이 된다. 이 곳에서 블로그 주인장에게 호감을 가진 사람이라면 이 블로그 주인이 만드는 음식도 믿고 사먹을 것이다. 한 번 충성심을 보인 소비자는 쉽게 마음을 돌리지 않기 때문이다. 그러니 무리하게 홍보를 하지말고 자연스럽게 소비자와 커뮤니케이션 하는 것이 좋다.

그리고 정기적으로 이벤트를 열어 방문해 준 소비자에게 감사를 표하고 재방문을 유도한다. 이 때 이벤트 경품은 자신의 상품을 줘서 입소문 마케팅을 유발할 수 있게 하는 것도 좋다.

```
#줄리아님의 와촌식품 방문포스트
http://blog.naver.com/hongl0694/90025549356

#와촌식품 제품을 이용한 줄리아님의 요리들
http://blog.naver.com/hongl0694/90023029545

#배추잡채
http://blog.naver.com/hongl0694/90022141682

#호박범벅
http://blog.naver.com/hongl0694/90022827074

#송이 전복 새우 볶음요리
http://blog.naver.com/hongl0694/90023783634

---------------------------------------------------

이벤트 방법은 저번과 같이
저희와 이웃추가 혹은 서로이웃을 신청해주시고
이 포스트를 이웃님들의 블로그에 스크랩해주시고 (메모로그가 아닌 블로그에 스크랩해주세요~)
스크랩한 주소를 이 포스트의 덧글에 남겨주시면 됩니당^^
이벤트기간은 2008년 1월 11일 ~ 1월 18일 금요일까지 입니다~~
원래 이웃이 아니었다고 절대 망설이지 마세요~~!
지난번 이벤트에 당첨된 분들도 참여가능해용^^
```

▲ 네이버 산골총각 서울아가씨 블로그 이벤트 페이지

:: 오프라인 사업자가 커뮤니티 마케팅을 할 때 주의할 점

1) 좋은 서비스와 제품이 커뮤니티 마케팅의 기본이다.

2) 사람들의 시선을 끌 수 있는 차별화된 시도가 필요하다.

3) 이벤트 위주가 아니라 인간적인 매력으로 다가가는 것이 중요하다.

기업을 위한 커뮤니티 마케팅

기업을 둘러싼 마케팅 환경은 점점 변화하고 있다. 대기업에서 막대한 비용을 써서 마케팅을 하더라도 중소기업에서 적은 비용으로 실시한 마케팅에 밀리는 경우도 있다. 이는 오프라인 못지않게 온라인에서의 소비자 평판이 중요해 졌기 때문이다. 대기업이든 중소기업이든 인터넷 공간에서 소비자들의 환심을 사기 위해서는 커뮤니티 마케팅을 활용하는 것이 가장 효과적이다.

:: 기업 커뮤니티 마케팅의 필요성과 사례

예전처럼 기업의 광고를 그대로 믿는 소비자는 이제 없다. 현재의 소비자는 일방적인 광고에 노출되기보다는 질문을 하거나 의견을 내면서 기업과 소통하기를 원하는 성향이 점점 더 커지고 있다. 그런 소비자의 요구에 맞추려면 기업은 필연적으로 소통의 방법을 찾아야 하는데 비용에 비해 효과가 가장 큰 방법이 바로 인터넷 커뮤니티 마케팅인 것이다.

● 직접 커뮤니티 사이트를 꾸린다

어떤 기업은 아직도 인터넷 마케팅이라고 하면 프로모션 이벤트나 배너 광고만을 생각한다. 그러나 풍부한 인터넷의 공간을 단지 이벤트나 배너형 광고만으로 활용한다는 것은 큰 낭비가 아닐 수 없다. 인터넷은 사람들이 소통하는 공간이고 그 중심에 커뮤니티가 있다. 이 곳에서 자사의 브랜드 이미지를 강렬하게 심어준다면 어떤 마케팅보다도 훌륭한 성과를 나을 것이다.

▲ LG생활건강의 엘슈머(http://lsumer.lgcare.co.kr)

기업에서 할 수 있는 커뮤니티 마케팅의 방법에는 여러 가지가 있다. 첫 번째로 직접 커뮤니티를 만들어서 소비자에게 유익한 정보를 올리고 각종 이벤트를 통해서 방문자를 불러모으는 방법이다. 체험단이나 모니터 요원, 입소문 마케터 등을 선발해서 활동한다면 더욱 큰 광고 효과를 기대할 수 있을 것이다. LG생활건강의 엘슈머(http://lsumer. lgcare.co.kr/) 사이트는 바로 이런 방법을 사용해서 입소문 마케터를 선발하여 자체적인 커뮤니티를 꾸렸다. 신제품 출시나 기존 제품에 대한 홍보 활동에 보상하여 '입소문 마케터' 들이 여러 커뮤니티에 전파시켜 그 효과를 보는 것이다. 이 경우는 입소문 마케터들을 기업에서 직접 관리할 수 있고 안정적으로 운영할 수 있다는 장점이 있다. 그러나 커뮤니티를 직접 꾸리고 관리해야 하므로 시간과 비용, 인력의 측면에서 부담이 있을 수 있다.

● 커뮤니티의 문을 두드린다

커뮤니티를 꾸리는 것이 부담되는 기업들은 기존 커뮤니티와 제휴해서 체험단이나 리뷰 이벤트들을 진행할 수 있다. 기업의 타깃(Target)이 되는 소비자가 많이 활동하는 커뮤니티의 문을 두드리는 것이다. 문을 두드리기 전에 해당 커뮤니티와 운영자의 특성을 파악하는 것이 중요하다. 커뮤니티는 블로그와 카페, 그리고 독립 커뮤니티가 있으므로 각각의 특성에 맞게 제휴를 한다. 최근에는 기업과 입소문 마케터를 연결해 주는 사이트도 많이 있으니 이를 이용해도 좋겠다. 이런 사이트로는 소비자닷컴(http://www.soviza.com), 체험닷컴(http://www.chaehum.com), 소비자모니터센터(http://cmc.azoomma.com) 등이 있다.

● 파워 블로거와 제휴한다

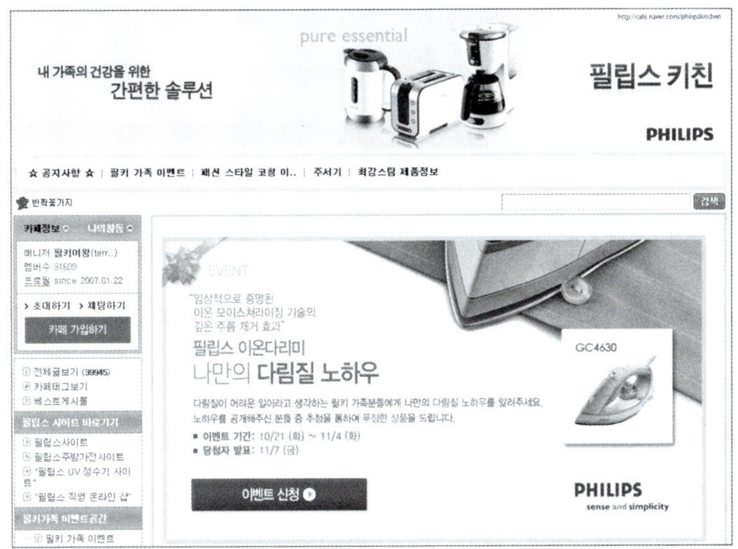

▲ 필립스 키친 카페(http://cafe.naver.com/philipskitchen)

가전 브랜드인 필립스는 필립스 키친(http://cafe.naver.com/philipskitchen)이라는 네이버브랜드 카페를 운영한다. 이 카페에는 문성실 씨(http://blog.naver.com/shriya) 등 주부 파워 블로거들이 고정 카테고리를 맡아서 필립스의 제품을 사용한 사용 후기와 다양한 요리 레시피를 올려서 다른 주부들에게 유익한 정보를 전하고 있다. 필립스 카페는 이들을 활용해서 컨텐츠의 질을 높이고 이들의 유명세로 방문자를 확보한 후 각종 체험 이벤트 행사를 통해 입소문 홍보를 한다. 주로 체험 이벤트와 블로그 이벤트 등 소비자들이 직접 체험한 내용으로 필립스를 홍보하게 하는 마케팅 방법을 사용하고 있다.

● 블로그로 소비자에게 좀 더 가까이

▲ 풀무원의 '아주 사적인 이야기' 블로그(http://blog.pulmuone.com)

블로그를 통해 친근하게 기업의 이미지를 전달하는 기업 블로그로 풀무원의 '아주 사적인 이야기' 블로그가 있다. 2008년 2월에 만들어진 블로그인데 2009년 3월 현재 256개의 글과 294,060명의 방문자를 기록하고 있다. 풀무원 블로그 관리자인 '풀반장' 이 풀무원 기업과 제품, 그리고 식품과 건강에 관련된 이야기를 리포터 형식으로 소개를 한다. 기업의 친환경적 이미지를 전달하고 사람 냄새나는 블로그라는 평을 받고 있다.

블로그는 사람과 사람의 1:1 소통 장소인 만큼 가식 없고 진실한 마음으로 소비자에게 다가가는 것이 중요하다. 기업이 소비자에게 보여주고 싶은 내용만 일방적으로 보여주기보다는 속살을 드러내고 소비자의 이야기를 귀담아 듣는 자세를 가진다면 소비자도 열린 마음으로 기업의 블로그를 환영할 것이다. 다만 너무 조급히 생각하지 말고 신뢰를 얻기 위해 꾸준히 노력하는 자세를 보여야 함은 물론이다.

:: 기업 커뮤니티 마케팅을 할 때 주의할 점

1) 지나치게 상품 홍보에만 집중해서는 안 된다.

2) 부정적인 의견도 수용할 수 있어야 한다

3) 제휴 커뮤니티 블로그를 도구로 생각해서는 안 된다.

4) 장기적인 계획과 실행이 필요하다.

Tip & Know How

당신도 커뮤니티 마케팅을 할 수 있다

- 주부의 경우 자신의 일상 생활에서 주제를 잡고, 동네사랑방과 같은 커뮤니티를 꾸려서 활성화 시킨다면 이를 바탕으로 새로운 경력을 만들 수 있다.
- 대학생과 구직자의 경우 전문성과 성실성을 나타낼 수 있는 방법으로 커뮤니티 마케팅을 활용 한다.
- 직장인이라면 자신의 전문분야를 확장하거나 새로운 분야에 도전하기 위해서 커뮤니티를 활용 하는 것이 유리하다.
- 창업 준비자가 커뮤니티 마케팅을 활용한다면 사전 조사와 마케팅에 있어서 비용과 시간을 절약 할 수 있다.
- 카페 운영자의 경우 카페를 알리고 운영자금과 회원 이벤트를 하기 위해서 커뮤니티 마케팅을 활용하는 것이 좋다.
- 오프라인 사업자도 온라인에서의 평판을 잘 관리한다면 사업에 큰 도움이 된다.
- 대기업이든 중소 기업이든 기업의 성격에 맞는 커뮤니티 마케팅을 통해 소비자에게 신뢰를 줄 수 있다.

Community Marketing

커뮤니티 마케팅 시작!
어디서 어떻게 만들 것인가?

Section 01 카페냐 블로그냐 자체 사이트냐?

Section 02 포털사이트에서 광고가 가능한가?

Section 03 목적에 따른 맞춤형 커뮤니티를 설계하라

Section 04 포털에서 카페 만들기

Section 05 포털 블로그냐? 설치형 블로그냐?

Section 06 오픈 커뮤니티 개설과 도메인 확보

분야별 커뮤니티 마케팅의 성공과 실패 사례, 그리고 다양한 분야별로 적용할 수 있는 가능성에 대해 앞장에서 살펴보았다. 그럼 실제로 커뮤니티 마케팅을 시작하려면 어디서 시작해서 어떻게 만들어야 하는지 알아보자.

section 01 카페냐 블로그냐 자체 사이트냐?

커뮤니티 마케팅을 시작하기 위해서는 우선 둥지를 어디에 두어야 할지 결정해야 한다. 많은 회원을 가질 수 있는 카페로 갈 것인가? 또는 나만의 공간을 만들어서 여러 사람들이 방문할 수 있는 블로그를 만들 것인가? 아니면 정말 비즈니스를 위한 자체 사이트를 활용해야 할 것인가? 이러한 고민들을 하나 둘씩 파헤쳐 보자.

:: 커뮤니티 마케팅의 3가지 조건

커뮤니티 마케팅을 시작하기 전에 과연 어느 곳에 어떤 커뮤니티를 만들어야 할지를 먼저 고민하게 되는데 먼저 다음과 같은 3가지 조건을 검토한 후 결정한다.

1) 목적

① 자기 자신만의 자료실 =〉 블로그

② 관심사가 동일한 사람들과 정보 공유 =〉 카페

③ 자신의 사업 또는 기업 홍보 =〉 자체 사이트

2) 인터넷 활용 능력

① 초급: 스크랩 용이 =〉 포털(카페, 블로그)

② 중급: 스크랩 + UCC 제작 가능 =〉 포털 블로그, 설치형 블로그, 포털 카페, 오픈 커뮤니티

③ 고급: UCC 제작+마케팅 활용 =〉 설치형 블로그, 오픈 커뮤니티

3) 경제적 여유 정도

① 돈이 없거나 웹 제작 지식이 없다: 포털 카페, 포털 블로그

② 돈 좀 있거나 웹 제작 지식이 있다: 설치형 블로그, 오픈 커뮤니티

3가지 조건 대해 이의를 제기하는 사람은 거의 없을 것이다. 결국, 초창기에는 포털사이트에서 활동하다가 어느 정도 웹을 다루는 능력이 생기고 그 분야에 고수가 되면, 설치형 블로그나 오픈 커뮤니티, 혹은 둘 다 운영하게 되는데 이것이 가장 바람직한 흐름이라고 볼 수 있다.

:: 카페로 시작하기

만약 현재 옷 장사나 술집을 하게 되어 온라인 마케팅을 한다면 카페를 개설해서 운영하는 게 가장 적합하다고 생각한다. 왜 그럴까? 블로그는 단시간에 개인적인 브랜드를 키우거나 자신의 가게를 알리는 데는 효과가 좋지만 그 이상의 이벤트를 하기에는 여러 한계가 있기 때문이다. 게다가 블로그는 블로그 주인만이 컨텐츠를 올릴 수 있기 때문에 안정적으로 컨텐츠를 업데이트 하기 어려운 경우가 발생한다. 그러나 카페는 시간이 지나면 적은 노력으로 안정적인 운영을 할 수 있다는 장점이 있다.

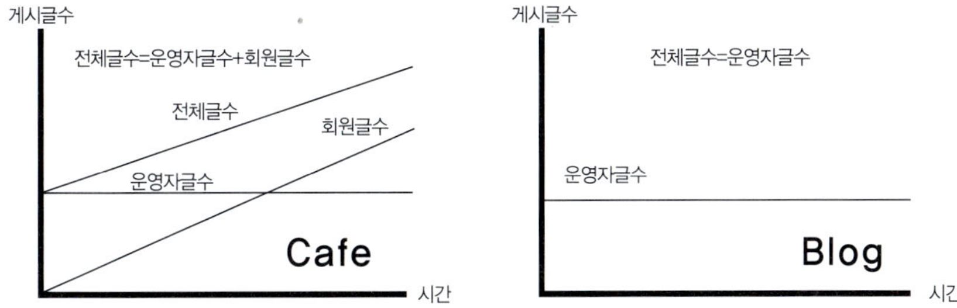

▲ 시간에 따른 카페와 블로그의 게시글 수 변화

어느 정도 활성화 된 카페는 시솝이 카페 방문조차 하지 않아도 회원들끼리 글을 작성하고 댓글을 쓰는 등의 활동을 하기 때문에 자체적으로도 게시글과 회원 유치가 일어날 수 있다. 지속성과 순발력 측면에서 블로그보다 카페가 낫다는 것이다.

그리고 당신의 옷 가게에 반짝 세일을 한다고 했을 때, 블로그 방문자들에게 그 소식을 직접적으로 알릴 수 있는 방법이 없다. 하지만, 카페는 회원들을 대상으로 전체 쪽지나 메일을 보내어 신속하게 새로운 소식을 전할 수 있다. 그리고 블로그에 정보를 올렸을 때는 방문자수가 늘어나지만, 카페에 정보를 올렸을 때는 그 정보를 보고 방문자가 회원 가입을 하기 때문에 카페에 식구들이 늘어가는 재미를 느낄 수 있고 좀 더 안정적인 커뮤니티 환경이 생기게 된다.

〈표 7-1〉 깜짝 이벤트 시 전달 방법의 차이(카페 vs 블로그)

구분	카페	블로그
직접전달	전체메일, 전체쪽지 메신저 등록회원 전달	×
간접전달	불특정 방문자	불특정 방문자

카페와 오픈 커뮤니티를 비교해도 카페가 유리하다. 우선 카페는 개설하고 운영하는 것이 쉽다. 처음 시작부터 굳이 어렵게 오픈 커뮤니티 만들 필요는 없다는 것이다. 따라서 이 책은 블로그나 오픈 커뮤니티보다 카페를 위주로 한 커뮤니티 마케팅 노하우와 운영에 관해서 집중적으로 다루고 있다.

:: 블로그로 시작하기

블로그에서 제대로 된 마케팅을 하려면 하루에 만 명 이상은 방문하는 파워 블로그가 되어야 한다. 파워 블로그가 되려면 그 분야에서 고수가 되어야 하는데 그러기 위해서는 많은 지식과 경험이 필요하다.

▲ 2008 네이버후드 수상 블로그 − 애플의 라벨뮤지엄(http://blog.naver.com/creamhouse7)

하지만, 처음부터 그렇게 하기가 쉽지 않으므로 초기에는 블로그의 기본 사용법을 익힌 다음에 관심 있는 정보와 뉴스, 그리고 다른 사람의 정보를 스크랩하거나 자신의 사진 등을 올리는 기본적인 것부터 시작한다. 천천히 일기 형태로 하루에 조금씩 컨텐츠를 만들어 가는 것이 좋다.

블로그에서 시작하려면 처음부터 너무 파워 블로그처럼 수준 높은 컨텐츠를 만들려고 하지 말고 서서히 블로깅을 해 나가면서 자신의 레벨을 올리는 것이 중요하다고 생각된다. 커뮤니티 마케팅을 처음 시작하는 사람이라면 먼저 블로그를 개설하고 기본 사용법을 익힌 다음에 카페나 오픈 커뮤니티를 개설할 것을 권하고 싶다. 블로그는 블로그만의 장점이 있기 때문이다.

가령, 카페를 운영하면서 자신이 직접 쓴 글 같은 것은 블로그에 올려주면 카페 유입에도 도움이 될 것이다. 그럼, 블로그의 장점은 어떤 것이 있을까? 왜 사람들은 블로그를 운영하게 되는 것인가?

블로그의 장점
- 관리 및 운영이 쉽다.
- 스크랩이 용이하고 업데이트 하기가 쉽다.
- 검색 엔진이 잘 검색할 수 있는 구조로 되어있다.
- 트랙백 기능으로 인해 여러 단계를 거쳐서 널리 퍼져나갈 수 있다.
- 설치형 블로그의 파워 블로그의 경우 광고 유치가 가능하다.
- 자신의 상점, 카페 등을 홍보하는 간접 수단으로 이용이 가능하다.

커마스 카페 회원 중에서 블로그를 이용해서 자신의 가게를 홍보하는 커뮤니티 마케팅을 잘 하고 있는 몬드리안 님의 경우를 보자.

[서울경기도] 송년회하기 좋은곳 ① ~여행맛집축제   2008.11.06 11:58

몬드리안(sieg2) 신입   http://cafe.naver.com/hongmario/595 [주소복사]

송년회하기 좋은곳

선룡역 10번출구 선룡공원옆에 (몬드리안)이란 와인바가 있습니다.

80명 수용인원에 주차/마이크/노래방/음향시설 완비..

별도 대관료는 받지않고 1인당 3만원에

와인/맥주/칵테일/식사/부페식안주 무제한제공입니다.

▲ 몬드리안 님이 커마스 카페에 올린 홍보 게시글

송년회 준비를 하기 위해 이런 저런 키워드로 검색을 했더니 몬드리안 님의 블로그가 나왔다. 검색한 키워드는 '송년회 하기 좋은 곳', '회식하기 좋은 곳', '피로연하기 좋은 곳', '생일파티 하기 좋은 곳', '강남역 피로연하기 좋은 곳', '선릉역 회식하기 좋은 곳', '강남에 너무나 예쁜 카페를 소개합니다.' 등이었다. 그런데 매번 키워드를 달리해서 검색을 했는데도 항상 같은 내용의 글이 나오는 것이 눈에 띄었다. 살펴보니 몬드리안 님의 가게를 소개하는 글이었다.

이처럼 같은 내용을 키워드에 맞게 제목을 달리해서 여러 블로그에 작성한 후 검색을 통해 자신의 가게를 홍보하는 방식은 블로그의 특징을 잘 이용한 마케팅 방식이다. 날짜가 맞지 않아서 아쉽게 이곳에서 송년회를 하지는 못했지만 몬드리안 님은 다음에라도 언제든지 이용해 달라고 따뜻하게 말씀해 주셨다. 이처럼 자연스럽게 접근해서 나중에 소주라도 한 잔 하면서 친해지는 것이 어쩌면 커뮤니티 마케팅의 첫 단추가 아닐까?

:: 자체 사이트로 시작하기

자체 사이트를 만들려면 일단 돈이 있어야 한다. 혹시 아는 웹디자이너와 개발자가 있다고 해도 공짜로는 사이트를 제작하기 어려울 것이다. 그리고 혹시 자신이 디자인과 개발, 기획까지 다 한다고 하더라도 서버 호스팅 비용 등을 생각하면 초창기에는 무조건 돈이 들어갈 수 밖에 없다.

자체 사이트로 시작하려고 하는 이들은 크게 많지 않다고 생각하지만, 창업 준비를 하거나 사업을 준비하는 자는 홈페이지가 있어야 할 것이다. 홈페이지 개설 방법에 대해서는 이미 시중에 여러 자료들이 있으니 여기서 구체적인 언급은 하지 않지만 자체 홈페이지를 준비하시는 분들에게 당부할 것이 몇 가지 있다.

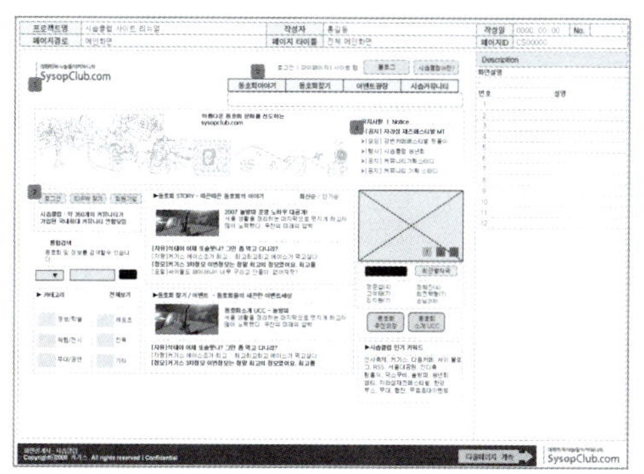 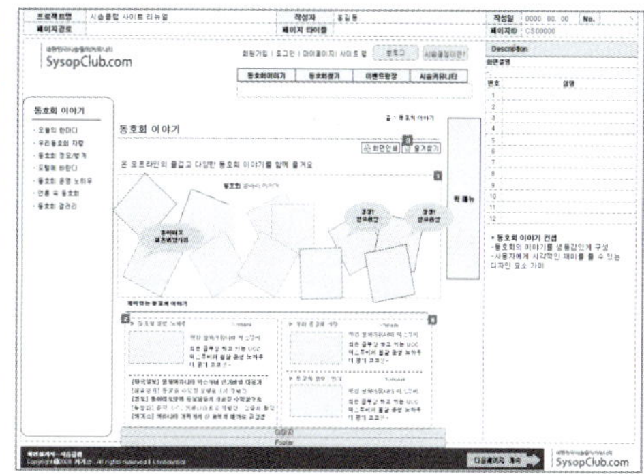

▲ 시솝클럽 자체 사이트 제작을 위해 파워포인트로 만든 스토리보드

1) 지금 꼭 무리해서 만들 필요가 있을까 한 번 생각해 봐야 한다.

　일단은 카페부터 만들고 나서 해도 늦지 않은 경우도 있기 때문이다.

2) 우선 도메인은 확보하는 것이 좋다.

3) 사이트를 만들 때 메뉴 구성을 잘 해야 한다.

4) 제작 업체를 잘 선정해야 한다.

　해당 업체가 적당한지를 알아보기 위해서는 검토해야 할 것이 많다. 일단 여러 군데 견적을 내는 것이 좋으며 업체의 포트폴리오를 꼼꼼히 확인해야 한다.

5) 가격 협상을 잘 해야 한다.

　업체보다는 프리랜서가 싸다 하지만 프리랜서는 시간 약속이 느리고 신뢰도가 떨어질 수 있다 그래서 반드시 계약서를 작성해서 진행해야 한다.

6) 선정된 업체로부터 스토리보드(사이트 각 페이지 구성)를 철저히 검토해서 수정할 부분은 즉각적으로 알려줘야 한다.

7) 디자인 시안을 적어도 2개 이상 받아서 어떤 디자인이 나은지 판단해야 한다.

8) 사이트가 기간 내에 잘 진행되고 있는지 중간 체크를 하고 필요하다면 수시로 미팅을 해서 커뮤니케이션을 해야 한다.

9) 사이트 개발 완료 후 오류 사항이 없는지 다양한 테스트를 하는 검수 작업을 꼼꼼히 해야 한다.

10) 서버 호스팅 업체 선정 및 사이트 디자인 개발 유지보수에 관한 추가 계약을 해야 한다.

우리가 흔히, 커뮤니티 형태를 띤 사이트를 오픈 커뮤니티라고 한다. 자체 사이트 중에서도 게시판 영역을 무척 강조한 형태를 말하는데, 이런 오픈 커뮤니티는 회원수 증가와 회원 참여를 극대화 하는 카페의 장점을 그대로 가져온 자체 사이트라 할 수 있다.

그럼, 오픈 커뮤니티가 포털 카페와 비교할 때 어떤 장단점이 있을까?

〈표 4-1〉 카테고리 별 커뮤니티 종합 정리

구분	오픈 커뮤니티	포털 카페
회원 모집	검색용이, 회원 모집 쉬움	검색, 회원 모집에 초기 비용이 어갈 수 있음
기능/디자인	기획한 의도에 맞게 개발됨 디자인 변경이 쉽지 않음 아이덴티티를 반영하기 쉬움	다양한 관리기능 지원 확장 및 수정 불가능 스킨 및 메뉴 기능을 활용해서 쉽게 디자인이 변경이 가능함
확장성	좋음	나쁨
홍보	비용에 대한 지출이 있음	포털사이트의 검색 기능과 랭킹 기능을 통해서 홍보 가능
제약 조건	없음	포털 정책을 준수해야 함
비용	유료	무료
구축기간	계획 및 규모에 따라서 달라짐	개설 신청 시 바로 개설됨

도표에서 확인한 바와 같이 처음엔 포털사이트가 낫지만 나중에 마케팅을 활용하려면 오픈 커뮤니티가 유리함을 알 수 있다. 실질적으로 최근 포털 카페에서 오픈 커뮤니티로 전환하는 사례도 매우 많다.

다음 사진은 한때 덕스무비(www.ducksmovie.net)가 자체 오픈 커뮤니티를 만들어 다음 카페 영화시사회 분야 1위 차지하던 카페의 사례다. 초기에는 카페에서 많은 회원 유입이 힘들었지만 시간이 지나면서 정착을 하였고, 지금은 다음 카페 때문에 더욱 더 활성화되었다. 그 외에도 구글 광고 등으로 짭짤한 재미를 보고 있다.

▲ 덕스무비 자체 사이트 vs 덕스무비의 다음 카페

요즘은 자체 사이트에서 커뮤니티영역(게시판 등)이 부실해서 포털 카페를 동시에 운영하는 경우가 많은데 덕스무비에서는 카페를 홍보 및 고객 서비스 차원에서 활용하고 있다.

포털사이트에서 광고가 가능한가?

포털사이트에서 과연 광고가 가능할까? 원칙적으로는 'NO'가 정답이다. 그럼 굳이 광고도 안 되는 포털 카페를 만들 필요가 있느냐고 반문하겠지만, 광고와 홍보는 직접적으로 화면에 보이는 것만이 전부는 아니라는 사실을 명심해야 한다. 수많은 기업들과 온라인 마케팅 대행사들은 포털 카페들 중에서 회원수가 많고 활동 지수가 높은 카페들에 큰 관심을 가지고 있다. 그만큼 타깃화 된 마케팅을 하기엔 최적의 장소이고 최고의 효과를 볼 수 있는 곳이기 때문이다. 그럼, 포털사이트에서는 어떤 형태로 광고가 가능할까?

:: 포털사이트에서 가능한 범위는?

포털사이트에서는 기본적으로 카페나 블로그를 비영리 커뮤니티의 공간으로 보고 상업적인 활용에 대한 제재를 가하기도 한다. 그 때문에 운영자가 광고를 하기에는 많은 제약이 따른다. 잘못하면 공든탑이 순식간에 무너지기 때문에 주의점을 꼭 알아야 한다.

● 포털에서 광고 시 주의할 점

포털사이트마다 다소 차이가 있겠지만 메인 화면, 이메일, 게시판 등 여러 부분에서 광고하는 것을 금지하고 있다. 그러므로 광고를 직접적으로 하기는 힘들다. 그럼 어떤 식으로 광고가 가능할까?

포털 카페는 오픈 커뮤니티나 자체 사이트처럼 대문에 배너를 달거나 상품 이미지나 업체 정보를 게시판에 등록하는 것을 금지하고 있다. 그러나 오프라인 모임 때 정모 기념품의 형식으로 협찬품을 배포해서 홍보를 하기도 한다. 또한 제품에 대한 내용은 직접적인 정보를 피하지만 관련이 있는 게시물을 등록하고 해당 제품의 정보를 볼 수 있는 곳을 소개하는 형태로 간접 광고를 할 수 있는 것이다.

그러나 포털 카페에서 광고를 할 때는 다음과 같은 주의사항이 있다.

포털 카페에서 광고를 할 때 주의할 점

1. 광고나 협찬을 하려면 해당 카페와 컨셉이 맞아야 한다.
    - 화장품 샘플을 사용해서 광고를 한다면 화장품과 관련이 있는 패션, 생활 관련 커뮤니티에 광고를 해야 할 것이다.
2. 회원들에게 도움이 되는 정보여야 한다.
    - 회원들은 상업적으로 광고하는 듯한 냄새가 너무 진하면 카페에 대한 이미지도 나빠지며, 운영진에게 반감을 가지기 때문에 광고를 회원들이 필요한 정보 속에 잘 녹여내야 할 것이다.
3. 이벤트에 대한 수익이나 협찬품은 회원들에게 공정한 방식으로 나눠줘야 한다.
    - 카페 광고의 대가로 수익이 들어온다면 운영진이 모두 독식하는 행위는 절대 금물이다. 가장 먼저 회원들을 생각하고 그 다음에는 고생하는 운영진에게 돌릴 필요가 있다.
4. 포털사이트의 약관에 위배되거나 지나친 광고 형태는 절대 금물이다.
    - 포털사이트에서 광고가 신고되거나 접수되어 경고를 받게 되면 자칫 카페가 강제로 폐쇄될 수 있기 때문이다. 항상 어느 정도 선을 지켜가면서 마케팅을 해야 된다.
5. 주변 사례들을 참고하라.
    - 모르면 주변 카페들이 어떻게 하고 있는지 어느 정도의 수위로 광고를 하는 것이 괜찮은지에 대해 유사 카페 시숍에게 물어보거나 포털사이트에 문의를 할 필요가 있다. 사실 어느 정도가 한계인지 애매모호한 부분이 많으므로 항상 사례들을 참고해서 조심스레 진행하는 것이 좋다.

포털 카페에서 광고한 사례들은 많지만 해당 카페의 프라이버시가 있기 때문에 본 책에서는 공개를 하지 않는다. 하지만 여러분들이 가입한 카페의 메일이나 게시물 또는 공지사항을 잘 살펴보면 그러한 예들을 쉽게 찾아볼 수 있을 것이다.

● 이벤트를 통한 마케팅 활용

포털사이트에서 광고하기 가장 쉬운 형태가 바로 이벤트를 활용한 마케팅이다. 진행이 간단하면서도 카페를 방문하는 사람들의 수복을 끌기에 가상 쉬운 방법이기 때문에 내우 유용하다. 연극 카페와 기획사가 제휴하여 대학로에서 공연하는 연극의 단체 관람 이벤트를 한다고 가정하자. 그럼 기획사에서는 카페 회원수와 활동도를 감안해서 30쌍에게는 초대권을 주고 카페 회원 전체에 30% 할인의 기회를 주는 방법으로 이벤트를 할 수 있다.

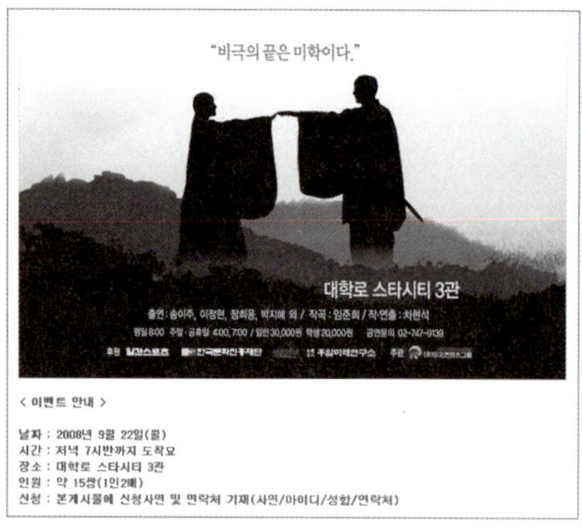

커마스카페에서 진행한 연극 이벤트

이러한 이벤트는 카페 입장에서 회원들에게 연극을 싸게 또는 공짜로 볼 수 있는 기회를 제공하게 되어 좋고, 연극 기획사에서는 많은 회원들이 관람하게 되어 관람 후기 등을 통해 초창기에 입소문 마케팅을 실현할 수 있기 때문에 좋은 홍보가 된다. 이 경우 이벤트 응모는 카페 내에서 게시물이나 댓글의 형식으로 이루어진다.

다른 방법으로는 기업의 이벤트를 카페에서 홍보할 수도 있을 것이다. 이 경우는 링크 등을 통해서 해당 기업의 이벤트 페이지에서 이벤트 응모가 이루어진다. 가령, 기업의 신제품 체험단 모집의 경우에 카페에 회원들이 일정 비율의 당첨을 보장 받는 전제로 이벤트에 응모하게 되면 해당 제품에 대한 리뷰나 글을 카페 회원들이 카페 또는 기업 사이트에 남기게 될 것이다. 이로써 기업은 제품 리뷰를 많이 확보할 수 있고 카페 회원들은 공짜로 해당 제품을 얻게 되는 기쁨을 가지게 된다.

◀ 아쿠아블루 카페(http://cafe.daum.net/aquabluewater)의 체험단 모집 이벤트

● 게시물을 통한 마케팅 활용

게시물을 활용한 마케팅은 카페에서 간접 마케팅을 하기에 가장 적절한 방법이다. 이런 마케팅은 다음과 같은 형태로 진행할 수 있다.

게시물을 통한 마케팅 방법

1. 공지사항 – 공지사항을 통해 많은 회원들에게 노출시킬 수 있는 장점이 있지만 노출 수위를 잘 조절해야 한다.
2. 이벤트 게시판 – 가장 마케팅에 활용하기 쉬운 게시판으로 이벤트 전용 게시판을 통해 회원 참여를 극대화 할 수 있다.
3. 체험 리뷰 게시판 – 업체 제휴를 통해 리뷰 게시판을 만들어서 해당 제품과 상품에 대해 회원들이 리뷰를 올리고 이를 통해 바이럴 마케팅을 실현할 수 있다.
4. 공동구매 게시판 – 업체 제휴를 통해 해당 제품을 싸게 구입할 수 있는 장점이 있어 오래 전부터 커뮤니티에 많이 활용되고 있는 마케팅 방법이다.

위의 4가지를 제외하고도 게시판을 통해 다양한 마케팅이 가능하다. 하지만 위에서 언급한대로 포털사이트에서 마케팅은 조심해야 하기에 항상 수위 조절을 잘해야 한다.

그리고 항상 카페는 마케팅을 하더라도 회원들이 거부감 가지지 않게 조절을 잘 해야 한다.

필자의 두 번째 책「잘 나가는 커뮤니티의 아주 특별한 비밀(대림출판사)」에 나온 설문 조사에 의하면 카페에서 마케팅은 카페 발전을 위해서라면 회원들은 대부분이 공감하고 이해한다고 결과가 나왔다.

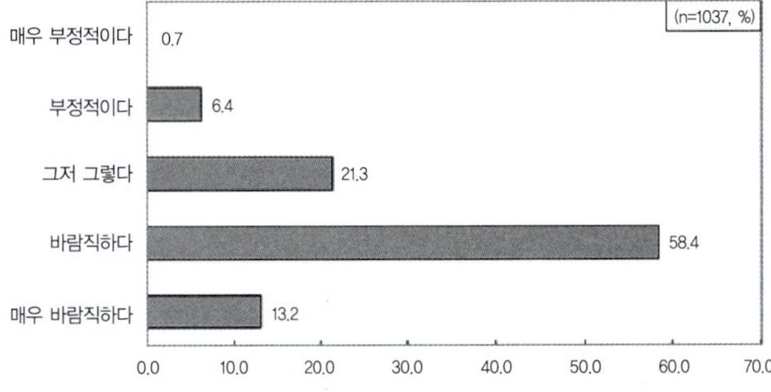

▲ 카페 발전을 위한 마케팅 활동에 대한 회원들의 의견 설문

● 오프라인 모임을 통한 마케팅 활용

오프라인 모임을 통한 마케팅은 필자가 운영하는 시숍 클럽(인터넷동호회 연합모임)에서도 많이 활용하고 있으며, 시숍 클럽 소속 동호회도 많이 활용하고 있다. 축제 등의 행사를 하면 많은 시민들이 참가하기 때문에 시숍 클럽이나 소속 커뮤니티에서 부스를 만들어서 홍보를 한다. 시숍 클럽은 포털 소속 카페들이 많다 보니 이런 행사 때 포털사이트에서 많은 지원을 받기도 한다. 포털사이트에서는 다양한 기념품을 통해 커뮤니티 회원들에게 포털사이트를 홍보하고 포털 소속 카페들은 해당 포털사이트가 행사를 지원해 줌으로써 자부심과 긍지를 가질 수 있게 된다.

국내 최고의 노래방 커뮤니티인 다음카페의 '노래방에 죽고 산다 놀방파(cafe.daum.net/nolbangpa)'의 경우 길거리 노래방 등 다양한 오프라인 모임을 한다. 매주 노래방에서 정모를 실시하기 때문에 가끔은 노래방 협찬으로 할인을 받거나 무료로 이용하기도 한다. 또한 노래방 기기 업체에 협찬을 받아서 회원들에게 경품으로 제공하기도 한다.

이는 마니아들의 집합체인 해당 동호회의 오프라인 모임에 지원을 함으로써 해당 동호회 회원들에게 자연스럽게 제품 홍보를 할 수 있고, 직접 운영진과 친분을 가짐으로써 회원들에게 친숙한 기업 이미지를 가지게 할 수 있다.

▲ 놀방파의 기업 홍보 플랜카드와 길거리 노래방 행사

목적에 따른 맞춤형 커뮤니티를 설계하라

커뮤니티 마케팅을 실현하기 위해서는 목적이 직접 수익이냐? 부가 수익이냐? 아니면 수익이 없는 비영리의 목적이냐를 먼저 결정하고 시작해야 한다. 커뮤니티 마케팅도 계획이 철저하고 여러 가지 경우의 수를 따져보고 심사숙고해서 시작해야만 성공할 수 있는 것이다.

:: 직접 수익 창출형

직접적인 수익을 창출하기 위한 커뮤니티는 오픈 커뮤니티 외에는 거의 없다. 앞에서 언급한 오픈 커뮤니티 개설이 가능한 상태라면 직접적인 수익을 만들기 위한 계획이 필요하다. 어떻게 홍보와 광고를 해서 회원을 모을 것인가? 어떻게 컨텐츠들을 모아서 운영해 갈 것인가? 필자의 친한 지인의 경우 직접 수입을 창출하기 위해 사이트를 준비하고 있다. 아직 오픈 시점은 아니지만 그녀의 계획은 다음과 같다.

직접 수익 창출을 위한 커뮤니티 사이트 구성 계획

1. 도메인 확보
2. 수익 창출을 위한 사업계획
   - 수익 모델 개발, 시장분석, 프로그램 개발, 년간 사업계획, 예산편성 등
3. 사이트 오픈을 위한 메뉴 설계(대 메뉴 및 소 메뉴 구성)
4. 스토리보드 기획
5. 사이트 개발 및 디자인 – 외주
6. 사이트 오픈 및 테스트
7. 사업자등록증 개설
8. 사이트 런칭 및 이벤트 실시
9. 사업 개시

앞서 확인해 본 사업에서 필자가 보기에 가장 중요한 것은 수익 모델이다. 이는 현재 가격 측면에서 기존 사업자들보다 훨씬 저렴한 가격을 제공하게 된다. 수요자의 모집은 관련 카페를 통해 진행될 예정이고, 그 외 비용이 많이 들어가는 오프라인 장소는 협찬 등을 통해 진행될 것이라서 자본이 그리 많이 들어가지 않는다. 그리고 인력 또한 주변 인

맥을 이용하기 때문에 크게 위험성이 없는 사업이라 판단되어 필자도 적극적으로 도와가면서 진행할 예정이다. 결론적으로, 직접 수익을 창출하기 위해서는 커뮤니티 사이트 구성 계획 단계를 잘 파악해서 계획을 철저히 세울 필요가 있다.

:: 부가 수익 창출형

부가 수익 창출형은 포털 카페에 많이 적용되는 경우라 할 수 있겠다. 이를 위해서는 당장 수익을 챙기기 보다는 장기적인 관점에서 계획을 세울 필요가 있다.

부가 수익 창출을 위한 커뮤니티 구성 계획

1. 마케팅을 실현할 수 있도록 목적에 맞는 카페 개설
2. 향후 오픈 커뮤니티 운영을 위한 도메인 확보
3. 카페 꾸미기 및 컨텐츠 생성
4. 카페 회원 모집
5. 일정 회원수 및 활성도 목표 달성 시 마케팅 계획 수립
6. 온오프라인 활동을 통한 카페 활성화
7. 관련 업체 제안 등 마케팅 시작
8. 카페에 마케팅 적용
9. 오픈 커뮤니티 개설 준비

위의 단계를 보면 알 수 있듯이 부가 수익을 만들기 위해서는 우선 카페 개설과 함께 향후 오픈 커뮤니티 준비도 염두에 두어야 한다. 그리고 카페 활성화 시기를 몇 개월 두고 그 몇 개월 동안에는 컨텐츠 생성과 회원수 확보에 시간과 열정을 투입해야 할 것이다. 그리고 어느 정도 활성화 되면 본격적인 마케팅 준비를 계획성 있게 차근차근 진행할 필요가 있다. 물론, 이 경우에는 카페 활성화 방법과 온라인 마케팅에 대한 꾸준한 학습 및 공부가 필요하다.

필자가 개설한 '커뮤니티마케팅스터디' 카페(http://cafe.naver.com/hongmario)이하 커마스를 참고하면 도움이 될 것이다.

:: 수익이 전혀 없는 비영리형

비영리 커뮤니티는 수익이 전혀 없다. 하지만 공익성 광고와 간접 광고는 얼마든지 가능하다. 처음부터 비영리로 가다가 자신도 모르게 영리로 전환할 수도 있을 것이다. 아니면 비영리 커뮤니티는 놔두고 따로 수익을 목적으로 한 커뮤니티를 따로 운영할 수도 있다.

비영리 커뮤니티는 대부분의 포털 카페들이 여기에 해당된다. 특히 기업 마케팅과 직접적으로 관계성이 떨어지는 동창, 친목, 팬카페 등이 여기에 속할 것이다. 그리고 종교, 봉사 등의 커뮤니티들 또한 비영리 커뮤니티의 범주에 들어간다. 커뮤니티 마케팅을 실현하기 위해서는 처음 시작부터 마케팅이 가능한 분야의 커뮤니티를 개설하는 것이 중요하다.

▲ 비영리 커뮤니티 사이트 – 반크(http://www.prkorea.com)

비영리 커뮤니티는 협회나 단체 같은 곳에서 많이 하는데 협회나 단체도 기금이나 출연금으로 운영되기 때문에 비영리 커뮤니티를 만들려면 우선 후원해 주는 단체를 섭외하기 위해 준비가 필요하다. 오픈 커뮤니티로 비영리 커뮤니티를 운영할 경우, 사이트 인지도가 어느 정도 있으면 배너 수익 등으로 운영비는 마련할 수 있을 것이다.

필자가 운영하고 있는 시숍 클럽도 비영리 커뮤니티라고 할 수 있는데 여기서 개인적인 수익은 하나도 없다. 단, 시숍 클럽으로 인해 개인적 역량을 키우고 명예나 사회적 위치를 올리고 인맥을 쌓는 이점을 누리고 있다.

:: 브랜드 가치 제고형

브랜드 가치 제고형은 주로 기업에서 활용하는 커뮤니티 형태이다. 이를 위해 기업에서는 과연 어떤 방식으로 커뮤니티를 개설하는 것이 좋을까? 다음 방법 중에서 어떤 방법이 가장 좋을지 장단점을 기준으로 검토해 보자.

▲ 닥터아파트 동호회 섹션

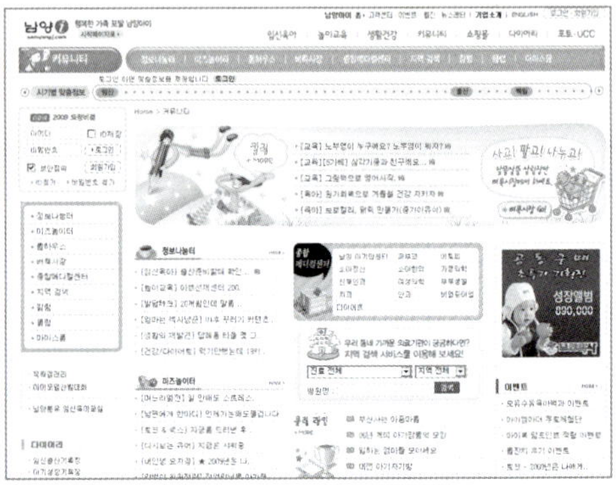

▲ 남양아이 커뮤니티 사이트

브랜드 가치 제고를 위한 커뮤니티 선택의 기준

1. 기업 자체 홈페이지에 커뮤니티 메뉴를 추가하는 경우(예: 닥터아파트)
    - 홈페이지 리뉴얼 시 기존 홈페이지에 커뮤니티 메뉴를 만들어서 개설할 수 있다.
    - 비용이 적게 든다.
    - 기존 회원들의 방문이 어느 정도 있을 경우 유리하다.
    - 사이트의 다른 메뉴 방문 등 시너지 효과를 창출할 수 있다.
    - 기획과 운영이 제대로 안 될 경우 효과가 미비할 우려가 있다.

2. 기업에서 자체적으로 따로 커뮤니티 사이트를 제작하는 경우(예: 남양아이)
    - 기업 홍보 보다는 컨텐츠 제공에 초점을 맞추어서 자연적으로 홍보가 가능하다.
    - 가장 이상적인 형태라고 볼 수 있다.

- 자체 운영할 수 있는 인력의 보강 등 비용이 많이 든다.
- 운영을 잘 할 경우 큰 효과를 볼 수 있다.
- 기획과 운영이 약할 경우 큰 손해를 볼 수 있다.

3. 포털 카페를 활용하는 경우

- 기업 브랜드 전체보다는 단일 제품 홍보 시 매우 유리하다.
- 쉬운 접근성으로 많은 회원 확보와 참여 유도가 가능하다.
- 초기 비용 및 운영 비용이 저렴하며 외주로 운영을 할 수도 있다.

4. 포털 블로그를 활용하는 경우

- 정보 등의 검색 노출에 유리하다.
- 이벤트를 할 때 기업 홈페이지로의 링크는 할 수 있지만 자체적 응모는 불가능하다.
- 스크랩 등을 이용해서 컨텐츠를 쉽게 퍼 나를 수 있다.
- 단기적으로 유리하나 장기적으로는 카페보다 불리하다.

포털에서 카페 만들기

커뮤니티 마케팅을 하기 위해서는 포털사이트에서 카페를 만드는 것이 가장 쉽다. 여기서 중요한 것이 한 번 포털사이트를 정하게 되면 나중에 이전하기가 무척 힘들어지기 때문에 어떤 포털사이트에서 둥지를 틀 것인가가 매우 중요하다. 검색 노출이 우선인지, 마케팅이 우선인지, 또는 선점 효과가 우선인지에 따라 포털사이트를 선택하는 것이 매우 중요하다.

:: 포털 카페를 선택했는데… 네이버? 다음? 싸이? 어디로 가야 하나?

여기서 포털 카페는 책 제목에 맞게 '커뮤니티 마케팅'을 실현하기 위한 포털 카페 선택을 말한다. 우리가 흔히 네이버, 다음, 싸이월드를 3대 포털사이트라고 얘기하는데 이들 3대 포털사이트 제각기 장단점을 가지고 있다. 그러므로 자신이 개설하고자 하는 주제에 가장 적합한 포털사이트를 신중히 선택해야 한다.

필자가 운영하고 있는 '커뮤니티 마케팅 & 기획스터디'란 클럽은 싸이월드에서 운영되고 있고 분야에서 1위를 차지하고 있지만 2년 4개월이 지난 지금도 회원수는 고작 500명 밖에 안 된다. 하지만 개설한 지 4개월이 조금 넘은 네이버 카페의 경우 벌써 1,000명을 넘었다. 물론 회원수가 커뮤니티의 가장 큰 척도라고 할 수는 없지만 회원수 모집에는 다음이나 네이버가 낫다는 말이다. 그러나 최초에 싸이월드에 개설한 이유가 바로 실명을 기반으로 하고 있다는 점이었고, 싸이월드에 클럽을 만든 후 네이트온과 미니홈피 등의 연계로 인맥 형성 등에 큰 도움을 받았다.

그럼, 다음과 네이버 중에서 과연 어디에 개설하는 것이 좋은가? 어떤 포털사이트에서 커뮤니티를 개설할 것인가를 정하기 전 검토할 내용은 다음과 같다.

포털을 선택하기 위해 검토할 사항

1. 설정한 테마로 카페 제목을 검색했을 때 나오는 카페의 규모와 수가 어디가 더 적은가?
2. 관련 키워드 검색 시 어떤 포털사이트가 유리한가?

3. 자신이 주로 사용하고 있는 포털사이트가 어디인가?

4. 포털 기능은 어디가 더 마음에 드는가?

:: 3대 포털사이트의 주요 기능 분석

네이버		싸이		다음	
카테고리	카페수	카테고리	카페수	카테고리	카페수
게임	884,725	게임	52,876	게임	859,165
경제/금융	89,170	금융/재테크	9,223	경제/금융	128,669
교육/외국어	97,014	교육/스터디	161,462	교육/외국어	190,337
동창/동문	198,558	동창/동문	143,272	동문회	461,321
		학생/동아리	222,419		
		초/중/고/대학교		중고교	213,409
				대학/대학원	261,365
만화/애니	294,376			만화/애니메이션	203,186
문학/창작	55,639	문화/예술	63,771	문학/예술	337,796
문화/예술	78,861				
방송/연예	157,567	방송/연예	16,622	방송/연예	85,648
팬카페	371,950	팬클럽	61,309	팬카페	390,135
생활/건강	173,168	생활/건강/여성	47,304	생활/건강	171,413
				여성	143,537
스포츠/레저	138,163	취미/레저	102,252	스포츠/레저	320,944
취미	555,968			취미	652,290
영화/비디오	90,124	영화	39,373	영화	87,212
음악	212,691	음악	36,696	음악	280,972
인문/과학	33,903			과학/인문	30,361
정치/사회	23,701	정치/사회	7,049	정치/사회	31,317
종교/봉사	53,800	종교/봉사	98,456	종교	187,398
지역	176,427			지역/고향	110,810
친목/모임	565,431	친목/또래	304,064	친목	2,063,105
		개인/가족/연인	125,379		
컴퓨터/인터넷	177,926	컴퓨터/인터넷	28,272	컴퓨터/인터넷	376,677
		회사/프로젝트	51,802		
쥬니버	203,348				
				육군/해군/공군	
				e-마을	
합계	4,632,510	합계	1,571,601	합계	7,587,067

▲ 3대 포털사이트의 주요 카테고리와 카페 수(09년 3월 통계)

위 자료를 보면 다음 카페가 약 730만, 네이버 카페가 약 400만, 싸이월드 클럽이 약 140만 총 합치면 1,270만개가 된다. 대한민국은 정말 엄청난 수의 커뮤니티가 존재하는 것이다. 흔히들 사이트 순위를 나타내는 방문자수와 페이지 뷰는 다음 카페가 아직 선두를 지키고 있다. 그 정도로 자료가 많아 다음에서는 카페 검색으로 네이버의 아성에 두 전장을 내는 것이다. 하지만 포털 전체 점유율 70% 이상을 차지하고 있는 공룡 포털 네이버의 카페 상승세가 무섭다. 네이버 검색에서 카페 검색이 항상 첫 페이지에 노출되기 때문에 네이버도 다음 못지 않는 상당한 회원수를 가진 카페들이 탄생하고 있다.

쉽게 말해 많은 회원수를 바란다면 다음 카페와 네이버 카페를 이용하는 것이 나을 테고, 소수 인원에 오프라인 모임 등을 주로 하는 실속 있는 카페를 만들려면 싸이월드가 나을 것이다. 다음과 네이버는 닉네임 기반이지만 싸이월드는 실명제로 되어 있어서 회원들에 대한 신뢰도는 기본적으로 다음과 네이버보다 좋다.

:: 무조건 단 하나뿐인 아이템으로 시작

카페를 개설할 때 중요한 점 하나는 바로 남들이 하는 것을 벤치마킹을 해서 블루오션을 창출하는 것이다. 이는 타 카페의 아이템을 완전히 똑같이 따라 하거나 거의 유사한 형태로 가지말고, 자신만의 아이템 영역을 벤치마킹 대상보다 어느 정도 변형된 형태로 개척할 필요가 있다는 것이다.

● 마케팅의 제1법칙을 적용하라

마케팅의 제1법칙은 바로 '선도의 법칙'이다.(마케팅 불변의 법칙, 알리스 지음, 박길부 옮김) 쉽게 말하면 제일 먼저 시작하라는 말이다. 카페를 개설할 때도 이는 똑같이 적용된다.

필자가 지금까지 만든 동호회들은 대부분 이 선도의 법칙을 잘 적용했었다. 처음 만든 '공짜경품동호회 프리존'의 경우는 1999년 당시 국내 최초의 '경품 동호회'였다. 덕분에 국내 최초의 인터넷 관련 프로그램인 MBC의 모 프로에 소개되기도 했고, 그 이후 수없는 방송 출연과 뉴스 기사를 통해 세간의 화제가 되었다.

▲ 최초 공짜 경품 모임 프리존의 잡지 소개

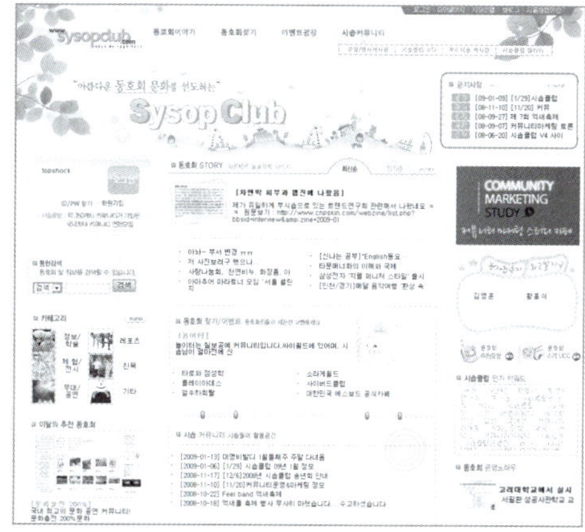

▲ 최초 커뮤니티 연합 모임 시솝 클럽

그리고 두 번째로 만든 인터넷 동호회 시솝들의 모임인 '시솝 클럽' 또한 당시 최초의 동호회 대표의 모임이었다. 프리존 이후 많은 경품 동호회들이 우후죽순으로 생겨났고, 필자는 경품계를 거의 떠난 상태라서 시솝 클럽 운영에 몰두했지만 계속 했으면 꽤 큰 동호회로 성장했을 것이다. 그리고 시솝 클럽 아류작들도 많았지만 결국 모두 실패하고 연합 동호회는 현재 거의 전무한 상태다.

그리고 세 번째로 만든 '커뮤니티 기획스터디'는 불과 2년 전에 만든 동호회다. 이것도 당시 웹기획 관련 동호회는 많았기 때문에 웹기획 중에서도 '커뮤니티' 쪽만 집중적으로 다루어 이 분야를 최초로 선점을 했다. 이는 마케팅의 법칙에서 영역의 법칙을 활용한 사례이다.

마지막으로 책 집필과 겸해서 만든 동호회 '커뮤니티 마케팅스터디'가 있다. 개설 당시 다음 카페에는 커뮤니티 마케팅과 관련한 유사한 동호회들이 있었지만 네이버에는 없었다. 그래서 네이버에 '커뮤니티 마케팅스터디' 카페를 만들어서 현재 운영 중이다. 요즘 유행하는 자전거 대리점 사업을 준비하고 있다고 하자. 그래서 자전거 동호회를 만들려고 한다. 다음과 같이 다음 카페에 검색하면 자전거 동호회들이 나온다.

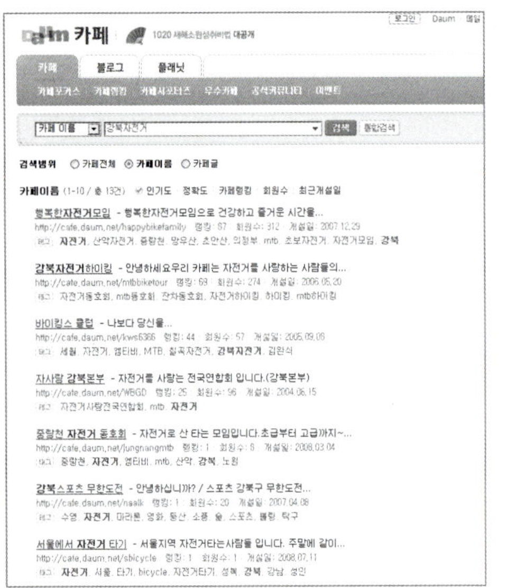

▲ 다음 카페 '강북자전거' 검색 시 나타나는 화면

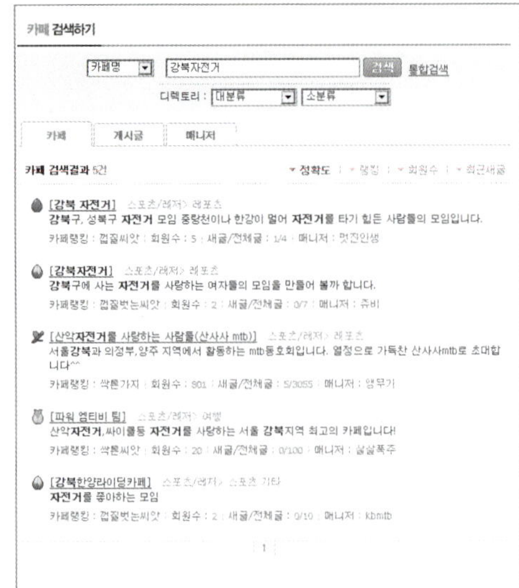

▲ 네이버 카페 '강북자전거' 검색 시 나타나는 화면

'강북자전거' 라는 주제로는 이미 너무 많은 카페들이 개설이 되었다. 좀 더 독보적인 카페가 되고 싶다면 그럼 자신이 사는 곳과 자신의 연령대에 맞춰서 '강북자전거 2030모임' 이라고 카페명을 지으면 된다. 국내 최초의 강북 지역 중에서도 2030 세대를 위한 자전거 동호회가 되는 것이다.

이처럼 같은 테마에도 지역과 세대를 지정해주면 선점의 효과를 충분히 누릴 수 있다. 또는 다음 카페에는 강북 지역 자전거 동호회들이 많다고 판단되면 네이버나 싸이월드에서 개설할 수도 있다. 네이버에서 검색했을 때 다음보다 더욱 적은 수의 카페가 검색이 된다면 네이버에서 만드는 것이 더 유리 할 수 있다. 싸이월드도 검색해 보면 강남은 있지만 강북은 없어서 선점하기에 좋다. 하지만 싸이월드의 특징이 실명제라 소수를 위한 오프라인 모임 위주면 몰라도 회원수가 많아야 될 필요가 있을 때는 다음이나 네이버를 추천하고 싶다.

:: 최초에 걸맞은 카피를 활용하라

카페를 어디에 개설할 지 결정했으면 이제 그 카페에 맞는 메인 카피가 필요하다. 카페 개설 시 카페를 설명할 수 있는 최고의 문구라고 표현하는 게 좋겠다. 이는 「마케팅 불변의 법칙」이라는 책에 나오는 '인식의 법칙'과 같은 맥락이다. 예전 광고 중에 '쉿~레간자'라는 광고가 대박을 친 사례가 있었다. 단 한마디로 레간자라는 차는 조용하다는 인식을 심어준 것이다. 그 외 '산소 같은 여자'의 이영애와 마몽드도 유명한 카피이다.

▲ 산소 같은 여자 카피로 히트친 마몽드 광고

하지만, 레간자 광고는 확실한 브랜드를 심어주었지만, 마몽드는 오히려 이영애가 더 강하게 인식되어 버렸다.

커피숍을 오픈을 준비하고 있는데 카페명은 '카페 아날로그'라고 가정하고, 카페를 개설할 때 카페명을 가게명으로 할 것인지 아니면 커피 관련 이름으로 할 것인지 고민이 될 것이다. 카페나 인터넷 사이트에서 가장 중요한 것이 항상 고객의 입장에서 생각해야 된다는 것이다. 쉽게 말하자면 가게명 '카페 아날로그'라고 했을 때는 의미 전달이 모호해서 접근성이 떨어진다는 것이다. 하지만, 이 커피숍의 커피 중에서도 에스프레소를 잘 한다면 '에스프레소를 사랑하는 사람들의 모임-에사모', '에스프레소바이러스', '에스프레소러브'라고 카페 이름을 정할 수 있을 것이다. 사람들은 이 이름을 통해 이 카페가 어떤 카페인지 알게 될 것이고 에스프레소를 좋아하는 사람들은 이 카페에 가입할 것이다.

그리고 다음 카페나 네이버 카페는 6개월 후에 카페 네임을 변경할 수 있기 때문에 나중에 회원수가 모이고 카페가 활성화되면 '카페 아날로그(에스프레소러브)'라고 변경해도 늦지 않다. 가게명보다는 남들이 쉽게 알 수 있는 단어를 카페명으로 활용하는 것이 중요하다는 얘기다.

:: 키워드와 이름만 잘 만들어도 돈 버는 거다

카페 검색 시 관련 키워드보다 우선되는 것이 바로 카페 제목이다. 블로그는 게시물이 우선이지만, 카페는 절대적으로 카페명이 중요하다. 잘 된 키워드와 인상적인 카페명은 회원들에게 강한 인식을 심어줄 수 있다. '노사모'와 같이 커뮤니티 명을 약자로 해서 기억에 오래 남을 수 있게 하는 것도 하나의 방법이다.

● 키워드 검색 시 몇 페이지에 나오는가?

앞에서 설명한대로 필자는 '커뮤니티 마케팅' 카페를 개설하기 위해 다음과 네이버를 비교하다가 네이버를 선택해서 카페를 개설하였다.

필자가 네이버 카페를 선택했던 기준은 딱 4가지였다.

- 비즈니스 가능성
- 회원수 고려
- 선도의 법칙
- 검색 유입 가능성

그리고 결정적인 역할을 하게 된 것은 '각 포털사이트에 해당 키워드로 검색했을 때 활성화 된 카페가 얼마나 존재하느냐'라는 점이었다. '커뮤니티 마케팅'으로 검색했을 때 다음 카페는 이미 1만 명 이상의 회원을 가진 카페가 있었다. 싸이월드는 위에 4가지 조건 중 회원수 유입이 적고 최근 커뮤니티 서비스가 약한 단점이 있었다. 그래서 네이버로 결정을 하고 주제에 맞는 키워드가 어떤 것이 있을까 나열해 보았다.

커뮤니티 마케팅 카페 개설 시 필요한 키워드

커뮤니티, 기획, 마케팅, 카페, 광고, 홍보, 창업, 성공, 노하우, 재테크, 스터디

위와 같은 키워드 단어를 선정한 후 카페명을 고민했다. 가장 핵심적인 단어인 '커뮤니티 마케팅'이 들어가야 하겠고 카페 홍보와 창업 관련된 단어도 들어가야 한다는 생각을 가지고 있었다. 개설하려는 카페가 커뮤니티 마케팅을 공부해서 사업에 응용함으로써 성공적인 비즈니스를 회원들에게 제공해 줄 수 있는 카페라는 것을 알리고 싶었던 것이다.

그래서 결국 '커뮤니티 마케팅 & 기획 스터디(카페홍보+창업+노하우)' 라는 긴 이름을 가지게 되었다. 즉 커뮤니티 기획 카페는 이미 운영하고 있으니 이쪽 자료들은 올리기 쉬웠고 상호 원윈 할 수 있다는 생각에서 기획이란 단어를 넣었다. 키워드 검색에서 카페 홍보, 창업, 노하우 검색 시 노출될 수 있도록 카페명에 추가를 시킨 것이다.

그럼, 이러한 결과가 어떤 결과값을 보여주는 지 살펴보자!

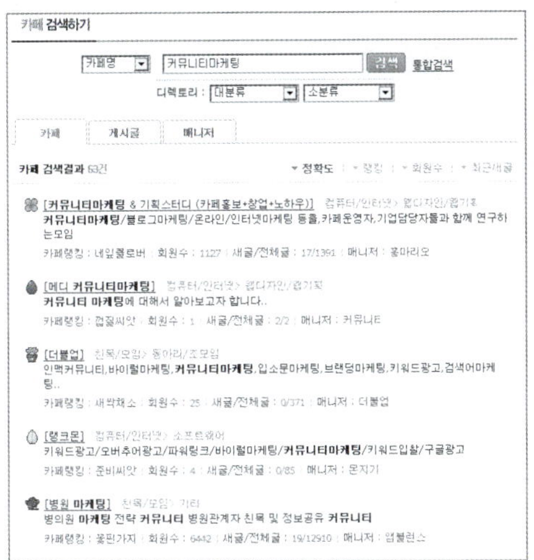

▲ 네이버 카페에서 '커뮤니티마케팅' 검색 시

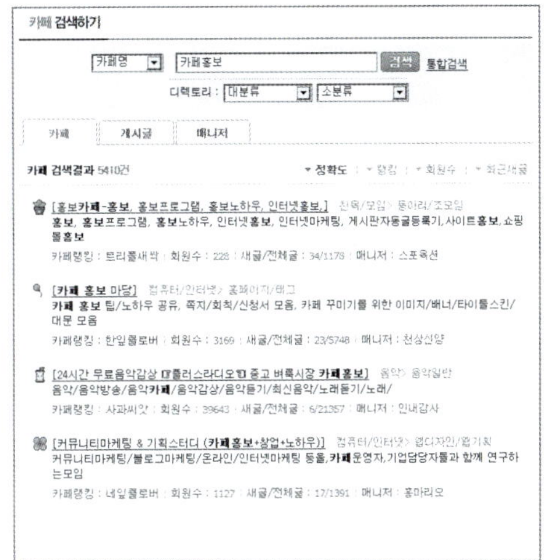

▲ 네이버 카페에서 '카페홍보' 검색 시

이처럼 카페명을 선정할 때는 키워드를 잘 활용해서 검색 시 최대한 첫 페이지 노출될 가능성이 높은 단어를 선택해서 정하는 것이 좋다. 앞서 본 것과 같이 괄호 안에 있는 단어도 검색이 되므로 잘 활용할 필요가 있다. 이와 관련해서 궁금한 점이나 자문을 받으려면 커마스 카페의 '수다잡담Q&A'에 글을 남기면 도움이 될 것이다.

포털 블로그냐? 설치형 블로그냐?

앞서 포털 블로그와 설치형 블로그를 비교하였다. 그럼 블로그 또한 어떤 블로그가 마케팅 측면에서 나을지 판단이 되었을 것이다. 필자가 내린 답은 만약 당신이 블로그를 마케팅의 제1 장소로 생각한다면 설치형 블로그를 하라고 권하고 싶다. 블로그에 가끔씩 글을 올리면서 당신이 하고자 하는 사업과 관련된 컨텐츠를 실으려고 한다면 포털 블로그를 개설하는 것이 낫다는 것이다.

:: 포털 블로그 개설하기

포털 블로그도 다음과 네이버 중에서 선택해야 한다. 만약 카페를 네이버에 만들었으면 블로그도 네이버가 당연하다고 할 수 있다. 하지만 다음에 카페를 개설했는데 다음에 블로그를 만들라고 말하기엔 다소 어려움이 있다.

그것은 다음의 블로그가 아무래도 네이버에 비해서 약하다는 것이다. 물론 다음도 신지식과 동영상 등으로 선전하고 있지만 블로그 만큼은 네이버에 뒤지고 있는 것이 현실이다. 그래서 만일 다음 카페를 주로 활용한다면 블로그를 다음에 두었을 때 스크랩하기도 쉬울 것이고, 네이버에서 블로그를 따로 운영하면 검색 유입도 있으니 같은 내용을 두 군데 올리는 것도 나쁘지 않을 것이다.

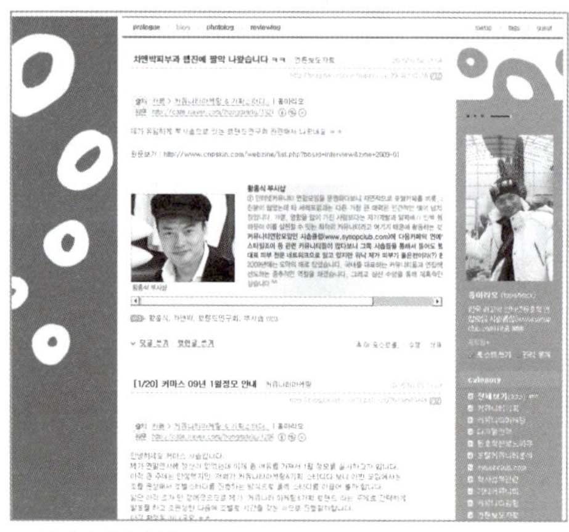

▲ 필자의 네이버 블로그

▲ 필자의 다음 블로그

포털 블로그는 카페와는 다르게 제목 같은 것은 크게 중요하지 않다. 물론 카페처럼 카테고리가 있지만 블로그의 게시물 제목과 태그 위주로 검색되기 때문에 블로그 개설 시 제목은 크게 중요하지 않다. 아무래도 카페 회원일 경우 댓글을 작성하거나 방문 횟수도 잦겠지만 랜덤으로 방문한 경우라면 단순히 당신의 블로그를 기웃거리는 수준일 것이다. 그럼 기웃거리는 순간 방문자가 주로 보는 것이 무엇일까? 주로 최신 글과 관심 카테고리 그리고 프로필 정도일 것이다. 방문자가 기웃거리는 프로필, 카테고리, 최신 글에 다루는 요령이 필요하다.

즉, 프로필에 자신이 운영하는 카페 주소를 넣어 두던지 해서 메인에 노출시키면 방문자는 카페를 방문할 수 있으므로 카페 운영에 도움이 된다. 그리고 카테고리를 필요한 항목만을 채우고 항상 최신 글이 업데이트 되는 모습을 보여주도록 한다. 포스트는 다른 곳에서 스크랩한 게시물 보다는 자신이 직접 만든 글 위주로 꾸미도록 하는 것이 좋다.

:: 설치형 블로그 개설하기

설치형 블로그의 가장 대표적인 것이 '태터툴즈' 이다. 태터툴즈가 얼마 전 텍스트 큐브로 네이밍을 변경했다. 설치형 블로그란 쉽게 말해 오픈 커뮤니티와 마찬가지로 자신만의 도메인과 서버를 가지고 자기 마음대로 꾸미는 것이다. 필자가 운영하는 시숍 클럽도 태터툴즈에 기반을 두고 있는 설치형 블로그이다.

▲ 태터툴즈 기반의 설치형 블로그

설치형 블로그 상단에 'SysopClub.com BLOG' 영역은 클릭했을 때 시숍 클럽 홈페이지로 넘어가게 되고 프로필은 어떤 페이지라도 고정으로 노출된다. 물론 이 영역을 광고로 활용할 수도 있다.

그럼, 이러한 설치형 블로그를 만들기 위해서는 어떤 준비와 절차가 필요한 지 간단하게 요약해 보면 다음과 같다.

설치형 블로그를 만들기 위해 필요한 절차

1. 도메인 확보
2. 웹호스팅 등록
3. 텍스트 큐브 홈페이지에서 설치 프로그램 다운로드
4. FTP에서 자신의 하드에 복사
5. 블로그 접속
6. 스킨 등을 이용해 블로그 꾸미기

초보자들은 MYSQL 계정 만드는 것 등 쉽지가 않을 것이다. 스킨이나 설치형 블로그의 대표격인 텍스트큐브 블로그를 설치하는 자세한 방법은 텍스트큐브(http://www.textcube.org) 홈페이지를 참고하면 된다.

section **06**

오픈 커뮤니티 개설과 도메인 확보

어느 정도 커뮤니티 운영 경험이 있다면 누구나 오픈 커뮤니티 운영을 꿈꾸고 있을 것이다. 본격적인 커뮤니티 마케팅을 실현할 수 있는 오픈 커뮤니티도 무작정 뛰어들기 보다는 장기적으로 치밀하게 준비할 필요가 있다. 그리고 실제로 운영에 들어가게 되면 수익 창출을 위해서 적극적으로 제안 및 마케팅 활동이 필요하다.

:: 술 한 번 덜먹고 도메인을 확보해 놓자

오픈 커뮤니티 개설을 위해서는 도메인 확보가 필수적이다. 하지만 포털사이트에서 카페를 운영하더라도 도메인 확보는 필요하다. 나중에 오픈 커뮤니티를 운영할 가능성이 있기 때문이다. 특히, 마케팅에 활용하려고 한다면 꼭 확보해 놓아야 한다. 도메인은 누구나 만들 수 있지만 좋은 도메인을 구하기는 쉽지 않다.

도메인을 만들려면 우선 후보 도메인이 등록되어 있는지 없는지 검색해 봐야 한다. 국내 대표적인 도메인 등록 사이트는 후이즈(www.whois.co.kr)와 가비아(www.gabia.com) 등이 있다. 여기 검색창에서 검색해 보면 자신의 후보 도메인이 등록되어 있는지 아닌지 알 수 있다. 그럼 어떤 도메인이 좋은 도메인인가? 필자가 생각하는 좋은 도메인 기준은 다음과 같다.

좋은 도메인의 기준
1. 가급적이면 알파벳 4~8자 이내로 이루어져야 한다.
2. 좋은 도메인 순서: com 〉 net 〉 co.kr 〉 kr
3. 한 단어 〉 단어+단어 〉 단어+숫자
4. 누구나 기억하기 쉬운 단어
5. 발음상 헷갈리는 단어가 없어야 한다.('ㄱ'의 경우 G,K 'ㄹ'의 경우 L, R 등)

쉽게 말하면 친구한테 전화해서 나 도메인 만들었는데 도메인이 뭐야 라고 말했을 때 그 친구가 키보드로 정확하게 알파벳을 칠 수 있는 단어가 제일 좋은 도메인이다.

:: 오픈 커뮤니티 개설과 운영

오픈 커뮤니티라고 하면 무슨 의미인지 잘 인식 못하는 사람들이 많을 것이다. 쉽게 말해서 커뮤니티 형태를 띤 자체 사이트라고 보면 된다. 여기서 오픈 커뮤니티의 특징은 다음과 같이 정리할 수 있다.

> **오픈 커뮤니티의 특징**
> 1. 회원들이 참여하는 게시판을 위주로 컨텐츠가 형성되는 사이트다.
> 2. 포털 소속이 아닌 자체 주소(도메인: com, net 등)를 가지고 있다.
> 3. 주요 관심사를 가진 사람들이 모이는 것은 포털사이트와 동일하다.
> 4. 포털사이트와는 다르게 마음대로 광고 및 마케팅을 실현할 수 있다.

오픈 커뮤니티 개설 시 필요한 사항들과 준비 단계는 앞에서 언급했으며 홈페이지 만드는 것은 일반 홈페이지 만드는 것과 유사하다. 대부분 제로보드를 활용해서 만들기 때문에 이 부분은 주위의 홈페이지 개발자나 기획자 등을 통해서 알아보는 것이 좋다. 그리고 오픈 커뮤니티 운영 부분도 다음 장에서 설명하는 카페 운영과 매우 비슷하기 때문에 생략한다. 다만, 온라인 마케팅 활용 방법 등은 간단하게 설명하도록 하겠다.

커뮤니티를 오랫동안 운영하다 보면 마케팅 기획 분야가 매우 중요하다고 생각이 든다. 마케팅 분야는 관련 업체와 제휴 그리고 동호회 활동 지원 측면에서 매우 중요하기 때문이다. 이런 마케팅은 잦은 교류가 있어야만 활발하게 전개될 수 있는데, 오픈 커뮤니티를 운영하는 입장에서는 두 가지로 나눌 수 있다. 우선 제안을 받는 경우, 여러 가지 제안 중에 적합하다고 판단되는 것을 진행하면 되고 역으로 업체에 제안을 할 수도 있다.

제대로 된 마케팅을 하려면 절대적으로 능동적이어야 한다. 제안서를 작성할 때는 기본적으로 다음과 같은 내용을 넣어서 자신의 목적을 달성할 수 있도록 하여야 한다.

제안서 작성 시 들어갈 내용
1. 제안의 목적과 개요
2. 자신의 커뮤니티 소개와 연혁
3. 자신의 커뮤니티의 장점
4. 제안 내용
5. 제안 수용 시 장점

일반적으로 협찬할 대상을 정한 다음 해당 업체의 마케팅 담당자에게 사전에 전화로 간략하게 설명하고 위처럼 제안서를 이메일로 보내서 검토하게 한다. 행사를 하는 경우에는 행사 준비에 차질이 없도록 날짜를 여유 있게 잡아서 협의해야 한다.

다음 그림은 시숍클럽 송년회의 협찬사 제안서이다. 제안서에 들어가는 표지, 그리고 행사개요, 단체 소개, 그리고 제안 내용을 간략하게 파워포인트로 정리해서 많은 협찬을 이끌어 내었다. 마케팅 제안서 작성과 기획 관련 자료는 네이버의 커마스 카페의 자료를 참고하면 된다.

2006 커뮤니티 연합 송년파티. 개요

다양한 봉사단체와 수많은 동호회들이 장기간 봉사활동을 할 수 있도록 맺어주는 뜻 깊은 송년파티!
이시대 커뮤니티 문화를 이끌어가는 오피니언 리더들의 대규모 친목 파티!

1. 파티명 　　: 2006 커뮤니티 연합 송년파티
2. 파티일시 　: 2006년 12월 8일 (금) pm.7 ~ 11
3. 파티장소 　: 신촌 아트레온 13층 갤러리홀(신촌역 4번 출구)
4. 파티주제 　: 동호회 봉사활동 장려 및 회원간 친목 도모
5. 파티음식 　: 와인, 뷔페음식
6. 주최 　　　: 시솝클럽
7. 협찬 　　　: 협찬사 섭외중
8. 참가인원 　: 약 70개 동호회 약 300명 예정
　　　　　　　 (동호회 시솝 및 운영진)

---

sysopclub

시솝클럽은 세계 최강을 자랑하는 커뮤니티 KOREA를 대표하는
시솝들이 모여서 아름다운 커뮤니티 문화를 만들어가고 나아가
다양한 문화컨텐츠를 공유하는 情으로 똘똘 뭉친 한국 대표시솝들의 모임입니다.

NO	소속	동호회수	회원수
1	다음카페	127	13,407,407
2	싸이월드클럽	83	1,152,076
3	네이버카페	42	480,053
4	기타포털	50	2,904,506
5	오픈커뮤니티	52	324,428

> 총 동호회수 :
> 약 400개(현재)
>
> 총 회원수 :
> 약 1,800만
> ('06년 3월집계)

시솝들의 친목도모
정기세미나행사(월2회)
분기별 워크숍 개최
다양한 연합모임 개최

운영노하우 공유
시솝들의 노하우 공유
포털등 장단점 분석
커뮤니티트렌드 연구

네티즌 NGO 역할
시솝들의 노하우 공유
포털등 장단점 분석
커뮤니티트렌드 연구

커뮤니티축제 참여
커뮤니티연합축제 주최
다양한 행사 단체참여
커뮤니티문화 형성

포털 서비스 개선
포털서비스개선제안
포털과의 상호 협조
포털 발전을 위해 노력

커뮤니티 지원육성
시솝소속 커뮤니티 홍보
커뮤니티마케팅 지원
커뮤니티 발전자금 지원

History of sysopclub

2001년 11월	다음카페 클럽마스터(cafe.daum.net/clubmaster) 오픈
2002년 5월	야후클럽 오픈준비 차담회에서 각 대표시솝들과 첫 만남
2002년 7월	커뮤니티 운영노하우에 관한 세미나 활동 시작
2002년 10월	프리챌 유료화 반대(xfreechal) 주동, 네티즌 대표로 국회/TV토론 등 출연
2003년 3월	영진닷컴[디지털성공시대-동호회편] '학연지연보다 강한 디지털인맥' 책 출간
2003년 8월	시솝클럽 홈페이지(www.sysopclub.com) 오픈
2003년 12월	네티즌헌혈캠페인 실시. 시솝클럽 송년회 파티 개최
2004년 5월	코엑스 하비쇼 주관단체 참가(19개 커뮤니티 참가, 6만명 방문)
2004년 6월	시청앞광장 난장페스티벌 주관단체 참가(7개 커뮤니티 참가, 1만명 방문)
2004년 8월	시청앞광장 녹색에너지축제 주관단체 참가(10개 커뮤니티참가, 3만명 방문)
2004년 10월	신촌 "대한민국 커뮤니티 대축제" 주최(31개 커뮤니티 참가, 50만명 방문)
2004년 12월	양재동 AT센터 서태지컴퍼니 '매니아페스티벌' 후원단체로 참가. 커뮤니티 연합송년회 파티개최
2005년 6월	2005 강변카페페스티벌 주관(41개 커뮤니티 참가, 5만명 방문)
2005년 6월	대림출판사 "잘나가는 커뮤니티의 아주 특별한 비밀" 책 출간, 책발표회 실시
2005년 10월	제2회 하비쇼 주관단체 참가(25개 커뮤니티, 5만명 방문)
2005년 12월	시솝클럽 연합 송년회 파티(약 100명의 커뮤니티 시솝들 참가, 국내 최대 시솝 한자리에 모임)
2006년 2월	KINTEX, 경향하우징페어 체험존 주관 단체 참가(8개 커뮤니티 참가, 약 100만명 방문)

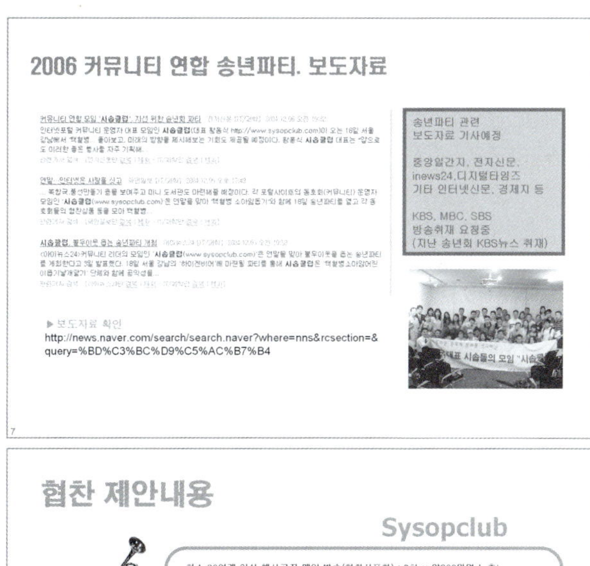

▲ 시솝클럽의 송년회 협찬 제안서

▲ 협찬 제안서로 받은 포털사이트의 기념품들

Community Marketing

Chapter 08

커뮤니티 활성화를 위한 회원 모집과 운영 노하우

Section 01 예쁘게 꾸미고 핵심 컨텐츠를 채워라

Section 02 회원 모집 노하우

Section 03 운영은 친구와 가족들과 놀듯이 해라

Section 04 오프라인 모임과 이벤트로 회원 녹이기

Section 05 회원들의 우상이 되자

Section 06 검색 결과 첫 페이지에 띄우기 위한 노하우

우리가 전쟁터에 나가려면 최신식 무기와 총알이 있어야 하고 전략과 전술을 잘 짜서 관리도 철저히 해야 한다. 마찬가지로 커뮤니티 마케팅도 회원이 많고 운영을 잘해야만 다양한 방법으로 활용할 수 있다. 이번 장에서는 커뮤니티 마케팅을 실현할 척도가 되는 회원 모집 방법과 커뮤니티 운영 노하우에 대해서 자세히 알아보기로 한다.

 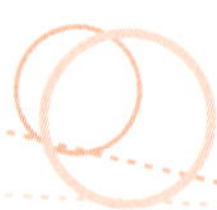

예쁘게 꾸미고 핵심 컨텐츠를 채워라

카페에 처음 방문했을 때 가장 먼저 시선을 끄는 것이 바로 대문(메인화면)이다. 통계에 의하면 사이트를 첫 방문했을 때 가입할지 말지를 10초 내에 결정한다고 한다. 물론, 회원수와 게시판 제목, 새글의 수도 변수가 될 수 있지만 대문이 예쁘고 커뮤니티의 특성이 잘 나타나 있다면 가입할 확률이 아주 높아진다.

:: 대문은 마치 신문광고처럼 깔끔하게

우리가 신문광고나 잡지광고를 보면 메인 카피가 중심에 있고, 그 제품에 관련된 너무나 적절한 이미지가 해당 제품의 특징을 잘 설명하고 있는 것을 볼 수 있다. 가게도 대문이 예쁘면 한 번쯤 들어가 보고 싶은 마음이 생기듯이 카페의 대문이 멋지면 카페를 방문한 사람이 카페에 호감을 가지고 둘러보고 싶은 충동이 생기게 된다.

방문자에게 좋은 첫인상을 주려면 대문만 잘 만들어도 반은 성공하는 것이다. 카페의 대문이 멋지고 심상치 않은 포스를 풍긴다면 그냥 둘러보러 왔다가도 바로 회원 가입을 하게 되기 때문이다. 그럼 어떻게 대문을 꾸며야 잘 된 대문이라고 할 수 있을까? 먼저 대문을 예쁘게 꾸미려면 포토샵을 어느 정도 다룰 줄 아는 것이 유리하다. 포토샵을 잘 다루는 웹디자이너를 섭외하면 더욱 좋다. 그것이 힘들다면 파워포인트에서 작업하고 화면을 캡처하는 것도 한 가지 방법이다.

● 대문은 주기적인 업데이트가 필요하다

대문은 홈페이지를 관리할 때 리뉴얼을 하듯이 가끔씩 바꿔주는 것이 좋다. 그래야 기존 회원들도 새롭게 볼 것이고 신규 회원도 지난 정보보다는 최신 정보를 원하기 때문이다. 다음은 시숍 클럽의 계절별 대문 이미지다.

▲ 봄의 시솝 클럽 대문 이미지

▲ 가을의 시솝 클럽 대문 이미지

● 대문을 쉽게 만드는 방법

가장 쉽게 만드는 방법은 관련 이미지를 첨부해서 만드는 것이고, 두 번째로는 이미지에 단순하게 카페 이름과 URL 정도 넣어주면 아주 깔끔한 대문이 된다. 그리고 대문에는 카페 설명을 간단하게 정리한 문구를 넣어주면 된다. 카페의 행사나 계속 바뀌게 되는 컨텐츠를 위주로 하게 되면 자주 바꿔야 되는 단점은 있지만, 회원들이 보기에는 깔끔해 보이고 더욱 좋을 것이다.

▲ 춘천마임축제 카페 대문이미지 – 이미지에 텍스트만 추가

233

● 무엇이 들어가야 하는가?

대문에 들어가는 내용은 대부분 카페 소개, 공지사항, 오프라인 모임 안내 등이 많다. 때로는 카페 이용 방법이나 주의사항 등이 들어가는 곳도 요즘 많이 생겼다. 그리고 관련 테마 이벤트 또는 광고 등이 주로 들어간다.

거기에 무엇을 넣을 것인지는 시솝이 정하게 되는데 오프라인 모임이나 이벤트가 있을 경우는 단발성 대문을 만드는 것이 유리하고 이벤트가 없을 경우에는 그냥 카페 소개, 공지, 카페 이용법 등을 올려놓는 게 유리할 것이다. 다음에서 확인할 수 있는 이미지는 필자가 운영하는 커뮤니티 마케팅스터디(cafe.naver.com/hongmario)(이하 '커마스')의 배너 대문과 메인 대문이다. 배너 대문에는 좌측에 카페 이름, 우측에 메인 카피 그리고 메인 대문에는 카페의 취지와 목적을 설명하고 있다.

▲ 커마스 카페의 배너 대문

▲ 커마스 카페의 메인 대문

:: 초창기에는 꾸준한 삽질을 해야 한다

카페가 생동감 있게 보이기 위해서는 게시판 리스트에 'NEW' 아이콘이 많이 보여야 한다. 흔히 카페 시솝이 게시글과 자료를 카페에 마구 올리는 행위를 삽질이라고 하는데 볼 것이 많아야 회원들이 가입하게 되고 오랫동안 머물게 되는 법이다.

● 관련 카페 가입

카페는 개설했지만 어떤 글로 컨텐츠를 채워야 할지 참 막막할 것이다. 초창기부터 완벽한 카페나 분야 상위권 카페로 만들기는 힘들기 때문에 이럴 경우에는 카페를 여러 개 벤치마킹 할 필요가 있다.

우선 목표로 하는 카페가 있으면 좋다. 가령 분야별 랭킹 1위 카페 수준이 되는 것을 목표로 정하고 자신이 정한 컨셉에 맞게 유사 카페에 가입해서 게시글도 남기고 가끔씩 오프라인 모임도 나가면서 분위기를 익힌다. 그리고 자신의 카페 컨셉에 맞는 컨텐츠들을 스크랩도 하고 직접 생성도 해보고 하는 것이 좋다. 계속해서 벤치마킹을 하다 보면 자신도 모르게 글 쓰는 능력이나 컨텐츠 생성 능력이 향상됨을 느낄 수 있다.

● 블로그, 뉴스 자료 활용

우리가 어떤 단어나 궁금한 것에 대해 검색하다 보면 블로그, 지식IN, 뉴스 등에 많은 자료들이 나올 것이다. 이런 글들을 해당 게시판에 퍼 나르면 아무래도 게시글 수가 많아지니깐 카페 랭킹도 올라가고 스크랩하면서 자신의 지식 또한 높아질 것이다.

● 꾸준히 컨텐츠 올리기

카페 운영 시 어떤 날은 시간이 많아서 왕창 퍼 날라서 많은 게시글을 올릴 수 있을 것이다. 하지만 중요한 것은 꾸준함이다. 꾸준히 방문해서 회원 등업도 해주고 게시글도 부지런히 올려야 한다.

● 아이디 2개 이상 확보해서 여러 아이디로 글쓰기

원래 초창기에는 카페에 글 쓰는 사람이 거의 시솝, 자신 밖에 없는 경우가 많다. 이럴 때 한 아이디로 계속 글을 쓰기보다는 주변에 친구들 아이디를 빌려서 다른 아이디로 글을 올리면 아무래도 여러 사람이 글을 올리는 것처럼 보이기 때문에 어색함도 덜하고 다른 회원도 글을 올릴 수 있는 확률이 높아지게 된다.

하지만 절대 악의가 있거나 다른 목적으로 하는 것은 금물이다. 괜히 다른 카페, 블로그, 뉴스 등에 욕설, 비방 등을 친구 아이디로 할 경우 본인뿐만 아니라 친구까지 피해를 볼 수 있기 때문이다. 여러 아이디를 이용하는 방법은 초창기 활성화 되기 전에만 하고 나중에는 하나의 아이디로만 글을 쓰는 것이 좋다.

:: 직접 창작한 컨텐츠 만드는 노하우

직접 창작한 컨텐츠를 흔히 UCC(User Created Contents)라고 한다. 보통 동영상 컨텐츠라고 생각하지만, 사실 사용자 가공 컨텐츠(User Modified Contents), 사용자 재창조 컨텐츠(User Recreated Contents) 모두를 포함하는 의미이다. UCC를 많이 만들어야 커뮤니티의 가치가 높아지게 된다. 그럼, 어떻게 하면 쉽게 UCC를 만들 수 있을까?

● 직접 찍은 사진 업로드

직접 찍은 사진을 업로드 해서 사진에 적절한 글을 남기는 법이다. 이것은 사진을 올리고 거기에 대한 설명만을 곁들이면 되기 때문에 가장 쉽게 자신만의 컨텐츠를 만들 수 있다. 어느 맛집에 가서 가게 간판 한 번 찍고, 메뉴 한 번 찍고, 음식 먹기 전 한 번 찍고, 반찬 찍고 이렇게 4컷을 찍어서 각 사진에 대한 자신의 느낌을 적으면 끝이다. 물론, 이 방법은 자신만의 컨텐츠가 될 수는 있지만 시간이 좀 걸릴 수 있다. 하지만 하다 보면 점차 시간이 줄어들고 재미가 붙을 것이다.

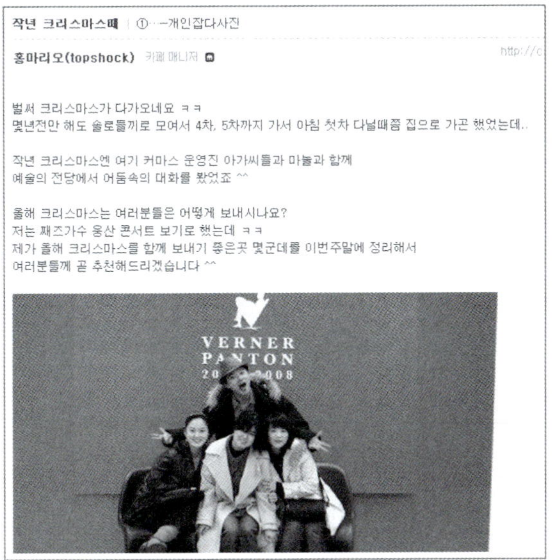

▲ 직접 찍은 사진으로 창작 글쓰기

● 자신의 의견으로 칼럼을 만들어라

칼럼이라고 하면 대부분 아주 거창해 보이고 아무나 쓸 수 없는 아주 어렵고 힘든 작업이라고 여길 것이다. 필자는 학창 시절에 국어를 가장 못했다. 하지만 벌써 3번째 책을 쓰고 있고 칼럼도 수십 회 작성한 적이 있다. 칼럼이란 쉽게 말해 어떤 주제에 대한 나의 생각을 자유롭게 쓴 글이다. 굳이 장문일 필요도 없고 순수하게 자신의 생각과 의견을 시간 날 때마다 적어보면 의외로 카페는 물론이고 블로그 등에 올렸을 때 큰 히트가 될 수 있다.

다음 이미지는 필자의 블로그에 있는 카테고리 화면과 LG전자에서 투고 요청에 따라 디지털 인맥과 관련해서 칼럼을 작성한 것이다.

▲ 블로그의 칼럼 코너와 LG전자 웹진에 칼럼 투고

● 펀 글 편집해서 창작하기

사이트에서 검색을 하거나 남의 글을 보다 보면 뭔가 빠지거나 보충할 부분이 생긴다. 또는 너무 길어서 보기 힘든 글일 경우 요점만 정리하여 깔끔한 편집이 필요한 글도 있다. 또는 뉴스 자료를 보충하면 더욱 좋은 글이 될 것 같은 글들을 직접 편집해서 더욱 멋지게 포장해서 자신의 상품으로 내 놓을 수 있다. 물론, 전문가들의 글이나 책, 사이트 등 출처가 분명한 글은 힘들지라도 개인이 적은 글들은 일부 모방해서 재가공을 하면 또 다른 컨텐츠로 만들 수 있는 것이다.

● 화면 캡쳐 쉽게 하는 방법

화면 캡쳐라고 하면 인터넷 화면을 그대로 이미지 파일로 저장하거나 복사해서 파워포인트나 엑셀에 붙여 놓는 방법이다. 이 방법은 컨텐츠 생성 시 매우 편리하게 사용할 수 있다. 방법은 키보드의 프린터스크린(〈Prt Scr〉) 키를 눌러서 붙여넣기(〈Ctrl〉+〈V〉) 하는 방법도 있으며, 알툴즈와 같은 전문 캡쳐 프로그램을 다운로드 해서 이용하면 훨씬 편리하다. 웹사이트 전체 화면을 캡쳐 할 수 있을 뿐 아니라 다양한 형태의 캡쳐도 가능하다.

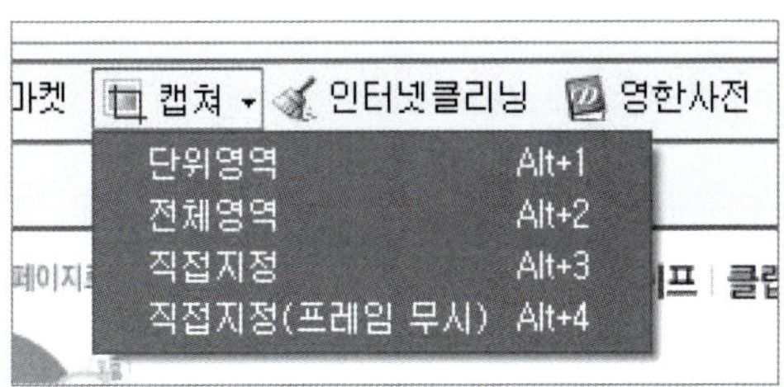

▲ 알툴즈의 캡쳐 메뉴

● 카페 홍보 게시물 만들기

우리는 흔히 카페 홍보라고 하면 쪽지나 초대 메일 등을 생각할 것이다. 하지만 고수들은 그렇지 않다. 카페의 주제와 관련해서 아주 상세히 A4지 한 장 분량으로 컨텐츠를 만들어 홍보한다. 이는 자신의 카페와 관련된 키워드 내용으로 하면 좋다. 필자가 만든 카페의 홍보물은 다음과 같다.

1. 커뮤니티 마케팅 의 정의

커뮤니티 마케팅은 말 그대로 커뮤니티를 이용해서 마케팅에 활용하는 것을 말한다.<?xml:namespace prefix = o />
이는 기업 입장에서 카페나 블로그를 활용하는 경우와, 개인이 카페 또는 블로그를 만들어서
비영리나 영리 형태로 운영하면서 나 광고, 홍보 등을 유치하는 것을 포함한다.
최근 블로그마케팅 분야를 비롯해서 다양한 형태로 점차 확대되고 있는 추세

2. 커뮤니티의 종류

1) 포털커뮤니티 : 네이버, 다음, 싸이 같은 카페 커뮤니티로 일반적으로 비영리 형태를 띈다.
2) 오픈커뮤니티 : 디시인사이드, 웃긴대학, 자동차 동호회 등 자체 사이트를 커뮤니티 형태로 운영, 영리로 이용가능
3) 기업형커뮤니티 : 대기업 등 기업의 사이트에 고객서비스를 위한 서비스 사이트
(기업독립사이트 또는 웹진 등)
4) 포털 블로그 : 네이버블로그, 미니홈피 등 포털에 소속된 블로그, 상업적 이용 불가능하지만 최근 파워블로그 등 유치로 인해 혜택을
조금씩 주고 있음
5) 오픈 블로그 : 티스토리 등 자체 블로그에 다양한 스킨을 이용해서 구글광고 등을 붙일 수 있음

3. 커뮤니티 마케팅의 장점

1) 최소비용의 최대효과
2) 해당분야에 최고 매니아들에게 집중 타케팅
3) 이벤트 등을 활용한 수많은 글과 댓글 생성
4) 신뢰도 높은 커뮤니티는 효과가 배가, 트래픽 상승
5) 차후 시너지 효과 가능, 사용자의 거부감이 적다

4. 커뮤니티 마케팅의 주체

1) 개인 : 카페운영자, 커뮤니티 운영자, 사업가, 창업희망자 등

① 카페/동호회를 운영하지 않고 창업을 준비중이신분
② 카페/동호회를 운영하고 있지만 비즈니스 전환이 어려우신분
③ 카페/동호회를 운영하지만 사업이 안되시는 분
④ 오프라인 매장 또는 온라인 쇼핑몰을 가지고 있지만 카페/동호회가 없으신분
⑤ 카페/동호회운영과 비즈니스도 잘하고 계신분
⑥ 해당사항은 없지만 관심이 많은분

2) 기업 : 기업 마케팅, 홍보, 광고 담당자
① 기업 커뮤니티 운영자

▲ 커뮤니티 마케팅 카페를 홍보하는 홍보 게시물

이 하나의 게시물이 과연 어디에 응용하게 될까?

- 카페 공지에 '커뮤니티 마케팅' 이란 무엇인가?
- 지식IN 에 관련된 질문에 답변할 때
- 타 카페 등의 질문에 답할 때 또는 타 카페에 홍보할 때
- 자신의 블로그에 등록할 때

그럼, 과연 이 게시물을 맨 아래는 어떻게 표시하는 것이 좋을까?

7. 커뮤니티 마케팅 노하우 스터디

① 국내 대표 인터넷동호회 시솝들이 생각하는 커뮤니티마케팅 노하우
② 국내외 대표적으로 성공한 커뮤니티마케팅 사례 연구
③ 직접 만들어서 정보공유하면서 상부상조하면서 커뮤니티마케팅 실현하기
④ 자신의 커뮤니티 및 사업에 관한 SWOT 분석을 통한 연구
⑤ 국내 대표 커뮤니티(지마켓, 옥션 등) 사이트 분석
⑥ 포털카페나 블로그에서 광고 및 마케팅 가능성 분석
⑦ 검색, 키워드 그리고 지식인 등을 통한 커뮤니티 마케팅 분석

상기 내용에 대한 자세한 설명은 네이버카페 '커뮤니티마케팅(http://cafe.naver.com/hongmario)를 참고하세요
위 6장 내용은 커뮤니티마케팅 카페 시솝이 집필한 '잘나가는 커뮤니티의 특별한 비밀'책 내용을 발췌한 것으로
책 내용의 대부분을 카페에서 확인할 수 있습니다.

▲ 커뮤니티 마케팅 카페 홍보 게시물의 하단에 들어간 출처 표시

살펴본 것과 같이 게시물을 만들어 여기저기 올리면 관심 있는 사람들은 커뮤니티 마케팅 카페에 방문할 가능성이 높을 것이다. 이는 카페 홍보뿐만 아니라 컨텐츠도 생성하게 되어 생각보다 큰 효과를 가져다 준다.

section 02 회원 모집 노하우

'카페 회원수가 몇 명인가요?'
'우와! 정말 많네요.'
'아니, 잘 나간다더니 회원이 왜 이렇게 적어요?'

마케터들이 커뮤니티 시솝에게 묻는 첫 번째 질문이 될 것이다. 이들에게는 카페 회원수가 곧 제휴대상을 결정짓는 가장 큰 요소가 된다. 최근 포털사이트에서는 회원수 수백만 명에 이르는 카페들이 하나 둘씩 늘어가고 있다. 보통은 천명도 힘든데 어떻게 만명, 10만 명까지 모을 수 있을까? 그 방법을 알아보자.

:: 일단 주변 인물들을 가입시켜라

카페를 처음 개설했을 때 회원수에는 '1' 이라는 숫자가 찍힌다. 이 숫자를 늘리는 방법이 주변 지인부터 가입시켜서 수십 명 정도는 확보를 해놓고 시작하는 것이다. 지인들에게 연락하기 좋은 메신저, 문자, 메일 등을 활용해서 가입을 유도해보자.

● 네이트온에 등록된 친구들 강제 가입시키기

필자의 네이트온에는 수백 명이 등록되어 있다. 이 회원들이 모두 내가 만든 카페에 가입하면 좋겠지만 100%는 무리가 있을 것이다. 물론 친한 사람들은 가입해 주겠지만 관심도 없는 사람들이 많을 것이다. 막상 강제로 가입시키기 위해 개별적으로 만나 대화하기에는 시간이 많이 소요되므로 처음에는 단체 쪽지를 보내는 것이 좋다.

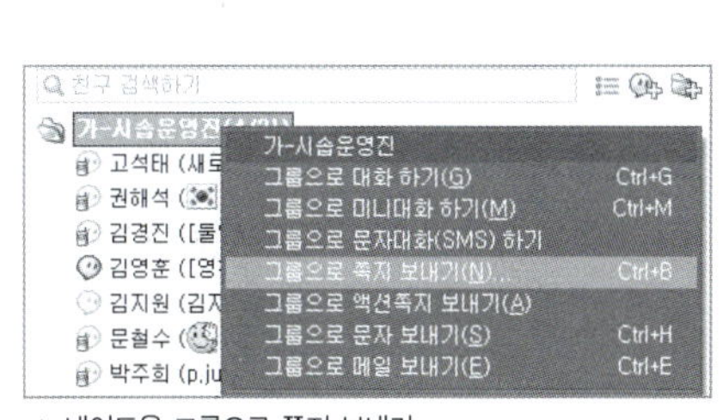

▲ 네이트온 그룹으로 쪽지 보내기

▲ 네이트온으로 단체 쪽지 보내기 샘플

하지만 한 번 보냈음에도 불구하고 가입하지 않는 친구들이 있다. 그럴 때는 대화로 잘 지내냐? 하고 안부를 먼저 물어본 다음 다시 가입을 권유하면 가입해 줄 것이다. 그렇게 해서 친한 친구들이 가입하게 되면 수십 명은 쉽게 확보하게 된다.

● 문자 활용으로 회원 가입시키기

주위 지인들이 모두 네이트온을 하겠는가? 그것은 분명 아닐 것이다. 그럼 그 다음 방법은 무엇일까? 바로 문자다. 네이트온으로 가입하지 않은 지인들에게 단체 문자를 보내보자. 그 중에 몇 명은 가입을 하게 된다.

▲ 단체 문자 보내기 샘플

● 메일을 이용해서 지인들 가입시키기

메일을 이용하는 방법은 자신의 주요 지인들에게 활용할 수 있는 방법이다. 이때 메일 문구를 미리 정해 놓고 복사해서 사용하면 편리하다. 예를 들어, 문구를 다음과 같이 정해고 메일 주소를 추가해 가면서 메일을 보내면 한두 명씩 계속 가입을 할 것이다. 이는 주로 회사 업무 관계자 또는 비즈니스 관계자들에게 활용하면 좋다.

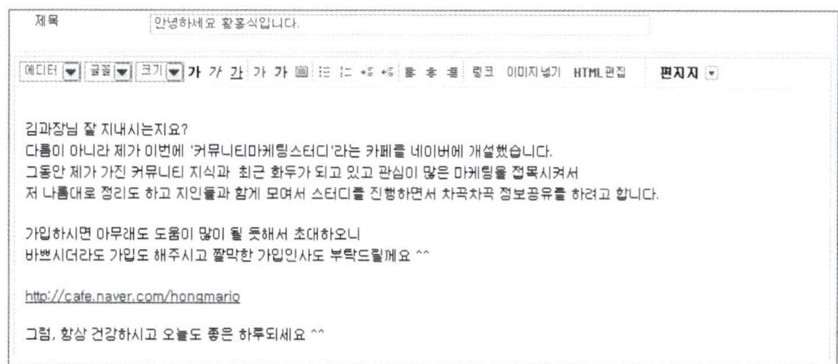

▲ 메일 보내기 샘플

유사 카페에 홍보 메일 부탁하기

유사한 성격의 카페에 홍보 메일을 부탁하는 것은 인맥이 없는 사람에게는 힘들 수 있는 방법이다. 하지만 혹시나 자신이 운영하고자 하는 카페와 테마가 유사하거나 자매 카페로 활용할 수 있다면 해당 카페에 글을 남기고 카페 시숍에게 홍보를 부탁하는 방법도 있다.

▲ 유사 카페에 홍보를 부탁하는 글

:: 회원 모집을 위한 노하우 정리

카페를 운영하는 사람치고 회원이 많아졌으면 하는 바람을 누구나 가지고 있을 것이다. 이는 카페 회원수가 마케팅의 최우선 척도가 되고 있고 카페 운영한다고 하면 대부분의 사람들은 회원수가 몇 명인지를 가장 먼저 물어보기 때문이다. 사실, 커뮤니티가 회원수가 전부가 아니지만 마케팅을 생각하자면 회원순은 절대 무시할 수 없는 것이다. 회원수의 증가율이 높다는 것은 결국 카페를 잘 운영하고 있다는 것을 보여주는 대표적인 지표가 되는 것이다.

● 회원 모집을 하기 위해 반드시 갖추어야 할 조건

앞에서 회원 모집에 필요한 4가지 요소에 대해서 알아보았다. 그럼 본격적인 회원 모집을 위해서 우리는 그냥 무턱대고 회원 모집에 나서면 되는 것일까? 절대 안 된다. 카페든 뭐든 시작할 때는 무조건 기본을 갖추고 출발해야 한다.

그럼, 회원을 모집 하기 전에 자신의 카페 상태를 먼저 점검해 보자.

> **회원 모집을 하기 전에 카페가 갖추어야 할 조건**
> 1. 게시글이 많아야 한다. 그것도 한 사람이 아닌 여러 사람의 글이 많아야 한다.
> 2. 기본적으로 어느 정도의 회원순은 있어야 한다.
> 3. 자신만의 컨텐츠가 있어야 한다.
> 4. 대문과 메뉴가 잘 정리되어 있어야 한다.
> 5. 카페를 소개하는 글과 이용 방법에 대한 소개가 공지되어 있어야 한다.

즉, 위의 5가지 요건이 충족되었을 때 본격적인 회원 모집에 나서야 하는 것이다.

● 검색에서 상위 페이지에 나타나도록 해라

카페 가입 시 회원들에게 어떻게 알고 들어왔냐고 물었을 때 대부분은 검색을 통해서 들어왔다고 한다. 무엇을 검색했을까? 무엇을 검색했는데 내 카페가 검색되어서 들어왔을까? 그것은 바로 카페명과 키워드다. 즉, 키워드 검색을 했을 때 당신의 카페가 상위 페이지에 있어야 된다.

그럼, 상위 페이지에 나타나려면 어떻게 하는 것이 가장 좋은가? 해당 키워드에 대해서 회원수, 게시글 수, 방문자 수 등이 어느 정도 높아야 될 것이다. 여기서 우리는 첫 번째 회원수 모집 노하우의 답이 바로 게시글 수를 많게 해서 상위 페이지에 나타나게 하는 것임을 알 수 있다. 다음 카페에 둥지를 둔 '놀방파'는 놀방파는 기본이고, 노래방 관련 키워드에서도 검색 상위에 노출되고 있다.

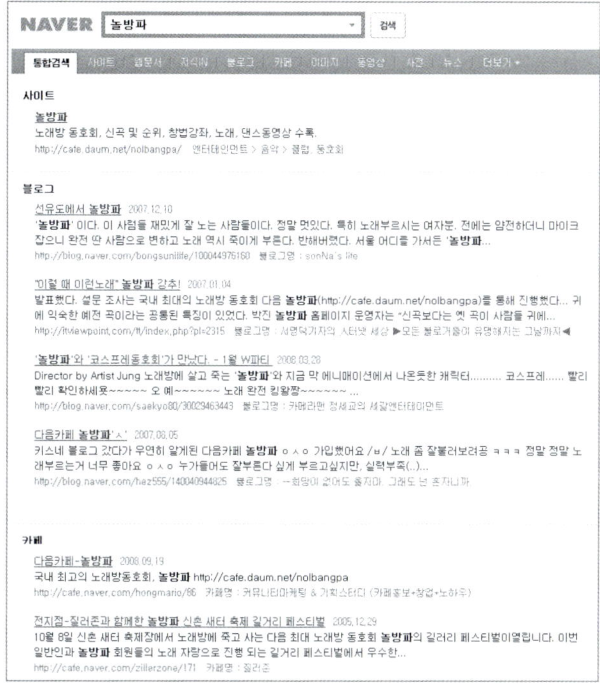

▲ 네이버에서 놀방파 검색 시

● 인기 검색어, 인기 키워드, 최신 유행

요즘 뜨는 드라마 또는 뉴스 등에 화제가 되는 소재들을 올리면 금방 회원수가 늘어난다. 가령 최근에 출시된 자동차 이름으로 미리 카페를 만들어서 컨텐츠를 차곡차곡 쌓아 놓으면 금새 회원수가 늘어날 것이다. 또한 최근 드라마를 주제로 해서 운영을 잘해도 금방 회원이 늘어난다. 이는 축구 동호회가 월드컵 시즌에 회원수가 늘어나는 것과 같은 이치다. 따라서 이런 인기 검색어를 잘 활용해서 카페 키워드, 컨텐츠, 게시물들을 조절 하거나 메뉴 등을 생성시켜 관심을 갖도록 하면 카페 회원 모집에 큰 효과를 볼 수 있을 것이다. 다음에서 확인할 수 있듯이 커마스 카페를 보면 커뮤니티 마케팅과 다소 관계가 없는 키워드들로 인한 유입이 많다는 것을 알 수 있다.

순위	검색어	유입률
1	헌터스터번	10 (7.58%)
2	핑고	7 (5.3%)
2	프로방스집꾸미기	7 (5.3%)
4	설치형블로그	4 (3.03%)
4	ppt다이어그램	4 (3.03%)
6	82cook	3 (2.27%)
6	율랑리조개구이	3 (2.27%)
6	안상태분이고모음	3 (2.27%)
6	로드뷰율컬꾁공원	3 (2.27%)
10	빌미도조개구이	2 (1.52%)

▲ 커마스카페의 네이버검색을 통한 유입 키워드

● 타 카페에는 없는 내 카페만의 보물

카페에는 독창적인 자료가 있으면 매우 유리하다. 타 카페에서 전혀 볼 수 없는 내 카페 만의 자료를 가지게 되면 방문자가 해당 카페에 관심을 많이 가지게 된다. 유사 카페는 업데이트도 안되고 별로 관심 없는 정보가 올라오는 반면 내 카페는 독창적인 자료들이 매일 업데이트 되면 이는 회원들이 그 자료를 보기 위해 계속 방문할 것이고 입소문을 타서 자연적으로 회원이 늘어나게 된다.

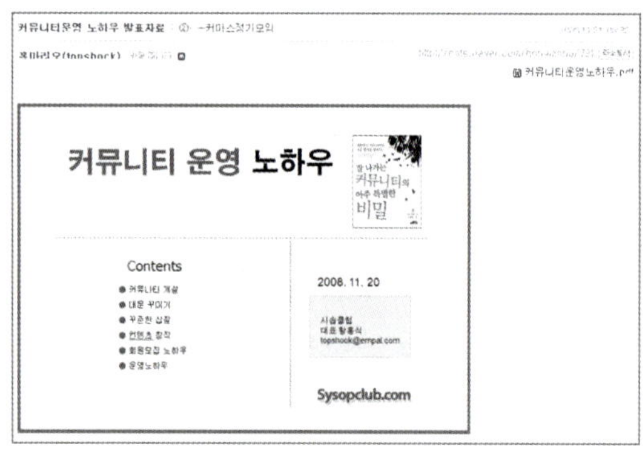

▲ 커뮤니티운영 노하우 발표자료를 게시판에 올림

많은 시간을 카페에 투자하라

처음에는 열심히 하는 것보다 나은 것이 없다. 무조건 열심히 그리고 많은 시간을 투자하라.

본격적인 회원 모집에 나서보자

만약 퇴근 후 2시간 동안 카페에 글을 마구 올렸을 경우와 2시간 동안 개별 회원에게 초대 메일과 쪽지를 보냈을 때 어느 경우가 더 많은 회원을 유입하게 될까? 이는 현재 회원 수와 활동도에 따라서 차이가 있을 것이다.

필자는 커마스 카페 회원수가 약 200명일 때 테스트를 해 보았다. 결과는 어땠을까? 결과는 쪽지/초대 메일 보내기의 압승이었다. 쪽지/초대 메일 보냈을 때 약 400명에게 보냈는데 24시간 이후의 회원 증가 수는 약 40명이었다. 게시글의 경우 2시간 동안 약 40개의 자료를 올렸는데 24시간 이후 회원 증가 수는 약 20명이었다. 물론, 카페 회원수가 수천, 수만 명 이상인 경우와 자료 내용이 좋고 나쁨에 따라서 약간의 차이가 있겠지만 그래도 초창기에는 초대하는 방법이 오히려 낫다는 것을 전적으로 보여주는 좋은 예라고 할 수 있겠다.

:: 그 밖의 회원 모집 노하우들

앞서 카페의 독창성과 컨텐츠의 질적 향상으로 회원들의 유입을 이끌어 내었다면 이번에는 다양한 노출 방법들로 인한 회원 유치를 알아보자.

지식IN 이용

카페 소개글을 작성하는 요령에 대해 간략하게 설명한 바 있다. 그렇다면 이렇게 작성된 글들을 어떻게 지식IN에서 활용할 수 있을까? 지식IN에 나온 질문 중에서 자신 있는 질문이 있으면 간단하게 답변을 하고 맨 아래에 자신의 카페 주소를 살짝 남겨 놓자. 이미 네이버와 다음의 지식IN에는 출처를 표시하는 기능을 제공하고 있다.

● 타 카페 활용

자신의 카페 및 키워드에 관해 정리한 자료가 있다면 이를 유사한 주제의 타 카페에 글을 작성해 보자. 어차피 유사 카페에는 벤치마킹을 목적으로 가입해 두는 것이 좋다. 따라서 가입한 카페 여기저기에 글을 남긴 후 마찬가지로 맨 아래에 당신의 카페 주소를 남겨 놓으면 의외로 큰 효과를 가져다 준다. 그러나 간혹 삭제되는 경우도 있다.

● UCC 제작

UCC 제작은 쉽지 않다. 그러나 이미지 보다는 동영상의 파급력이 더 좋기 때문에 고려해 볼 만하다. 일단 동영상을 제작한다면 아주 재미있어야 하고 사람들이 퍼갈 수 있게 잘 편집 되어야 한다. 그러기 위해서는 뭔가 독특한 아이디어가 있으면 좋다. 그리고 꼭 동영상이 아니더라도 자신이 기자가 되어서 자신이 본 만화나 영화 중에서 Best 20을 선별하여 재미있게 글을 쓴다면 그것 또한 UCC가 될 수 있다.

● 이벤트 활용

이벤트 활용이라는 방법은 좀 특이한 방법이다. 만약 당신의 카페에서 이벤트로 진행해 봄직한 경품이 있다면 그 경품을 걸고 이벤트 공지를 한다. 그런 다음 경품 사이트에 무료로 이벤트 정보를 등록해 보면 많은 사람들이 이벤트를 목적으로 가입한 것을 확인할 수 있다. 단, 이 방법은 경품이 확실하고 협찬 업체가 있을 경우에만 해당된다.

● 오프라인 모임 활용

자신의 카페에서 하는 오프라인 모임을 타 카페나 유사 사이트 등 여러 군데 올리는 방법이다. 이 방법은 많은 수의 회원 유입을 기대하기는 어렵지만 아무래도 오프라인 모임에 참여할 확률이 높기 때문에 나쁘지 않는 방법이다.

:: 확실한 회원 모집 노하우 공개

● 쪽지/메일 삽질

쉽게 말해서 어떤 홍보 문구를 정해 놓고 유사한 분야에 관심이 많은 이들에게 홍보를 하는 방법이다. 어떻게 보면 스팸 메일과 비슷해 보이지만 스팸은 주로 프로그램을 이용하는 것이고 일반적인 포털 카페에서는 단순 노동, 일명 '삽질'을 통해서 홍보하는 경우가 대부분이다. 어떻게 홍보 문구를 작성할 것인지 먼저 정한 다음 두 번째는 어떤 대상에게 홍보를 할 것인가를 정한다. 마지막으로 어떻게 홍보하는 것이 효율적인지 판단한다.

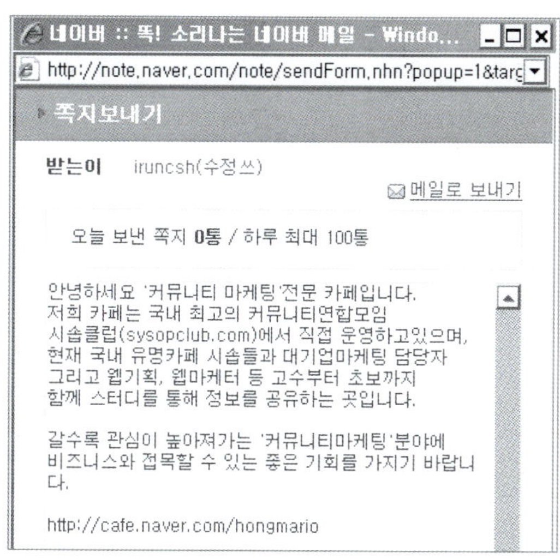

▲ 홍보 쪽지 보내기의 예

● 검색 유입 확률이 높은 글 많이 올리기

뭐니 뭐니 해도 카페 회원을 모집하는 데는 우수한 컨텐츠를 많이 올리는 것이 중요하다. 그럼 우수한 컨텐츠의 기준은 어떻게 정할까? 그건 자신이 보기에 퍼가고 싶은 욕구가 드는 글이면 우수한 컨텐츠라고 할 수 있다. 그런 컨텐츠가 많을수록 또 매일 업데이트 될수록 카페는 점점 커지게 된다.

:: 포털 랭킹 1위 카페들의 성공 사례

좀 더 명확한 이해를 위해 현재 3대 포털사이트에서 랭킹 1위를 달리고 있는 카페들의 시솝이 과연 어떤 노하우를 가지고 있는지 알아보자

🔴 싸이월드 랭킹 1위 카페 싸이존(http://cyzone.cyworld.com)

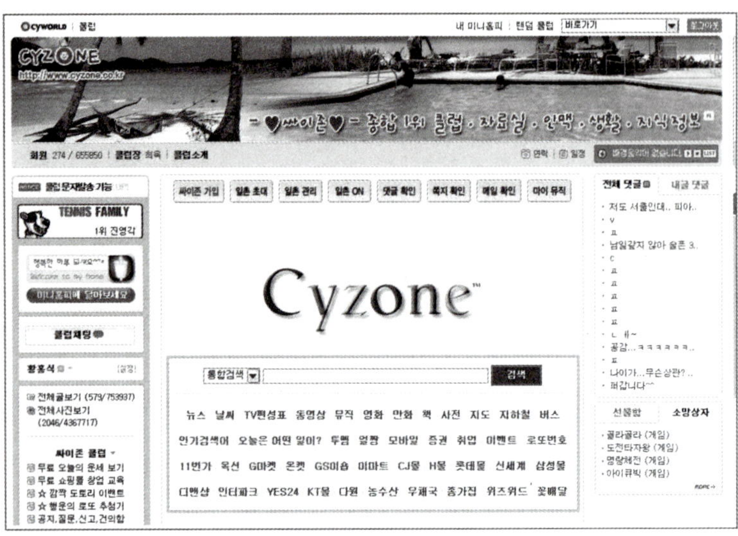

▲ 싸이월드 1위 카페 싸이존

싸이월드 랭킹 1위 클럽은 현재 회원수 65만 명의 싸이존이다. 싸이존의 최욱 시솝은 최초에는 친구들과의 교류를 위해 클럽을 만들었다. 클럽을 만들 때 우선 싸이존이라는 클럽명이 쉽고 도메인도 'cyzone' 으로 해서 쉽게 다가갈 수 있을 것 같아 짓게 되었는데 이후 홍보에 큰 도움이 되었다고 한다.

그리고 커뮤니티 운영자로서 반드시 해야 할 자료 수집에 많은 시간과 노력을 아끼지 않았다. 특히, 사비로 검색 키워드 광고를 해서 각종 검색 사이트에 등록을 하였고 또한 도토리도 직접 구입하여 이벤트를 실시하고 회원들에게 도토리를 지급했다. 클럽이 점차 성장하면서 다양한 협찬 제안이 들어왔고 그를 바탕으로 꾸준히 무료 이벤트를 진행한

결과 회원들로부터 사랑을 받을 수 있었다. 나아가 싸이월드의 클럽장, 관계자들과 꾸준히 교류하여 친분을 쌓고 역량을 키워갔다. 최욱 시솝은 많은 노력과 시간을 투자했기에 1위라는 자리에 오를 수 있었다고 한다.

현재 직장도 관두고 신촌에서 클럽에 열중하고 있는 최욱 시솝은 운영 노하우에 대해 이렇게 말했다. "자신만의 노하우가 있다면 그건 꾸준한 관리를 해야 한다는 것입니다. 클럽이 워낙 크다 보니 클럽 관리에 하루의 모든 시간을 보내는 것 같습니다. 처음에는 회사도 다니면서 틈틈이 관리를 했는데 이제는 그 정도 수준을 벗어났다. 각종 회원들의 민원 처리나 문의 등도 급증해서 처리하는데 하루가 전부 갑니다. 그래서 회사까지 그만두고 모든 시간을 클럽에 쏟았다는 게 저의 노하우 아닌 노하우라고 할 수 있겠습니다. 노력과 시간을 투자하는 게 가장 중요하다고 봅니다. 저도 이제는 조금 더 여유를 가질 생각이에요."

● 네이버 1위 카페 중고나라(http://cafe.naver.com/joonggonara. cafe)

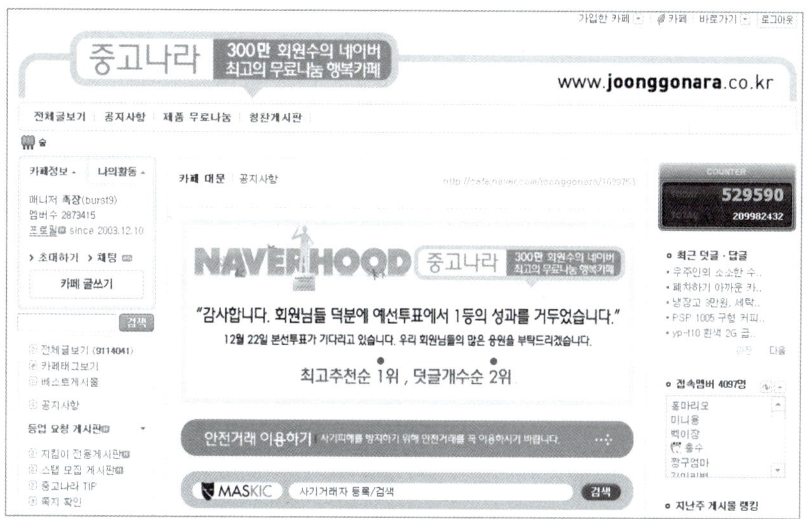

▲ 네이버 랭킹 1위 카페 중고나라

카페 회원수 현재 280만 명 이상, 곧 300만 명을 돌파하게 되는데 이러면 거의 국내 최고 수준의 카페라고 할 수 있다. 네이버의 수많은 카페 중 컨텐츠, 회원수 등에서 단연 랭킹 1위를 고수하고 있는 중고나라 카페의 모토는 나눔이 최고의 행복이 된다는 것이다. 나한테는 작고 의미가 없는 것일지 몰라도 다른 사람에게는 소중한 것일지도 모른다는 생각에서 카페를 만들어 회원들과 공유하고 있다.

그럼, 중고나라 카페가 네이버 카페 중 1위로 발돋움하게 된 비결은 무엇일까? 카페 시숍인 족장님은 다음과 같이 그 이유를 설명했다.

"명확한 카페의 방향 설정 후 컨셉에 맞는 지속적인 관리가 주요한 역할을 했다고 생각합니다. 중고나라가 처음 만들어졌을 당시만 해도 국내에 중고 거래 카페는 상당히 많았습니다. 하지만 중고나라처럼 무료 나눔이나 아껴 쓰고 나눠 쓰자라는 방향으로 일관성을 가지고 운영되는 카페는 없었습니다. 회원들이 원하는 방향을 잃지 않고 열심히 운영한 것이 중고나라가 1위를 고수하는 비결이라고 생각합니다."

그리고 카페 운영 노하우에 대해서는 다음과 같이 얘기했다.

"사실 중고나라를 1위로 만든 것은 제가 아닙니다. 모두 스텝의 공입니다. 지금은 자리를 떠났지만 그간 중고나라를 거쳐간 많은 스텝들과 현재 열심히 활동하고 계신 스텝분들이 자신의 역할에 충실하였기 때문입니다. 또한 지금의 중고나라를 만들기 위해 많은 노력을 해 주었기에 이 많은 회원이 활동함에도 불구하고 원활히 운영될 수 있다고 생각합니다."

중고나라 시숍은 카페 테마에 대한 일관성과 회원들이 원하는 것들을 잘 파악했고 운영진의 역할을 중요시 여겼다. 중고나라 역시 이렇게 랭킹 1위를 하기까지는 각고의 노력이 있었지만, 카페 운영을 즐기면서 꾸준히 어려운 이웃을 돕는 등 나눔 경영을 한 것이 훌륭한 결과로 돌아오게 된 것이 아닌가 싶다.

section 03 운영은 친구와 가족들과 놀듯이 해라

커뮤니티 운영하는 것 자체를 어쩔 수 없이 의무적으로 한다고 느끼게 되면 이미 당신은 커뮤니티 운영에 실패한 것이다. 커뮤니티는 정(情)으로 똘똘 뭉친 공동체이다. 관심 분야가 동일한 회원들을 한 명씩 알게 되고 정보를 주고 받는 쏠쏠한 재미를 즐기고 느껴야 한다.

:: 게시판 관리 노하우

일반적으로 신입 회원들은 가입하자 마자 주로 글을 남기는 곳이 '가입 인사' 또는 '등급 업 신청' 게시판이다. 신입 회원들은 대부분 카페에 들어오면 관심사에 대한 정보를 주로 보는 수준에서 활동하게 된다. 그들이 쉽게 글을 남기게 하는 방법은 다음과 같은 몇 가지 방법이 있다.

● 등급별로 게시판 권한을 두어서 관리하자!

가입만 하면 볼 수 있는 글

카페 초창기에는 가입만 하면 바로 볼 수 있는 글들이 많아야 한다. 그래야 많은 게시물들을 읽게 되고 그 게시물은 조회수가 올라 갈 것이다. 그리고 댓글들이 달릴 것이다.

등업 신청을 해야만 볼 수 있는 글

보통 등업 신청 게시판에는 다양한 조건이나 양식을 두어서 까다롭게 만드는 곳이 있는데 이는 어느 정도 카페 회원수가 많고 활성화 되었을 때의 경우이다. 대부분은 회원들이 쉽게 참여할 수 있게 하는 방법이 좋다. 아래는 커마스에서 시도한 4문4답 등업 신청 게시물이다.

▲ 커마스에서 실시한 4문4답 등업 신청의 예

이벤트나 오프라인 모임을 실시해서 회원 참여를 유도하라

회원들은 초창기에는 거의 글을 작성하지 않는다. 자신을 소개하는 가입 인사, 등업 신청 외에는 끝이다. 그렇다면 참여를 유도할 수 있는 방법은 무엇인가? 만약 위에서 언급한 4문4답을 작성한 회원들을 대상으로 2레벨로 승격한다면, 3레벨은 게시글 수가 5개 이상이고 댓글 수가 10개 이상이라고 정해 놓자. 그런 다음 3레벨 자료실을 새롭게 만들어서 엄청나게 많은 자료를 올린다면 회원들은 또 3레벨이 되기 위해서 글을 작성하거나 참여할 것이다. 하지만, 이 방법은 왠지 반강제적인 느낌이 크다. 쉽고 자연스럽게 참여할 수 있도록 유도하는 방법이 필요하다.

● 회원들은 시솝이 직접 댓글을 달아주길 바란다

회원들이 글을 남겼을 때 될 수 있으면 시솝이 직접 답글을 남겨 주어야 한다. 대장이 남기면 다른 회원이 답글을 남겼을 때 보다 심리적인 부분이 작용해 기분이 좋아지기 때문이다. 그리고 회원들마다 다른 댓글을 달아주는 것이 좋다. 가령 모든 회원들에게 똑같이 '방가방가~' 라고 짧은 댓글을 달아준다면 얼마나 성의 없어 보일까? 그 회원들의 글에 맞게 댓글을 달도록 하자.

◀ 가입 인사글에 달린 운영자들의 댓글

:: 회원 관리 노하우

커뮤니티 운영하는 시숍들의 애로사항 중 대부분을 차지하는 것이 회원문제다. 한두 번씩 불량회원 때문에 골머리를 썩이거나 마음 고생한 경험은 다 가지고 있다. 특히, 온라인에 기반을 두고 있기 때문에 사람과 사람 사이에 벌어지는 문제들을 해결하기가 더욱 어려운 것이다. 개설 초기부터 회원을 관리하는 노하우에 대해 자세히 알아보도록 하자.

● 참여도 향상을 위한 회원 레벨

카페 관리자 모드에 가면 회원 레벨제가 있다. 이 제도는 포털 중에서 다음 카페가 최초로 시도했는데 이제는 모든 포털사이트의 커뮤니티 서비스에 필수적인 항목이 되어버렸다. 회원들 입장에서는 아무래도 빠른 시간 내에 회원 레벨을 높여 좀 더 고급 정보를 얻고 싶어한다. 하지만 운영자 입장에서는 활동을 열심히 하는 회원에 한해서 레벨을 올려주는 제도를 통해 참여도를 높이게 된다.

일반적인 회원 레벨 기준과 레벨에 따른 회원 관리는 어떻게 하는 것이 좋은지 알아보자.

다음은 필자가 운영하고 있는 커마스의 레벨 정책 공지사항이다.

등급명	등급설명
신입	가입한 모든 회원
1레벨	등업신청게시판에 한마디 남긴 회원
2레벨	1레벨=>2레벨 신청게시판에 4문4답을 작성한 회원
3레벨	게시글 5개이상, 댓글 10개 이상 작성회원
4레벨	온라인 오프라인 활동이 뛰어난 회원
5레벨	카페 운영진

▲ 커마스에서의 레벨 정책

일반적으로 포털 카페에서는 레벨에 따라 이름을 변경해서 설성할 수 있다. 레벨닝은 카페의 특성대로 변경해도 무방하다. 여기서 중요한 것은 카페의 회원수에 따라 레벨을 탄력적으로 조절하는 것이 중요하다. 초창기에는 1레벨 위주로 운영되기 때문에 웬만한 글은 카페 가입만으로도 볼 수 있게 하는 것이 좋다. 카페 회원수를 늘리는 것이 초기에는 최우선 목표이기 때문이다. 어느 정도 회원수가 확보되었다고 판단되면 2레벨 이상 되어야만 중요한 자료를 열람할 수 있게 제한을 두는 것이 좋다. 그래야 회원들이 레벨업을 위해서 글을 작성하게 되고 참여하게 된다.

그리고 어느 정도 2레벨의 회원이 확보되면 이벤트나 오프라인 모임을 실시해서 회원들과 친밀도를 향상시킬 필요가 있다. 아무래도 우리나라가 커뮤니티가 발달했다고는 하지만 개인간의 커뮤니케이션이 활발해져야 게시판에 참여하기 때문이다. 오프라인 모임을 실시해서 참여자에게는 3레벨의 회원 자격을 부여하거나 또는 이벤트에 참여한 회원에게 3레벨 자격을 부여해서 성취감을 가지게 하는 것이 좋다.

마지막으로 어느덧 세월이 흘러 회원수도 수천 명, 수만 명이 되면 이제는 운영진 수준 정도 되는 열성회원, 충성 회원들을 3레벨, 4레벨로 올려줘야 한다. 이들에게는 운영진에 준하는 활동을 하게 하고 네이트온도 공유하고 각종 고급 정보를 공유할 만한 친목이 자연적으로 흐르게 될 것이다.

● 카페 가입하려는 회원들의 심리

인터넷 홈페이지를 기획하는 웹기획자들이 놓치기 쉬운 것이 바로 고객의 입장이다. 카페도 마찬가지다. 카페 시숍들도 카페 회원의 입장에서 카페를 운영해야만 훌륭한 카페가 될 수 있다. 카페에 가입을 하려는 회원과 이미 가입한 회원들의 심리 상태를 분석하면 조금 더 카페 운용이 편리해 질 수 있다. 심리적인 요인에 대해서 알아보자.

만약, 당신이 어떤 카페에 가입할 때 가입 절차가 복잡하고 조건이 까다로운 곳이 있을 수 있다. 반면 [가입하기] 버튼을 클릭하는 행위만으로 가입이 가능한 카페가 있다면 어디를 가입할 것인가? 독특한 곳을 제외하고는 쉽게 가입할 수 있는 곳을 선호할 것이다. 따라서 카페 운영 초기에는 가입 조건을 복잡하게 내세우지 않는 것이 유리하다. 그리고 나중에라도 회원 유치가 목표라면 계속해서 가입 조건을 내세우지 않아도 무방하다. 요즘은 스팸성 글이나 악성글들이 많이 줄었을 뿐만 아니라 카페 가입 시 특수문자를 입력해야 되고 또한 게시판 메뉴에서 등급 조절이 가능하므로 가입 장벽을 낮게 해두는 것이 좋다.

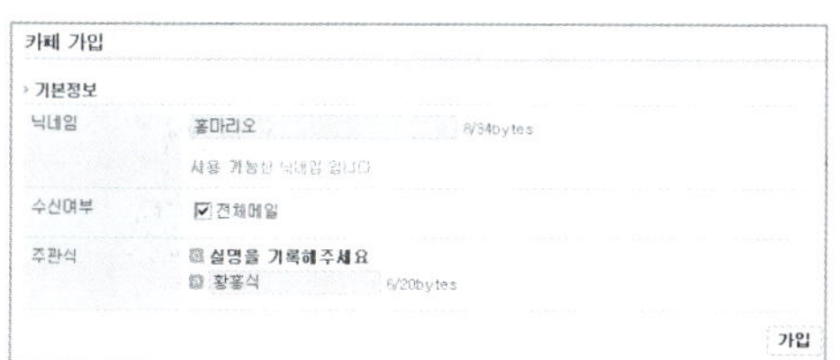

▲ 회원가입이 쉬운 카페

▲ 카페가입 시 질문에 답을 다 해야만 가입되는 카페

● 카페에 가입한 회원들의 초기 심리

통계적으로 보면 카페 전체 회원수의 약 80~85%는 관람자, 10~15%가 일부 참여자, 5% 미만이 적극적인 주도자이다. 즉, 카페 회원들의 대부분은 관람자일 뿐이다. 이들 관람자 들은 대부분 게시글 읽기에만 만족하는 심리를 가지고 있다. 간혹 댓글을 달거나 글을 작 성하는 것은 레벨업, 이벤트, 오프라인 참여 등 특별한 경우 외에는 좀처럼 움직이지 않 는다.

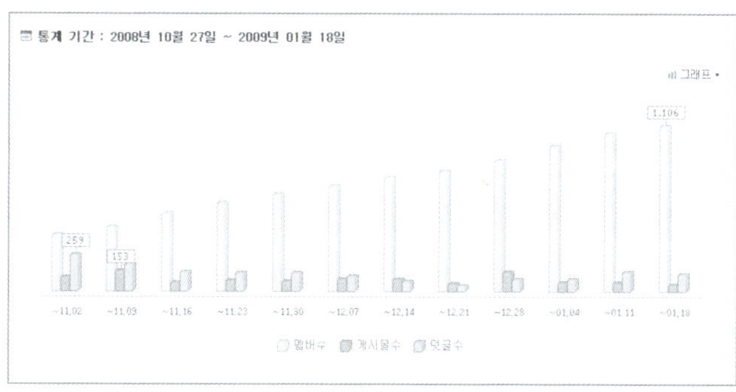

▲ 커마스 멤버 활동 통계

따라서 80%에 이르는 관람자들을 움직일 수 있는 요소가 있어야 한다. 이들이 2번째, 3 번째 방문을 했을 때 원하는 자료가 있거나 새로운 컨텐츠가 있으면 참여도에서 큰 차이 를 보이게 된다. 가끔씩 오더라도 볼만한 자료가 많으면 해당 카페에서 페이지뷰와 머무 는 시간이 늘어나게 된다. 하지만 필요한 자료를 찾지 못하거나 볼만한 컨텐츠가 존재하지 않는다면 금방 가버릴 것이다. 따라서 이들의 주목을 끌 수 있는 컨텐츠와 관심사에 대한 정보를 주기적으로 업데이트 하는 것이 매우 중요하다.

● 카페 가입 몇 달 후 회원들의 심리

카페 가입한 지 몇 달이 지나면 아예 카페 방문을 하지 않는 유령 회원과 가끔씩 방문하는 회원, 그리고 자주 방문하는 회원 등 대략 3가지 부류로 분류된다. 유령 회원들이 가입만 하고 카페에 재방문하지 않는 이유는 해당 카페에서 필요한 자료를 이미 수집하여 재방문의 필요성이 없어졌거나, 해당 카페에서 등급(레벨)을 제한하여 자료를 보지 못해 방문 자체를 포기했을 수 있다. 아니면 주관심사가 바뀌어 더 이상 그 카페에는 방문하지 않는 경우이다.

그럼, 유령 회원은 제외하고라도 재방문의 가능성이 있는 회원들을 위해서는 어떻게 해야 할까? 카페 재방문은 분명 카페 랭킹에도 큰 이바지를 한다. 카페 재방문률을 타의적으로 높이는 가장 흔한 방법은 메일이나 쪽지를 통해서 이벤트와 오프라인 모임 또는 신규 자료에 대한 소식을 알리는 것이다. 간혹 귀찮아서 또는 습관적으로 메일이나 쪽지를 등한시 하는 경우가 많은데 이런 경우라고 해도 어느 정도 주기적으로 카페 소식을 알릴 필요가 있다. 일반 홈페이지처럼 웹진은 아니더라도 2레벨, 3레벨 회원들의 네이트온 정보 등을 수집해서 쪽지나 직접적인 대화를 통해 알리는 것도 좋은 방법이다.

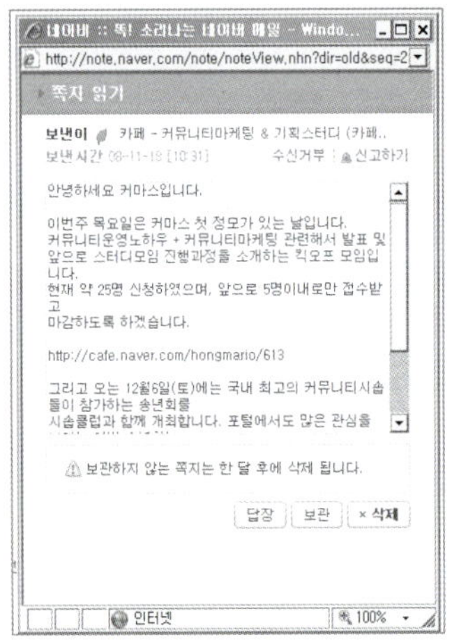

▲ 재방문 유도를 위한 전체 회원에게 보낸 쪽지

이처럼 카페 시숍은 회원들의 입장에서 다방면으로 관심을 가질 수 있는 이벤트 소식을 자주 전해줘야만 카페가 활성화 될 수 있고 회원들과의 교류도 많아 질 수 있다는 점을 염두에 두자. 즉 주기적인 전체 메일 발송으로 유령 회원들의 접근성을 높이고 활동이 소홀해진 옛 충성 회원들의 관심을 상기시키는 것이 중요하다.

● 회원들의 평균 활동 기간은?

카페 회원들의 평균 활동 기간은 얼마나 될까? 처음엔 자주 보이다가도 어느 정도 시간이 지나면 활동이 뜸한 회원들은 왜 활동을 안 하게 된 것일까? 그들은 대체적으로 이런 핑계를 댄다.

① 바쁘다 ② 다시 나가기가 어색하다 ③ 다른 동호회 활동을 하게 되었다 ④ 연애를 한다.

여러 가지 이유들이 복합적으로 작용해서 회원들의 활동이 뜸해지기 마련이다. 다음 그림은 회원들이 카페에서 활동하는 기간을 표로 만들어 본 것이다.

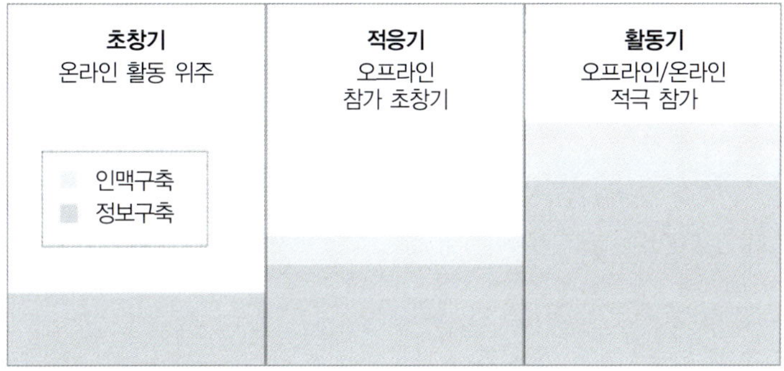

▲ 회원들이 카페에서 활동하는 기간

대체적으로 회원들이 카페에서 활동하는 기간은 약 6개월 정도로 본다. 이는 적극적으로 활동하는 회원들을 제외한 유령 회원들과 참여도가 높지 않는 회원들 기준이다. 살펴본 그림을 자세히 설명하자면 초창기에는 대부분 온라인 활동 위주의 게시글 읽기가 대부분이다. 적응기에는 오프라인 모임 참가 등을 통해 인맥을 쌓고 조금 더 많은 정보와 지식을 쌓으려 하고 활동기에 접어들면 인맥과 정보가 더욱 늘어나게 된다.

하지만 실질적으로 활동 기간은 더욱 더 짧을 수도 있다. 그럼 카페 시솝 입장에서는 어떻게 카페를 관리해야 할까? 꾸준한 신입 회원 유치와 회원 관리가 정답이다. 꾸준한 회원 모집에 계속 신경을 세워야 하며 신입 회원들을 반갑게 맞이하는 이벤트도 필요하다. 회원들끼리 친해질 수 있도록 지역, 나이, 직종, 취미 등의 공통 관심사 등을 적절히 활용해야 할 것이다.

● 우수 회원을 위한 주소록 관리

카페를 몇 개월 정도 운영해 보면 활동이 우수한 회원들이 생길 것이다. 그렇게 적극적으로 활동하는 우수 회원들은 특별 관리를 할 필요가 있다. 카페는 일대다(一對多 : 한 사람이 여러 사람과 커뮤니케이션을 이루는 형태) 보다는 다대다(多對多 : 여러 사람과 여러 사람이 커뮤니케이션을 이루는 형태)로 운영되어야 한다. 쉽게 말해 시솝 혼자 게시글을 도배하는 것보다 여러 회원들이 다양한 컨텐츠를 남기고 한 사람의 글에도 여러 회원들이 댓글을 남겨야 카페가 활성화 된다는 뜻이다.

그렇다면 이런 우수 회원들은 어떻게 관리하는 것이 좋을까? 앞서 언급한 오프라인 모임이나 이벤트 참여 등을 통해 활동에 적극적인 회원들이 나타날 경우 우선 회원 레벨을 3레벨 이상으로 올려서 어느 정도 카페에서 높은 위치를 부여하자. 그리고 이들의 생일과 주소 등을 엑셀로 정리해 두고 게시판에 공지 등을 해서 해 우수 회원 등급 이하의 회원들에게 우수 회원들이 되고 싶게 해주는 것 또한 좋은 방법이다. 하지만 엑셀로 정리하자면 시간이 좀 걸리므로 요즘은 네이트온을 통해서 주로 관리한다. 필자의 경우 그룹별로 회원들을 정리해서 관리 중이다.

◀ 네이트온을 통해 카페 회원을 관리하는 예

그림처럼 레벨 별로 관리하면 카페의 소식 등을 전할 때 단체 쪽지 등을 보낼 수 있으므로 매우 효과적으로 회원을 관리할 수 있다. 그리고 엑셀로 정리할 때도 다음 그림처럼 항목별로 정리해서 주기적으로 업데이트하면 좋을 것이다.

No.	조명	이름	등급	H.P	NateOn	게시물	가입일	최종방문일
1		황홍식	클럽장			1138	2006-08-11	2007-10-18
2	에이스	박준범	부클럽장			168	2006-09-05	2007-10-18
3	큐	고석태	부클럽장			128	2006-08-15	2007-10-18
4	피피	최전택형	부클럽장			203	2006-08-21	2007-10-18
5	에이스	서승원	명예회원			84	2007-01-03	2007-10-17
6	큐	안숙원	명예회원			132	2006-09-04	2007-10-18
7	큐	정혜진	명예회원			141	2007-04-30	2007-10-18
8	피피	김수정	명예회원			88	2006-08-28	2007-10-18
9	에이스	여인실	우수회원			39	2006-11-24	2007-10-17
10	에이스	이지훈	우수회원			74	2007-01-08	2007-10-16
11	에이스	정준섭	우수회원			98	2007-05-02	2007-10-18
12	에이스	최정인	우수회원			131	2007-04-19	2007-10-18
13	큐	김재우	우수회원			38	2007-03-01	2007-10-18
14	큐	양가영	우수회원			7	2007-05-08	2007-10-16
15	큐	유재관	우수회원			8	2007-07-24	2007-10-15
16	큐	이미진	우수회원			3	2007-07-09	2007-10-16
17	큐	이성경	우수회원			2	2007-02-10	2007-10-17

커기스 회원명단_2레벨이상
Total: 108명 (운영진: 9명, 3레벨: 16명, 2레벨: 83명) 2007-10-18

▲ 엑셀로 정리한 회원 명단

● 불량 회원 퇴치 방법

페를 운영하다 보면 꼭 불량 회원이 생기기 마련이다. 우리가 흔히 말하는 불량 회원이란 어떤 부류의 회원들을 말하는 것일까?

불량 회원의 종류
1. 카페에 광고성 글이나 카페의 성격과는 전혀 다른 글을 올리는 자
2. 카페 회원들에게 개인적으로 접촉해서 불법 행위를 하는 자
3. 카페의 이성 회원들에게 작업을 심하게 하는 자
4. 경쟁 카페 또는 경쟁 회사의 제품과 리뷰 등에 악플을 심하게 하는 자

예전에는 1번에 해당되는 도배글, 스팸성 글들이 난무했으나 최근에는 그런 글이 거의 업어졌다. 하지만 카페에 아직도 광고글을 올리는 사람들이 있다. 이럴 경우 아예 광고를 위한 광고 게시판을 만들어주거나 공지에서 이런 글들은 운영진이 사전 통보 없이 삭제한다고 공지하고 삭제하면 된다.

2번의 경우는 카페 운영자가 모르는 경우가 많은데 주로 회원들의 제보에 의해 나중에 알게 된다. 우선, 이런 행위들이 발생하지 않도록 하기 위해서는 카페 회원들의 핸드폰 번호나 연락처 등은 게시판에 보이지 않도록 쪽지 등을 통해서 접수하거나 모임 신청을 받은 후 신청 댓글을 삭제하는 것이 좋다.

3번의 경우는 2번과 비슷한 경우이다. 물론 회원들끼리 티 안 나게 하는 건전한 연애야 얼마든지 상관없는 일이다. 하지만 꼭 양다리 걸치거나 남녀 관계가 복잡한 회원들이 있다. 이런 회원들은 정확한 정보를 확인한 다음 곧바로 강퇴 조치를 취하는 것이 좋다.

4번의 경우는 최근에 많이 생기고 있는데, 카페의 익명성을 이용해서 경쟁 카페나 경쟁사의 제품 등을 비방하는 경우다. 이는 공지사항 또는 카페 회칙에서 심하게 비방하는 글을 작성할 경우 게시글 작성자의 의견과 상관없이 삭제한다는 문구를 삽입해서 조치하는 것이 좋다. 자신이 운영하지 않는 사이트의 경우는 사례들을 화면 캡쳐 등으로 정리해서 사이버경찰 등에 신고하여 조치하는 것이 바람직하다.

▶ 탈퇴회원 목록

번호	이름	탈퇴사유	탈퇴일	재가입
1		탈퇴사유를 남겨주세요.	2009.01.06	허용
2			2008.12.28	허용
3		가입차단 - 황홍식 죄송합니다	2008.03.23	불가
4		가입차단 - 황홍식 죄송합니다	2008.03.23	불가
5		가입차단 - 황홍식 운영진의사결정>이메일통보	2007.08.07	불가
6		가입차단 - 최전택형 광고 및 클럽초대	2007.03.02	불가

⊗ 가입차단

▲ 싸이클럽의 탈퇴 회원 목록

그럼, 불량 회원을 퇴치하려면 어떻게 하는 것이 좋을까? 무작정 강퇴하는 것은 절대 금물이며, 이런저런 사유로 인해 강퇴 조치를 한다고 메일이나 쪽지로 전달한 다음 강퇴 조치를 취하는 것이 좋다. 그 정도가 매우 심한 회원일 경우 재가입을 불가능하게 하는 것이 좋다. 언제 다시 나타나서 물을 흐릴 지 모르기 때문이다.

:: 운영진 관리 노하우

커뮤니티의 운영은 절대 혼자서 모든 것을 처리할 수 없다. 가족 또는 죽마고우 같은 심복들이 항상 함께 있어서 도와줘야 제대로 운영될 수 있다. 어떻게 하면 우수한 운영진을 선발할 수 있을지 그리고 선발된 운영진들을 어떻게 관리해야 될지 경험이 부족한 시숍들은 많은 고민이 될 것이다.

● 충성회원 키워서 운영진을 구성해라

필자의 경우는 운영진을 아주 많이 두고 오랫동안 장기 집권하는 독재자형 스타일의 시숍이다. 운영진이 바로 아래 단계의 레벨보다 많으면 문제가 되겠지만 운영진은 많을수록 좋다는 것이 나의 지론이다.

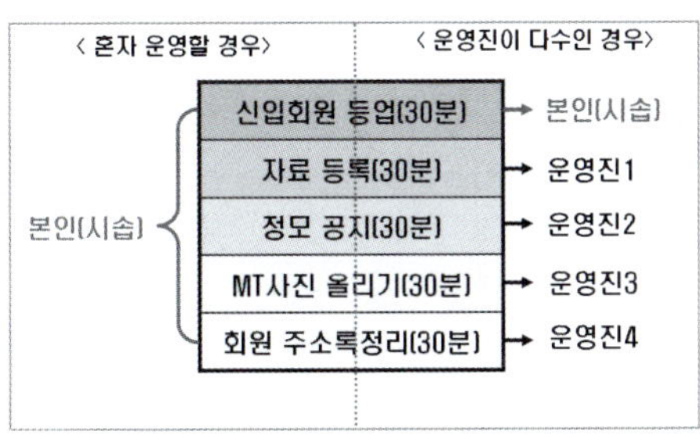

◀ 운영진이 없을 경우와 많을 경우 관리 시간 비교

운영진이 중요한 이유

1. 운영 및 관리 시간을 절약시켜 준다.
2. 다양한 의견 수렴이 가능하다.
3. 다양한 컨텐츠 생성이 가능하다.
4. 차후 비즈니스 전환 시 유리하다.
5. 가장 가까운 친구가 된다.

앞서 살펴본 5가지를 예로 들었는데 필자의 경우, 운영진은 평생 함께할 친구로 생각하고 있다. 늦깎이로 결혼에 겨우 골인한 필자는 추운 겨울 한강변에서 결혼했는데 결혼식을 마치고 약 1시간이 지났는데도 동호회의 운영진이 모두 남아서 웨딩카를 타고 떠날 때까지 축하해준 기억을 잊을 수 없다.

● 운영진 선발 방법

네이버 1위 카페인 중고나라에서도 운영진의 중요성을 강조했었다. 그렇다면 가족같이 소중한 운영진은 어떻게 뽑을 것인가? 첫 번째는 운영진 모집 공지를 올리는 방법이다. 운영진 공지에는 어떤 분야의 운영진을 뽑을 것인지 설명을 해야 하고 운영진의 특권을 이해하기 쉽게 설명을 해주는 것이 좋다.

두 번째 방법은 온·오프라인 참여도가 높은 회원을 위주로 선발하는 것이다. 이는 온라인보다는 오프라인 모임을 주기적으로 하는 카페의 경우에 유리하다. 아무래도 얼굴을 한 번 이상 보고 술이라도 한잔해서 대화를 나누고 친한 관계가 되었을 때 운영진을 슬쩍 권유해 볼 수 있기 때문이다.

세 번째 방법은 필자가 주로 사용하는 방법인데 인간성, 성실성, 책임감, 꾸준함 등을 바탕으로 뽑는 거다. 거기다가 운영진 후보의 특성과 장기 등을 파악하여 운영진으로 할 수 있는 다양한 분야 중에서 가장 적합한 분야에 제격이라고 판단하면 부시숍이나 타운 영진들과 상의한 다음 바로 운영진 섭외에 들어가서 발탁하는 경우이다.

일단 운영진을 뽑더라도 기대에 못 미칠 수 있으므로 수습 기간을 어느 정도 주는 것이 좋다. 만약 활동도가 떨어지면 가차없이 다른 운영진으로 교체할 필요가 있기 때문이다. 카페도 어떻게 보면 회사와 비슷한 구조기 때문에 조직의 성공을 위해서는 구조 조정이 필요악이다.

● 운영진의 역할

앞서 운영진을 선발하는 방법에 대해 살펴 보았다. 이제 운영진에게 어떤 일을 맡길 것인가에 대해 잘 판단해야 한다. 일반적인 카페 운영진의 역할은 다음과 같다.

운영진의 역할

1. 시솝: 동호회 전체 관리

2. 부시솝: 동호회 전체 관리

3. 총무: 회계 관리, 오프라인 모임 관리

4. 고문: 클럽 정책, 전략, 회식비 지원 등

5. 게시판 담당: 게시판 글 답변 등

6. 회원 담당: 신입 회원 등급 업, 회원 관리 등

7. 지역 시솝: 지역별 오프라인 모임 및 지역 소모임 게시판 관리

8. 홍보/오락 담당: MT 및 이벤트 사회 및 진행

특히, 부시솝은 시솝의 부재 시 카페의 모든 권한을 행사할 수 있기 때문에 부시솝의 위치는 매우 중요하다. 부시솝은 다양한 재능을 가지고 있으면서도 신뢰할 수 있는 인물로 뽑아야 한다. 그래서 초창기에는 주변 지인으로 하는 경우가 많다.

우수한 실력을 가진 고수 운영진이 많으면 좋겠지만 초창기에는 쉽지 않을 것이다. 그리고 그들이 운영진으로 장점이 있어야 시솝은 믿고 운영진을 지원하게 된다. 그들에게 무엇을 주고 무엇을 얻을 것인가에 대해 고민해 보아야 할 것이다.

그렇다면 운영진을 어떻게 관리하는 게 좋을 지 마지막으로 정리하면서 이 장을 마치고자 한다.

효율적인 운영진 관리 노하우

• 운영진과 친해져라.

• 운영진과 자주 만나고 연락해라.

• 운영진에게 많은 혜택과 권한을 주어라.

• 운영진만의 오프라인 모임을 자주 개최해라.

• 운영자 게시판의 적절한 활용

• 질책과 칭찬을 적절히 하고 책임감을 갖도록 해라.

• 운영진 평가를 주기적으로 해라.

• 활동이 뜸한 운영진은 교체해라.

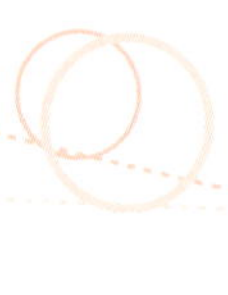

오프라인 모임과 이벤트로 회원 녹이기

커뮤니티의 꽃은 바로 오프라인 모임이다. 온라인만 강한 커뮤니티는 오래가지 못한다. 오프라인 모임이 활성화 되어야 회원들과의 끈끈한 정을 쌓을 수 있고 확실한 인맥을 만들 수 있다. 이에 더해서 이벤트는 커뮤니티에 생명력을 불어 넣어준다. 오프 모임은 어떻게 하면 잘 할 수 있을지, 그리고 이벤트를 어떻게 해서 회원들을 즐겁게 해줄 수 있을지 알아보자.

:: 오프라인 모임 어떻게 시작하고 어떻게 끝내나

오프라인 모임은 한두 번 해보게 되면 금방 노하우가 생기게 된다. 할까 말까 망설이지 말고 시행착오를 겪더라도 시도를 하는 것이 중요하다. 시작하기 전단계부터 끝나고 후기를 작성하는 마무리 단계까지 알아보자.

● 오프라인 활동 전후의 접속률 현황

일반적으로 오프라인 모임을 하기 전후에는 카페 접속률이 많이 증가한다. 그 이유는 모임 참가자가 누구며, 몇 명이나 참가하는지 또 어디서 모이는 지를 확인하기 위해서이다. 또한 갈까? 말까? 고민하는 사람들과 참여하려는 사람들이 계속 방문하기 때문이다. 그리고 모임을 마친 후에는 후기 또는 사진을 보거나 처음으로 알게 된 카페 회원들의 글을 확인하기 때문이다. 이렇게 만나게 된 회원끼리는 일촌을 맺거나 블로그 이웃 등을 맺는 경우가 많아서 카페에 자주 방문하게 된다. 따라서 오프라인 모임을 많이 할수록 회원들은 카페에 자주 방문하게 되고 회원들간의 친밀도가 증가한다. 오프라인 모임 전후의 이러한 현상을 잘 활용한다면 카페 활성화에 큰 도움이 될 것이다.

다음 그림은 정모와 방문자수의 상관 관계를 나타낸 그래프이다. 그림을 보면 정모하기 전 공지를 하게 되면 회원들의 방문이 많아져서 접속이 많아지게 되고, 정모를 하는 날과 마치고 나면 후기 또는 사진 그리고 알게 된 회원들의 글이 궁금해서 방문자수가 최고점을 이르게 된다. 그 후 좀 떨어지지만, 정모 전보다 더 많은 방문자수를 나타내고 있는 현상을 보여주고 있다.

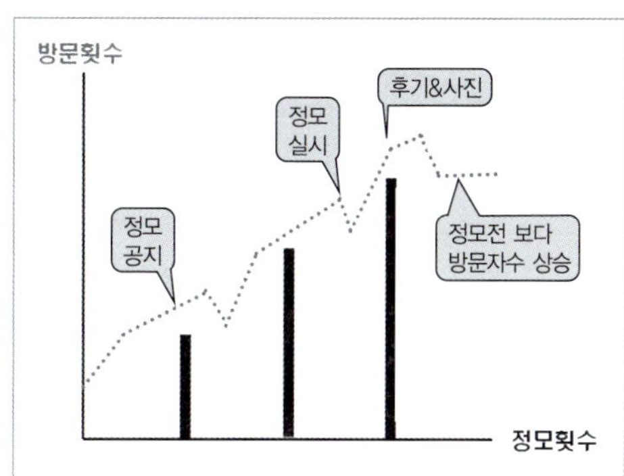

▲ 커뮤니티 정모 횟수와 방문자수의 관계 그래프

● 오프라인 모임 시작하기

우선 오프라인 모임은 언제쯤 시작하는 것이 좋은지, 그리고 어떻게 시작하는 것이 좋은지부터 정해야 한다. 오프라인 모임을 한 번도 개최한 적이 없는 카페라면 첫 번째 모임이 매우 중요하다. 카페를 개설한 지 얼마 되지 않고 아직 회원수가 100명도 안 되는데 오프라인 모임을 하기란 벅찬 구석이 많다. 회원들과 댓글이나 채팅 등으로 간접 커뮤니케이션을 어느 정도 하고 오프 모임을 하자는 얘기가 조금씩 나오기 시작할 때 또는 오프 모임이 참여할만한 회원이 적어도 5명 이상 된다고 판달 될 때, 다시 말해 회원수도 어느 정도 되고 활성화 경향이 뚜렷해지는 단계라면 오프라인 모임을 해도 큰 문제가 없다.

하지만 오프라인 모임을 한 번도 가져보지 못한 시숍은 어떻게 오프라인 모임을 할 수 있을까? 오프라인 모임은 그 카페의 스타일과 취미 등에 따라 술집에서 만날 수 도 있으며, 야외 공간이나 토즈 같은 모임 전문 공간을 활용할 수도 있다. 이런 오프라인 모임에 가장 중요한 것은 사전 조사다.

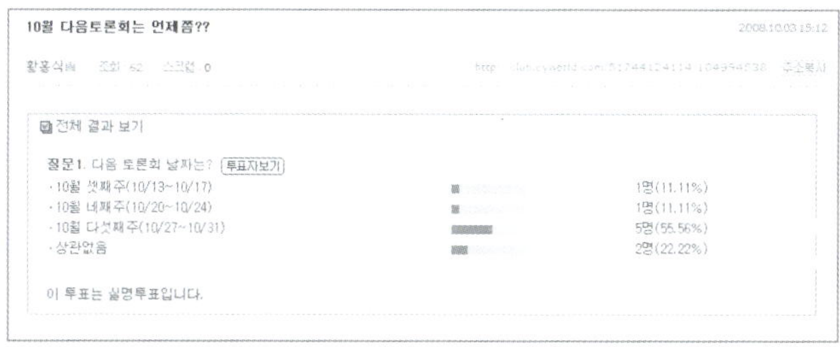

▲ 사전 설문을 통해 모임 날짜 등을 결정

가령 첫 정모를 할 예정이라면 기본적으로 운영진이나 자신의 측근에 있는 회원들부터 포섭해서 확실한 날짜를 미리 정해줘야 한다. 만약 이런 포섭이 안되고 시솝 혼자만의 생각으로 날짜와 장소를 결정한다면 아마 한 명도 안 나오는 결과를 초래할 수도 있기 때문이다. 따라서 본인을 포함하여 적어도 3명 이상 섭외를 해서 날짜와 시간을 정한 다음 게시판에 공지하고 측근들에게 댓글 신청을 하도록 유도한다. 회원 참여를 유도하는 방법은 앞서 알아본 것과 마찬가지로 전체 쪽지나 메일을 보내도록 한다.

● 오프라인 모임 진행과 마무리

오프라인 모임을 시작하기 전에는 참가자에게 문자를 1~2회 보내서 장소와 시간을 다시금 인지시켜 주는 게 좋다. 그리고 모임 장소에는 30분전에 도착하도록 하며 준비물이 있다면 현장을 촬영할 디카, 그리고 카페와 관련된 다양한 소품이나 정보들도 준비하는 것이 좋다.

모임 회비는 반드시 1/N로 하는 게 좋으며, 시솝의 지갑에서 돈을 더 많이 내는 습관을 가지면 나중에 빈털터리 될 수 도 있으니 주의해야 한다. 그럼 오프라인 모임 진행과 마무리에 필요한 사항을 진행 단계별로 정리해 보자.

오프라인 모임 진행 단계
1. 모임 전 측근들 섭외
2. 일시 및 장소 측근들과 합의
3. 모임 공지 – 시간, 장소, 회비, 일정 등
4. 측근들부터 댓글 달아주는 센스
5. 전체 메일 쪽지 발송
6. 참여가 저조할 경우 메신저 문자 등으로 재공지
7. 모임 신청 현황 정리 – 모임 전날 또는 당일 문자 발송
8. 모임 장소에 미리 가서 준비
9. 즐겁게 모임 – 모든 회원 잘 챙겨주기
10. 사진도 찍고 술도 마시고 등등
11. 2차, 3차는 자유
12. 모임을 마칠 때 모임 후기 작성을 요청
13. 집에 가서 모임 후기 작성

:: 오프라인 모임의 필수 – 학습 + 놀이 + 비즈니스

멀티화 시대를 맞이해서 커뮤니티의 오프라인 모임도 다양성을 띄고 시대를 앞서가는 커뮤니티가 각광을 받고 있다. 필자가 가장 좋아하고 존경하는 사람은 놀 때 확실히 놀고, 공부할 때 열심히 하고, 돈도 잘 버는 사람이다. 커뮤니티 오프라인 모임도 3가지가 공존해야 제대로 된 훌륭한 커뮤니티로 성장할 수 있다.

● 동호회를 3가지 분류로 나눈다면

포털 카페는 커뮤니티 카테고리를 아주 다양하게 나누어 놓았다. 그 중에서 다음 카페는 큰 카테고리로 16개의 카테고리로 나누고 있으며, 네이버 카페가 21개가 있다. 이렇게 다양한 카테고리를 3가지로 부류로 나눠 보면 놀이, 학습, 비즈니스로 나눌 수 있다.

여기서 우리가 알아야 할 것은 어떠한 모임이던지 그 커뮤니티가 활성화 되려면 3가지 요소가 골고루 형성되어 있어야 성공할 수 있다는 것이다. 가령 영화 동호회라고 해서 매일 영화만 보고 헤어지는 것이 아니라 영화도 보고 술 마시고 노래도 부르는 놀이 문화와 영화에 대해서 학습하고 직접 UCC를 생성하는 스터디도 진행되어야 한다. 시사회 또는 영화 관련 마케팅이나 다양한 접근을 통해서 비즈니스도 함께 진행되어야 발전하는 것이다.

● 오프라인 모임에서 학습이 필요한 이유

커뮤니티는 같은 취미를 가진 자들의 모임이다. 이렇게 같은 취미를 가진 사람이라면 그 취미에 대해서 혼자가 아닌 모두가 함께 발전할 수 있는 장을 만들어줘야 한다. 그러려면 온라인 정보만으로는 한계가 있다. 그래서 우리는 오프라인 모임에서 스터디 또는 정보 공유 등을 통해서 실력을 키워갈 필요가 있다. 만약 디카 모임에서 실사 촬영을 가서나 자동차 모임에서 튜닝을 하던 지, 댄스 동호회에서 초급자 강습 등을 하는 것이 이와 같은 사례다. 우리가 단순히 친목을 도모할 목적으로 모인 모임이라면 무시할 수도 있다. 하지만 만날 때 마다 술을 마시고 밤을 새우는 모임은 그다지 오래 유지되지 못할 수도 있다. 술을 마시더라도 맛있는 술을 연구하거나 여기저기 맛집을 돌아다니면서 맛있는 술집 UCC를 만들 수 있어야 된다는 얘기다.

▲ 자동차동호회 '차사랑'의 이론교육 모임과 실습교육 모임

● 오프라인 모임에서 놀이 문화가 필요한 이유

커뮤니티는 정(精)이 넘쳐야 하고 사람들과 친해져야 한다. 그런데 만날 때마다 세미나만 하고 세미나가 끝난 후 곧바로 귀가한다면 어떻겠는가? 사람들과 친해질 시간은 전혀 가지지 못한다. 필자의 생각이겠지만 모임에서는 아무래도 술자리를 가져야 서로 친해지기 쉽다. 차를 마시면 아무래도 대화가 잔잔하게 흘러가게 마련이다. 그리고 몇 번 만나 친분을 쌓으면 말을 놓고 지내는 것이 좋다. 서로 말을 높여가며 지낸다면 아무래도 거리감이 생기기 때문이다.

▲ 커뮤니티 스터디 모임의 놀이 문화(술자리, 스키 MT)

● 오프라인 모임에는 비즈니스가 내재되어 있어야 한다

커뮤니티 활동에서 난대 없는 비즈니스라는 단어가 생소할 수 있다. 하지만 커뮤니티도 오랫동안 장기적으로 운영하기 위해서는 운영 자금도 필요하고 카페와 관련된 업계의 고급 정보를 습득하고 체험해야 한다. 무엇보다 커뮤니티의 위상을 높이기 위해서는 비즈니스가 꼭 필요하다. 꼭 비즈니스를 돈으로만 생각하지 말고 관련 업계의 인맥을 넓히는 것이며 비즈니스의 한 방법이라고 할 수 있다.

▲ 시숍클럽에서 타기관과의 협의로 이뤄진 행사(연합송년회와 커뮤니티축제)

:: 이벤트는 고래도 춤추게 한다

기업의 마케팅에서도 가장 많이 사용되는 방법 중 하나가 이벤트다. 커뮤니티에서도 이벤트로 인한 회원 가입이 가장 많으며, 이벤트를 주최하는 시숍은 회원들의 참여도가 높아져서 좋고 회원들은 당첨될 확률이 높아져서 상호 만족을 이끌어 낼 수 있는 아주 좋은 방법이다.

● 이벤트의 장점

커뮤니티에서 이벤트는 어떠한 장점이 있을까? 이벤트가 없는 카페는 너무 무미건조해질 것이다. 어느 정도 회원수도 확보되고 게시글 수도 많아져서 카페가 안정화 되면 이벤트를 실시해 보자. 그런데 카페에서 이벤트를 하게 되면 어떤 장점이 있을까?

> **카페에서 이벤트를 실시했을 때의 장점**
>
> 1. 회원들의 참여를 높일 수 있다.
> 2. 홍보로 활용할 경우 회원수를 증가시킬 수 있다.
> 3. 회원들의 재방문률을 높일 수 있다.
> 4. 커뮤니티 마케팅을 실현할 수 있는 기초가 될 수 있다.
> 5. 많이 할수록 카페는 점점 활성화 된다.

● 이벤트를 추진하는 방법

이벤트를 추진하기 위해서는 총알이 있어야 한다. 협찬 받을 만한 상품이 있으면 몰라도 없다면 초창기에는 자신이 가지고 있는 상품을 내걸고 이벤트를 추진해야만 한다. 그럼 이벤트를 어떻게 추진하면 될까? 타 카페의 이벤트를 벤치마킹 하는 법이 가장 좋은데 가장 기본적인 항목은 필수적으로 넣어줘야 한다. 가령 이벤트 기간, 이벤트 대상, 이벤트 상품, 당첨자 선발 조건, 당첨 인원, 수령 방법 그리고 당첨자에게는 유선 연락 또는 문자, 쪽지 등으로 확실하게 당첨을 알려줘야 한다.

● 이벤트 참여율을 높이는 방법

참여율을 높이기 위해 막상 이벤트 상품도 걸고 했지만, 호응이 하나도 없으면 아무런 의미가 없을 것이다. 다음은 필자가 운영하는 카페에서 클래식 공연 초대 이벤트를 했을 때 신청자 댓글 화면이다.

☐	449	[11/2]서울 챔프오케스트라 "무료초대" [56]	홍마리오	2008.10.30	219
☐		↳ [11/2]서울 챔프오케스트라 "무료초대"	홍마리오	2008.10.31	18
☐		↳ 11월2일 서울챔버오케스트라 연주곡 프로그램 설명 [2]	축별	2008.10.31	15

▲ 커마스 카페 이벤트 게시물

앞에서 본 화면을 보면 거의 하루 만에 50명 이상이 신청을 했다. 당시 카페 회원수가 300명 밖에 되지 않는데 하루에 50명이 신청할 수 있었던 비결은 무엇인가? 바로 자신의 카페가 아닌 곳에서 회원들을 끌어 들이는 것이다. 가령 클래식 공연이면 이와 연관

된 카페나 좋아할 만한 그룹에 홍보해서 이벤트 참가를 유도하는 것이다.

● 이벤트 선발 및 당첨자 정리

이벤트 선발은 공정하게 해야 한다. 많은 회원들이 모두 보고 있는 상황인데 친분 때문에 뽑아주면 안 된다. 그리고 댓글에 회원들의 연락처가 보이는 것을 거북하게 생각하는 경우도 있기 때문에 핸드폰 번호는 쪽지나 다른 방법으로 받는 것이 좋은 방법이다. 마지막으로 자체 진행이 아닌 협찬을 통한 이벤트라면 엑셀 등으로 정확하게 정리해서 업체에 전달해 주어야 한다.

연극 [달님온…] 당첨자 명단

7/6(금) 7시반 공연 20쌍(40명)

NO	이름	아이디	연락처	비고
1	강○○	lovesite	010-7138-0000	운영진
2	공○○	rhdalfks	011-648-0000	
3	국○○	lovetuscani	010-6399-0000	
4	권○○	helen	018-216-0000	
5	김○○	kimmgk1021	011-285-0000	
6	김○○	hanurl	010-5651-0000	
7	김○○	kim8414	010-6286-0000	
8	박○○	arashisuho	011-9259-0000	
9	박○○	redfox0618	010-4718-0000	
10	송○○	1719cap	019-278-0000	
11	심○○	sports88	011-9987-0000	

▲ 연극 이벤트 당첨자 명단

회원들의 우상이 되자

커뮤니티의 수장은 한 조직에서 대통령과 마찬가지로 큰 힘을 가지고 있다. 회원수가 많고 온·오프라인이 활성화된 카페 시솝들의 대부분은 카리스마가 넘친다. 그들은 자기 관리를 어떻게 하길래 저렇게 회원들의 우상이 되고 멋져 보이는 것일까? 카페 운영에 있어서 마지막으로 중요한 부분이 바로 자기 자신에 대한 관리 부분이다.

:: 시솝들의 다양한 유형, 당신은?

시솝들의 유형은 다음과 같이 매우 다양하다. 여기서 정책 결정은 민주주의형으로 하고 때로는 독재자처럼 밀어붙이고, 관리 부분은 시어머니처럼 하고 마지막으로 대장으로써 한 번 청중을 사로잡는 카리스마를 가져서 회원들의 우상이 되어야 할 필요가 있다.

● 민주주의형

자신이 대장이지만 회원처럼 행동하면서 회원과 함께 어울리는 것을 좋아하고, 자신의 의사보다는 회원들의 의견을 최대한 따르는 민주주의적 스타일이다. 특히, 참모들의 활약이 뛰어나며 도와주는 도우미들이 많다.

● 독재자형

민주주의형과 전혀 다른 형태의 시솝이다. 장기 집권은 기본이고 완전히 자기 마음대로, 하고 싶은 대로 다하는 스타일이다. 하지만 때론 독재자 스타일이 아주 유용할 때가 있다.

● 시어머니형

회원 관리를 무척이나 까다롭게 해 놓았다. 가입 후 제대로 활동하지 않으면 과감하게 잘라 버린다. 열심히 활동하는 회원에게는 포상을 하기도 하지만 유령 회원들에게는 아주 냉정한 시어머니형 스타일이다. 그래도 꼼꼼한 관리 때문에 높은 신뢰도와 충성도가 높은 회원들이 많다.

● 인기스타형

회원 확보가 최대의 목표인 시솝을 들어 인기스타형이라고 한다. 동호회의 제목과 다소 다른 형식을 취하기도 하며 처음 개설할 때의 취지와 다르게 포털 형식의 동호회로 그 성격을 바꿔 나가기도 한다. 또한 사회에서 화제가 되는 유행에 따라 시시각각으로 동호회의 성격이 바뀐다. 자신의 동호회 홍보에 노력을 많이 하며 회원수 확보를 위해서는 수단과 방법을 가리지 않는 동호회 시솝이다.

● 카사노바형

동호회를 열심히 관리하지만 정작 자신은 동호회의 회원 정보를 이용하여 작업(구애 활동)에 들어가는 카사노바형이다. 다른 카사노바 회원을 발견하면 가차없이 탈퇴시키며 동호회를 자신의 작업 공간으로 여기는 시솝이다.

그 외 곰형, 유령형, 카네기형 등 다양한 형태가 있지만 다들 위의 카사노바형처럼 그다지 좋지 못한 경우이므로 시솝이라면 위의 1번~4번까지의 장점들을 잘 활용해서 커뮤니티를 운영할 필요가 있다.

:: 나 자신을 업그레이드 하자

인맥에서 T자형 인맥을 가지라는 말이 있다. 이 말은 최고의 인맥은 자기계발도 많이 하고 인맥도 동시에 늘어나는 형태가 가장 이상적이라는 뜻이다. 따라서 시솝들은 자기계발에 최선을 다하는 자세를 가져야 한다

● 쪽 팔리는 것을 두려워하지 말자

시숍이라면 어떠한 경우라도 부끄러워하면 안 된다. 온라인이든 오프라인이든 자신이 운영하는 커뮤니티의 대통령이라는 생각으로 항상 자신감을 가지고 모든 일을 추진해야 해야 된다. 가령 정모나 번개를 할 때도 리더십을 발휘해야 하고 엽기적인 행동도 가끔은 즐길 줄 알아야 한다. 때론 술값도 깎게 되고, 사람들이 많은 곳에서 쇼도 하게 되므로 주목을 끌 수 있는 능력을 갖출 필요가 있다. 그러한 행동은 회원들에게 신뢰와 친근감을 주는 중요한 요소가 된다.

▲ 필자의 결혼식 때 엽기적인 댄스와 노래 장면

● 역발상이 당신을 멋지게 만든다

초창기 커뮤니티를 운영할 때 잘 나가는 카페를 벤치마킹해서 따라가는 것이 실패하지 않는 안정적인 방법이 될 수 있다. 하지만 어느 정도 시간이 지나 그 커뮤니티만의 색깔을 만들려면 아무도 하지 않은 자신만의 생각을 카페에서 펼칠 필요가 있다.

가령, 국내 최고의 라면 커뮤니티인 라면천국(cafe.daum.net/ramyunheaven)에서는 라면 봉사를 실천하고 있다. 라면은 대부분 제조사에 협찬을 받고 수도권 일대에 요양원, 외국인 노동자 등 어려운 단체에 몇 년째 봉사 활동을 하고 있는 것이다.

▲ 라면천국의 라면 봉사 활동 사진

라면으로 무슨 봉사를 하냐? 라면을 그 사람들이 좋아하겠냐? 라고 생각하겠지만 라면천국은 고정관념을 깨고 라면을 통해 봉사를 하고 있다.

● 개인기 하나는 가지고 있어야 된다

시솝이라면 개인기 하나쯤은 있어야 한다. 가령 오프라인 모임에서 노래방에 가는 경우도 있다. 이때 평범한 노래를 부르기 보다는 노래 속에 센스가 묻어나며 율동도 가미된 톡톡 튀는 노래를 부를 필요가 있다. 그뿐 아니라 성대모사나 다양한 게임, 재미있는 이야기 등으로 화제를 이끌어 갈 수 있는 능력도 필요하다. 회원들과 함께 있을 때 주도할 줄 알아야 리더로써 믿을 수 있고 친밀감도 더하는 시솝이 되기 때문이다. '난 내성적이라서 자신 없어.' 라고 단정하지 말고 하나라도 제대로 된 장기를 만들어 보자. 그리고 시간 날 때 거울을 보고 연습해서 장기를 다듬자. 이를 UCC로 만들어보면 더욱 좋을 것이다. 이런 행동들은 자기 자신의 경쟁력이 됨과 더불어 커뮤니티의 경쟁력이 된다.

● 신문 기사에 나올만한 사건을 만들어라

필자의 이름으로 기사를 검색하면 수십 개에 이르는 기사를 확인할 수 있다. 카페 시솝이라면 자신의 이름뿐만 아니라 카페 주소까지 보도자료에 나올 수 있도록 노력할 필요가 있다. 이 보도자료는 기자가 취재해서 작성하는 경우도 있지만 제보를 통해서 이루어 질 수도 있으므로 남들과 다른 기삿거리를 자꾸 만들다 보면 신문은 물론이고 TV에도 나올 수 있는 기회가 올 것이다.

◀ 네이버에서 황홍식 검색 시 뜨는 포토뉴스 기사

● 여유 있게 회비 낼 정도는 벌자

카페 운영은 정말 잘 하지만 백수가 되어서 카페 운영이 시들해 지면 결국 유령 카페로 전락해버리고 마는 경우를 몇 번 본 적이 있다. 적어도 회원수가 몇 천명 이상 되고 분야에서 어느 정도 순위를 차지하는 카페 시숍이라면 절대 백수가 되어서는 안 된다. 즉, 자신이 기본 밥벌이는 해야 시숍이라는 직책을 가지고 카페를 운영할 수 있다는 것이다.

● 나 자신을 업그레이드 하자

카페 시숍이라면 그 분야에서 어느 정도 지식은 갖추어야 하는 것은 기본이고 끊임 없이 자기개발을 해야 한다. 최고의 인맥 법칙은 자신의 실력이 점점 높아지면서 인맥도 늘어나는 경우다. 결국 자신이 운영하는 카페 분야에서 강의를 할 수 있을 정도로 실력을 갖출 필요가 있다는 것이다. 그래야 카페 회원들도 시숍을 존경할 것이고 자신 또한 더 많은 고수들을 만날 수 있는 기회도 생기게 된다.

● 자신의 일상을 카페에 남겨라

자신의 일상은 보통 블로그에 남기는 것이 일반적이다. 하지만 카페 공간을 활용하여

'오늘의 한마디' 나 '오늘의 일상' 과 같은 게시판을 만들거나 사진 게시판을 만들어서 영화 감상평, 여행 후기, 회사에서 있었던 일, 오늘 만든 요리 등을 올리면 회원들도 카페에 더욱 관심을 기울일 것이다. 더불어 블로그를 따로 운영할 필요도 없이 자신의 카페에서 모든 자료를 올려두고 과거 기록을 볼 수 있다. 이처럼 카페에 일상을 남겨서 방문하는 회원들에게 자연스럽게 자신의 일상을 알리게 될 것이다. 이는 앞에서 말한 시숍과 회원과의 거리를 좁혀주는 효과와 함께 자신이 카페를 소중히 여기는 또 다른 요소가 된다.

◀ 자신의 일상을 카페 게시판에 기록

검색 결과 첫 페이지에 띄우기 위한 노하우

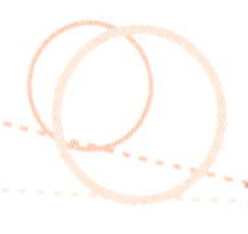

카페, 블로그, 지식인 모두에서 검색 결과 페이지에 주목하라. 누구나 다 자신이 원하는 키워드에 검색결과를 1위를 하고 싶어한다. 네이버에서 인터넷 광고 카페 1위 운영자(권오원)가 밝히는 상위 랭크를 위한 공략법을 공개한다.

상위 랭크를 위한 준비 단계

1. 지금 어떤 글들이 상위 등록되어 있는지 먼저 파악하라.

2. 그 글들이 무엇 때문에 상위로 등록되었는지 검색 결과의 순서를 보라.

3. 먼저 예상 키워드로 검색 후 상위 10개의 글을 집중적으로 살펴보라.

4. 상위 10개 이후의 글들도 살펴보라.(10페이지 이상 보는 것이 좋음)

5. 글들에 대한 공통점을 파악하라.(상위등록의 기본 조건을 알게 됨).

6. 모든 포털사이트에서 테스트하라.(검색결과 방식이 모두 다름)

7. 상위 등록을 위해서 열정과 노력을 가지고 시행하라.

앞서 살펴본 비법 중에서 6번 항목에 대해서 사람들의 관심도가 매우 높다. 일반 사람들이 파악하기란 쉽지 않은 부분이기 때문이다. 카페를 운영하면서 찾아낸 상위 랭크에 비법을 자세히 살펴보자.

:: 상위 등록을 위한 필수 요소

검색 엔진에 따라 적용되는 범위가 조금씩 다르다. 그러기에 모든 포털 사이트에 100% 적용되지는 않지만 최소한 상위 등록에 필요한 기본적인 요소들임을 명심하기 바란다.

● 카피, 스크랩보다 한 번의 창작이 효과적이다!

네이버, 다음 및 다른 포털사이트 역시 기본적으로 중복된 결과를 제외하고 보여준다. 하나의 문서를 의미 있는 단어로 나누어서 복사의 유무를 판독한다. 100% 똑같이 일치하는 문서뿐만 아니라 문서 일부가 반복되는 것까지 걸러낸다. 또한 블로그와 블로그, 카페와 카페 등 같은 영역 내의 문서 이외에도 블로그와 카페, 블로그와 뉴스 등 다른 영역에서 복사한 문서까지도 알 수 있기 때문에 스크랩 및 복사된 문서의 노출도가 낮아지게 된다. 100번의 스크랩 보다는 한 번의 자기 노력으로 올려진 글이 상위에 등록될 가능성이 높다. 그만큼 새롭고 충성도 있는 글들이 상위에 등록된다.

● Html를 이용하라!

현재 우리나라 검색 로봇은 단순히 텍스트(단락단위)와 Html만을 잡아내는 기능들로 되어 있다. Html로 작성된 단락 중간중간에 〈br〉 명령어를 넣어보자. 검색 로봇은 같은 문서가 아닌 새로운 문서로 인식하게 된다.

다음 그림은 일반적인 게시물의 HTML 소스의 태그가 단락마다 〈P〉로 구성되어 있는 것을 〈BR〉로 바꾸는 방법을 보여주고 있다.

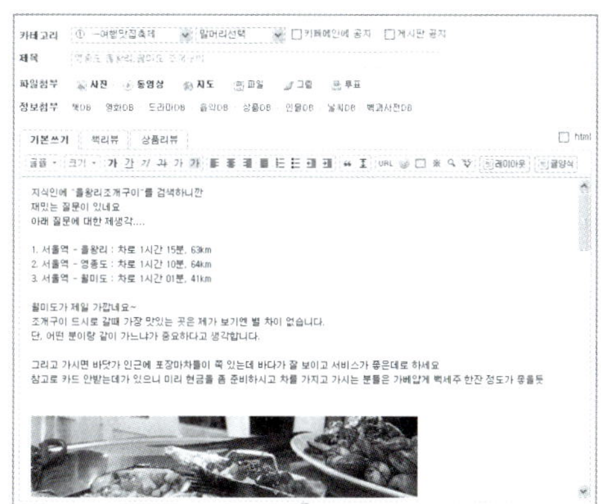

▲ 〈BR〉태그로 바꾸기 위한 게시물 원본

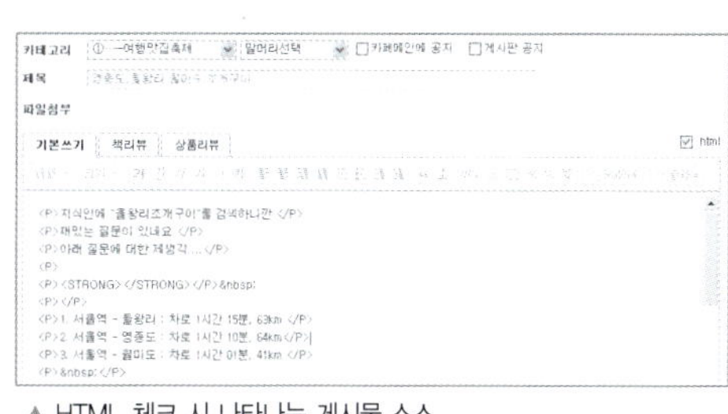

▲ HTML 체크 시 나타나는 게시물 소스

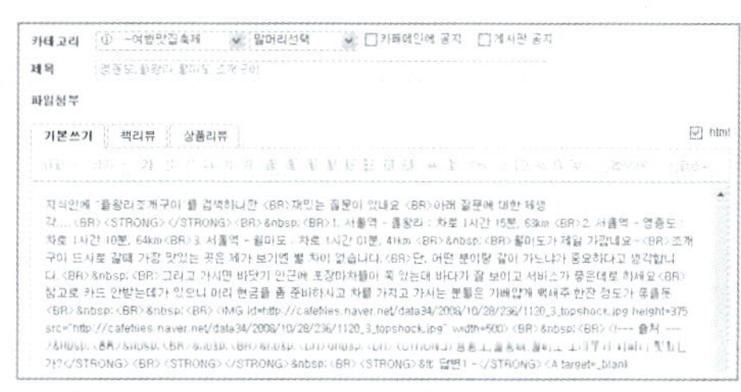

▲ 메모장에 복사해서 〈P〉 → 〈BR〉로 변경 후 화면

● 원하는 키워드에 맞게 제목과 본문을 구성하라!

원하는 키워드를 상위에 등록시키기 위해서는 제목+본문에 상위 등록을 원하는 키워드를 삽입하는 것은 기본이다. 하지만 주의할 것은 원하는 키워드를 무차별하게 많이 넣는다고 해서 상위에 등록되는 것은 아니라는 점이다. 같은 키워드로 5회 정도만 중복 등록해도 충분히 가능하다.

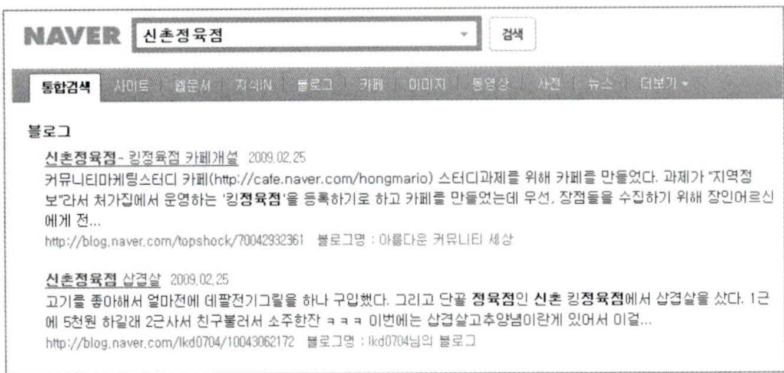

▲ '신촌정육점' 검색 시 필자가 작성한 글이 가장 상단에 나타나는 화면

● 핵심 키워드들간의 거리를 조절하라!

포털의 검색 엔진은 키워드 간의 거리도 검색의 기준이 된다. 키워드와 키워드 간의 거리가 너무 가까운 경우는 스팸성 키워드로 인식을 하고, 너무 멀 경우는 중요도가 낮은 키워드로 인식을 하게 된다. 키워드와 키워드간의 거리를 일정하고 가깝게 유지해야 정확한 검색 결과로 반영된다.

● 이미지는 줄이고 텍스트를 최대한 활용하라!

아직 포털의 검색 엔진은 이미지에 대해서 파악을 하는 기능이 없다. 이미지가 검색되는 기준 역시 이미지를 등록할 때 입력한 제목, 태그, 본문 내용을 기반으로 해서 검색 엔진에서 매칭 시켜서 불러온다. 검색 로봇은 이미지보다는 텍스트를 우선적으로 인식한다.

● 중요도가 높은 내용을 좌측에 둬라!

우리나라는 글을 좌측에서 우측을 쓰게 되어 있다. 검색 엔진 역시 기본적으로 순서와 같이 좌측에서 우측으로 내용을 파악하게 된다. 그렇기 때문에 기본적으로 가장 중요한 내용을 좌측 비교적 중요도가 떨어지는 내용을 우측으로 넣는다. 추가적으로 글 내용 하단에 상위 등록되고 싶은 키워드를 한 번 더 넣어주면 좀더 좋은 결과로 반영된다.

● 이미지, 동영상 복사하지 말고 등록하라!

이미지 역시 복사해서 붙여 넣는 행동은 아무 의미 없는 행동이다. 시간이 오래 걸리더라도 꼭 사진 올리기 버튼을 눌러서 올리자. 복사하여 붙여 넣은 자료는 올린 것이 아닌 링크가 된 것이기 때문이다. 동영상의 경우, 주소 복사가 아니라 새롭게 등록할 경우 검색엔진에서 글, 이미지, 동영상 모든 섹션에서 검색이 되기 때문에 글을 작성할 때 등록하는 것을 추천한다.

그리고 파일 첨부 시 파일명도 해당 키워드와 연관성을 가지게 해서 등록하는 것이 좋다. 다음 그림은 네이버에 '자라섬재즈'라고 검색 시 뜨는 필자의 글이다. 파일명을 '자라섬재즈001.jpg' 같은 방법으로 6개의 이미지 파일이 첨부되어 있다.

▲ '자라섬재즈' 후기 게시물에 첨부된 이미지 파일들

● 연관 검색어를 적극 활용하라!

포털에서 제공하는 연관 검색어라는 것은 사람들이 검색을 할 때 사용하는 키워드들의 모음이라고 할 수 있다. 글을 등록할 때 연관 검색어가 무엇인지를 먼저 파악하고, 연관 검색어라는 것은 제목 및 내용에 연관 검색어를 추가해라. 최근 태그에 대한 중요도도 높아지고 있기 때문에 글 등록 시 입력하는 것이 좋다. 원하는 키워드가 첫 페이지에 올라가지 않더라도 연관 검색어로 1페이지에 등록될 확률이 더욱 높아진다. 혹은 두 마리 토끼를 모두 잡을 수도 있다.

● 원하는 키워드를 카테고리로 만들어라!

'상위등록' 이라는 키워드를 상위로 올리고 싶다면 카테고리를 '상위등록' 이라고 만들어서 올리는 것이 상위에 등록시키는데 조금 더 효과적이다.

● 시간을 투자하라!

지금까지 앞에서 공개했던 노하우는 단기적으로 효과가 있는 것이 아니다. 많은 시간을 두고 지속적으로 관리를 해야지만 지속적으로 상위 랭크에 등록이 될 수 있다. 지속적이지 않고 일시적으로 관리를 하게 된다면 조회수 역시 일시적으로만 높아질 것이다.

다음은 인터넷 광고 카페 1위 운영자(권오원)가 실제로 위 내용을 토대로 네이버와 다음에서 테스트한 결과를 보여주는 화면이다. 첫 번째 이미지는 자신의 네이버 블로그에 '[테스트] 블로그 상위등록에 대하여 알아보자' 라는 글과 '카페상위등록' 이란 글을 등록한 후 30분 후 네이버에서 검색했을 때 나타나는 결과를 보여준다. 두 경우 모두 블로그 섹션의 상위에 등록되어 있는 것을 확인할 수 있다.

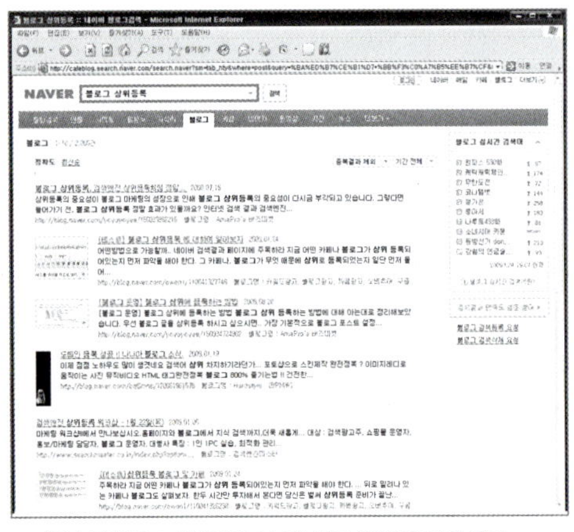

▲ '[테스트] 블로그 상위등록' 글 작성하고 30분 후 검색 결과

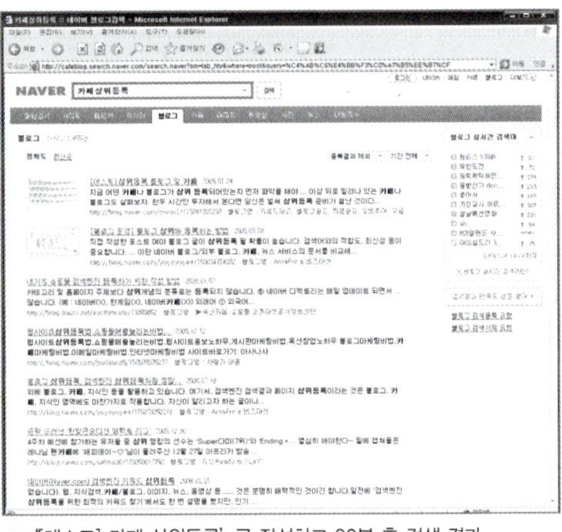

▲ '[테스트] 카페 상위등록' 글 작성하고 30분 후 검색 결과

그리고 두 번째로 다음의 실시간 이슈 검색어를 이용해서 다시 테스트를 해보았다.

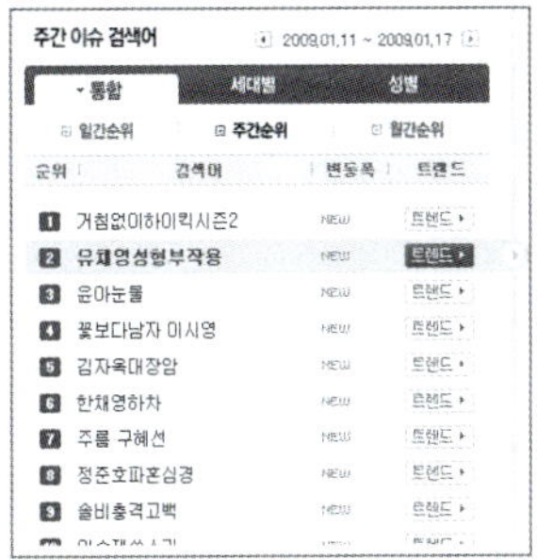

◀ '카페상위등록' 글 작성하고 30분 후 검색 결과

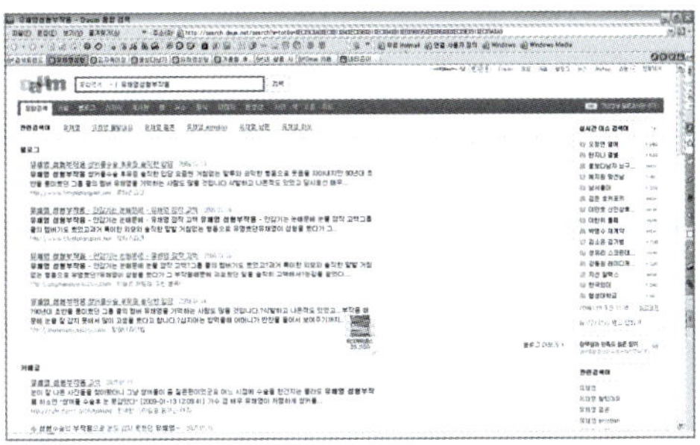

▲ 유채영 관련글을 '로하스파크' 블로그 등록 후 30분 후 검색 결과

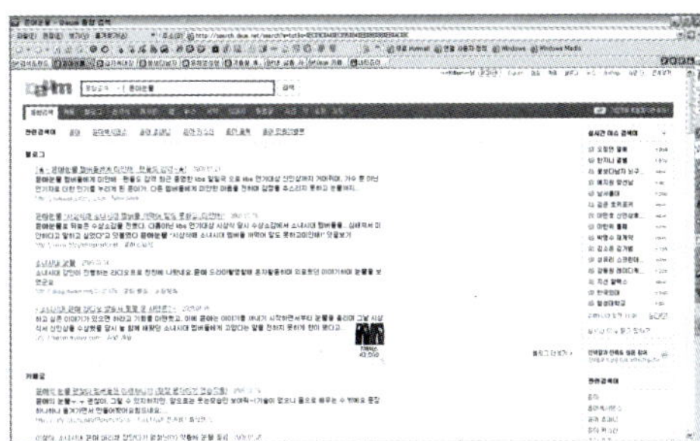

▲ 윤아 관련글을 '로하스파크' 블로그 등록 후 30분 후 검색 결과

앞에서 확인한 화면처럼 인기 검색어를 이용해서 자신의 블로그와 카페 등에 응용할 경우 검색 첫 페이지에 띄울 수 있기 때문에 그만큼 방문자수를 늘일 수 있다.

Tip & Know How

지식인 상위 등록 마케팅

- 제목과 본문에 검색되고자 하는 키워드를 넣어라.
- 지식인 역시 중복 검색을 하고 있기 때문에 동일한 질문은 자동으로 검색 등록이 되지 않는다.
- 상위 등록되길 원한다면 원하는 키워드로 4~5개 가량의 키워드를 넣는다.
  글에서 볼 수 있듯이 '커뮤니티마케팅' 키워드는 제목에 1개 본문에 5개, 그 외 커뮤니티 단어
  와 마케팅이란 단어를 분리시켜서 넣었다.
  단어를 분리시키게 되면 커뮤니티 마케팅 외에 다른 단어도 인식하게 된다.
  '커뮤니티마케팅' 키워드 외 '커뮤니티+키워드'와 '마케팅+키워드'이러한 검색을 했을 때 좀더
  비중있는 검색으로 인정된다.
- 더 많은 노출을 원한다면 연관 검색어를 사용하라.
  노출되고자 원하는 키워드+연관 검색어를 사용하라.
  본문에서 의도한 키워드는 '커뮤니티마케팅'이며 의도한 연관 검색어는 '마케팅에 대해서'라는 키
  워드이다. 비교적 적은 검색량 이지만 그만큼 가장 상단으로 올라올 가능성이 더 높아지게 된다.

Community Marketing

유머 갤러리가 떴다

Section 01 유머 갤러리 소개
Section 02 성공을 위한 준비
Section 03 준비 끝! 행동 개시 – 활성화 및 홍보

앞서 여러 장에 걸쳐서 온라인 마케팅, 커뮤니티의 요소, 커뮤니티를 마케팅 요소로 활용하는 방법, 커뮤니티 개설부터 운영 노하우까지 많은 내용들을 다뤘다. 이번 장에서는 이론적인 지식을 바탕으로 다양한 마케팅 방법을 가지고 단기간에 방송/연예 카테고리에서 1위 커뮤니티를 만들어낸 비법을 유머 갤러리의 시솝(최택형)을 통해 실제로 커뮤니티를 개설하고 운영하면서 생긴 뒷이야기들을 들어보도록 하자.

유머 갤러리 소개

그는 평소 유머 컨텐츠에 관심이 많고 주변 사람들과 재미있는 이야기를 나누는 것을 좋아했다. 재미있는 글, 웃긴 사진, 재미있는 동영상 등을 여러 사람들과 함께 공유하며 즐기고 소통하는 공간을 만들면 정말 즐거운 커뮤니티가 될 수 있겠다는 생각을 하게 되었다. 그리고 마음속으로 외쳤다 '그래! 유머를 공유하는 커뮤니티를 만들어보자!' 유머 갤러리는 이렇게 만들어졌다.

:: 싸이월드에 유갤(유머 갤러리)이 떴다

현재 싸이월드클럽으로 운영하고 있는 유머 커뮤니티는 분야에서 가장 활성화 되고 인기가 있는 '유머 갤러리'(이하 '유갤')를 소개하겠다.

- 개설일 : 2007.05.30
- 현황

  회원수 : 8,499명(2009.01.31 기준) ※개설 20일만에 1천명 돌파

  일 평균 가입자수 : 40명 ※월 평균 1,200명 가입

  일 평균 방문수 : 4,000~5,000

  일 평균 글 등록수 : 60~70개

  일 평균 글 조회수 : 250~300회
- 클럽 랭킹

  현재 순위 싸이월드 전체 랭킹 18위

  인기 급상승 클럽 방송/연예 분야 1위 연속 88주간(2009.01.31 기준)

연령분포		
10대미만	153명	(1.8%)
10대	1666명	(19.61%)
20대	5398명	(63.53%)
30대	968명	(11.39%)
40대이상	306명	(3.6%)
기타(부정확)	6명	(0.07%)

▲ 유갤의 연령분포 (2009.01.31 기준)

:: 유갤의 탄생 배경

유머는 사람들이 쉽게 접근할 수 있는 아이템으로써 이미 많은 카페들이 존재하는 분야가 바로 유머이다. 회원수가 많고 이미 그 분야에서 1위를 차지하고 있는 클럽들의 규모 대비 활성화 정도를 보면 다른 분야의 1위 클럽들보다는 떨어지며, 전문적으로 관리되고 있기 보다는 흥미 위주로 관리되고 있는 것들이 많다. 기본적으로 카페나 클럽이 만들어진 다음 규모에 비해서 활성화가 안되거나 운영이 어려워지는 가장 큰 이유는 시숍의 클럽(분야)에 대한 관심도와 회원들을 관리하는 방법에 있다고 할 수 있다. 순간적인 발상으로 클럽을 만들게 되면 처음에는 열심히 하지만 시간이 흐를수록 관리에 소홀하게 된다.

하지만 유머 갤러리의 시숍은 재미있는 이야기와 유머를 공유하는 커뮤니티에 대해서 평소 관심이 많았고 단순히 스크랩만으로 존재하는 커뮤니티가 아닌 회원들의 진정한 웃음을 공유하는 공간으로 만들겠다는 목표를 가지고 있었다. 그리고 현재 규모에 비해서 체계적으로 관리되지 않는 클럽들과 비교해서 차별화를 만드는 요소와 전략을 가지고 유갤을 개설하게 되었다.

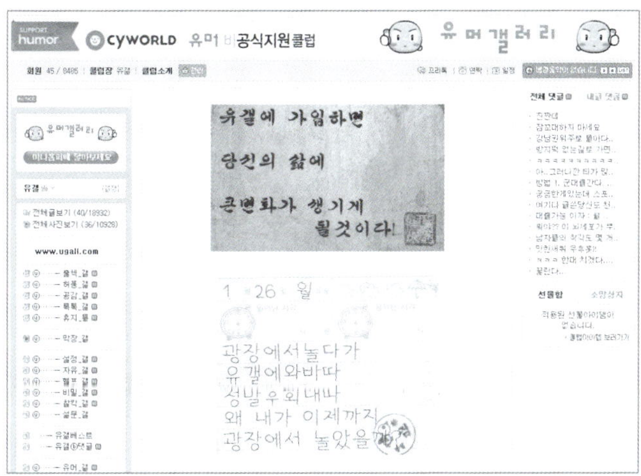

▲ 유머 갤러리 메인 화면

성공을 위한 준비

기업에서 상품을 만들기 전에 시장조사를 하는 것처럼 클럽과 카페 또한 개설하기에 앞서 관련 분야에 대한 충분한 사전조사를 하는 것이 무엇보다 중요하다. 과연 성공을 이끄는 준비에는 어떤 것들이 있는지 알아보자.

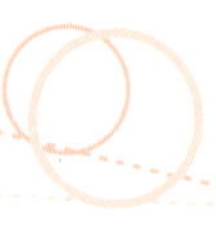

:: 타깃(Target)층에 대한 분석

온라인 활용에 있어서 가장 활발한 연령층을 지목한다면 10대 후반에서 30대 초반까지가 일반적이다. 그 중에서 유머와 맞는 주(Main) 타깃층은 10대 후반에서 20대 중반이되리라 미루어 짐작한다. 온라인에서 이들의 활동을 보면 흥미 위주, 이슈가 된 내용에 대해서 많은 관심을 보이고 있다. 따라서 10대 후반에서 20대 중반의 연령층은 커뮤니티에서 지속적이고 많은 정보 활동을 하고 있다고 할 수 있다. 타깃층이 이러한 패턴을 가지고 있다는 것을 참고하고 활용해야 이전에 있는 클럽들과 차별화 될 수 있다는 결론이 나온다.

2008년 인터넷이용 실태조사

방송통신위원회와 한국인터넷진흥원이 실시한 "2008년 인터넷이용실태조사" 결과에 따르면, 2008년 현재 만 6세 이상 국민의 인터넷 이용률은 77.1%, 이용자수는 3,536만 명으로, 전년 대비 0.8%p, 54만 명이 증가한 것으로 나타났다.(표본오차: ±0.47%p, 95% 신뢰수준) 남성의 인터넷 이용률은 81.6%, 여성은 71.5%이며, 연령별로는 10대(99.9%), 20대(99.7%), 30대(98.6%) 등 젊은층의 대부분(98%이상)이 인터넷 이용자이고, 3~9세 인터넷 이용률은 82.2%, 40대 82.0%, 50대 48.9% 등의 순이었다.

인터넷 커뮤니케이션 측면에서 볼 때, '이메일'이 인터넷 이용자 대부분(82.5%)이 이용하는 가장 보편적인 커뮤니케이션 수단으로 자리매김하였으며, 친교·교제 활동을 위한 대표적인 소셜네트워킹서비스(SNS)인 커뮤니티(카페·클럽)의 이용률 및 블로그·미니홈피의 이용률이 각각 50.2%와 58.1%이고, 특히 20대(각각 76.4%, 82.0%)의 이용이 가장 활발한 것으로 나타났다.

출처: 한국인터넷진흥원

:: 경쟁 상대를 벤치마킹하기

클럽을 만들기 위해서는 경쟁 상대라고 할 수 있는 다른 클럽(다른 포털사이트 포함)들에 대해서 많은 분석이 필요하다. 경쟁 클럽에 실제로 회원 가입을 한 다음 어떻게 운영되고 있는지 명확한 기준을 가지고 판단하는 것이 좋다. 일반적으로 커뮤니티를 분석할 때는 게시판 관리 방법(생성 유형), 회원 관리 방법, 대문 이미지 관리 방법, 키워드 및 클럽명 설정 방법, 활성화 시키는 방법(회원 유입 유도, 이벤트, 정모 등), 수익 모델 등을 기준으로 분석을 한다. 유머 갤러리의 경우 개설하기 전, 경쟁 커뮤니티 분석 시 게시판 관리, 회원 관리, 대문 이미지 관리 등에 중점을 두고 분석하였다.

● 게시판 관리

게시판의 경우는 3대 포털사이트의 유머 클럽뿐만 아니라 활성화 된 커뮤니티 대부분이 위에서부터 공지/카페 소식, 회원간 커뮤니티 메뉴, 유머 게시판, 기타 게시판 순으로 되어 있었다. 이와 같은 순서는 활성화 된 커뮤니티의 경우라는 것에 주의해야 한다. 유갤 개설 초기에는 회원수가 많지 않을 것을 감안하여 회원의 유입과 가입률을 높이기 위해서 회원들의 접근이 쉬운 메뉴를 우선적으로 구성을 하는 것이 커뮤니티 활성화에 좋을 것이라 판단하였다.

● 회원 관리 방법

일반적으로 등업의 기준은 어떻게 할지, 레벨을 어느 정도로 세분화 시킬지에 대한 부분을 기준으로 분석을 하였다. 회원수가 많아서 관리가 힘들 경우는 자동 등업 방식을 채택하거나 게시판에 가입 인사 후 10문 10답을 통해서 등업을 해주고 있었다. 다음의 경우는 유머 관련 커뮤니티의 회원수가 100만 명을 넘다 보니 회원 관리가 원활하게 진행되지 않아서 등업하는데 시간이 오래 걸리는 경우가 많다. 이러한 부분에 대해서 회원들의 불만이 조금씩 쌓이다 보면 커뮤니티의 전체 이미지에 좋지 않은 영향을 미칠 수 있다. 따라서 회원 가입 절차 및 등업 절차를 간소화 하는 방식을 채택하기로 했다.

● 대문 이미지 관리 방법

오프라인 정모가 활성화 된 커뮤니티의 경우는 정모에 대한 동영상이나 단체 사진 위주의 메인 화면을 꾸미는 경우가 많다. 그러나 정모보다 온라인 방문 위주의 회원들이 절대적으로 많은 유머 커뮤니티의 경우에는 메인 화면을 간소화 하고 방문 시 최근 업데이트 된 글에 대해서 노출이 잘 되도록 구성하는 것이 일반적이다. 대부분의 경쟁 커뮤니티가 이러한 일반적인 대문 구성을 가지고 있기 때문에 커뮤니티에 방문한 유저가 느끼기에도 차별화 될 수 있는 대문이 필요하다.

다른 커뮤니티를 분석해 본 결과 커뮤니티를 만들기 위해서는 컨텐츠의 차별화는 물론 회원 관리 방법에서 단순한 흥미 위주의 방문이 아닌 교감할 수 있는 커뮤니티를 만드는 것이 중요하다는 결론을 내릴 수 있다.

:: 싸이월드를 선택한 이유

커뮤니티를 만드는데 어느 포털사이트에 만들 것인지가 가장 고민되는 부분 중에 하나이다. 카페와 클럽은 다음, 네이버, 싸이월드 순으로 활성화 되어 있다. 기본적으로 3대 포털사이트에 만들어야 하는 것은 당연한 부분이지만 각 포털 서비스마다 특징이 있어서 유머라는 키워드로 검색을 했을 때 나오는 커뮤니티들이 어느 정도 규모인지에 대해서 파악이 필요하다.

포털사이트	네이버	다음	싸이월드
회원수	10만 명	100만 명	1천 명

▲ '유머' 키워드 검색 시 노출되는 1위 카페/클럽의 회원수

카페/클럽 검색에서 '유머' 라는 키워드로 검색을 했을 때 다음과 네이버의 경우는 역사가 오래되었기 때문에 카페/클럽 순위에서 1위 카페의 경우 하위 카페들과 회원수의 격차가 월등히 앞서고 있다. 이에 비해서 싸이월드는 회원수가 비슷한 규모의 카페/클럽이 존재할 뿐 다음이나 네이버처럼 독보적인 회원을 보유하고 있는 카페는 존재하지 않았다.

3대 포털 중 싸이월드의 경우 유머관련 클럽의 회원수가 약 1,000명 정도로 낮은 수준이었기 때문에 네이버와 다음에 비해 단기간에 1위를 차지할 수 있다는 판단이 섰다. 또한 네이트온이나 미니홈피 때문에 싸이월드를 오랜 기간 사용하고 있으며 타 포털사이트보다 더욱 많이 알고, 또 쉽기 때문에 싸이월드에 클럽을 개설하기로 결정했다.

:: 클럽 이름과 소개글 정하기

무엇보다도 카페/클럽의 이름과 소개글은 검색했을 때 어떤 곳인지 사람들이 쉽게 이해를 해야 한다. 유갤의 대표적인 주제(테마)는 '유머'이다. 주 타깃층으로 잡은 10대 후반에서 20대 중반의 인터넷 사용자가 어떤 키워드로 접근을 많이 할 것인가에 대해 우선적으로 고민이 되어야 한다.

카페/클럽의 이름은 주 테마와 가장 밀접한 단어인 '유머'가 기본적으로 들어가야 하고, 유머라는 이름을 활용해서 사용자들에게 친숙하고 시선을 고정시킬 수 있는 이름이어야 한다. 그래서 클럽을 개설하기 전에 '유머를 찾는 사람들', '유머이야기', '유머나라', '유머 마니아' 등 많은 이름을 고려했었다. 말을 줄여서 사용하는 것이 최근 유행하고 있는 상황이라서 고려했던 이름들을 모두 줄여서 부르는 것도 고려해 보았다. '유찾사', '유이', '유나', '유마' 등이 그러한 것이었지만 사람들에게 이슈가 되고 쉽게 불려질 만한 이름은 아니라고 판단하였다.

그래서 다른 카페들의 이름을 검색하면서 많은 고민을 하던 중 많은 컨텐츠가 있을 것 같은 느낌을 주는 단어인 갤러리를 생각해 냈다. 또한 다른 경쟁 클럽들의 유머 게시판에 유머 갤러리라는 이름을 많이 사용하고 있었고 사람들에게 익숙함을 더할 수 있으리라 생각이 들어 '유머 갤러리'라는 이름을 만들게 되었다. 또한 시솝의 닉네임도 유갤로 설정해서 시솝임을 회원들에게 인지시키기도 하였다.

‘최초에 걸맞은 카피를 활용하라’ 7 장에서 말한 예문처럼 커피숍 오픈 시 온라인커뮤니티를 개설하기 위해 카페명을 정할 때 ‘카페’같은 단순한 이름보다는 일반적으로 인지하기 쉬운 ‘에스프레소 바이러스’ 혹은 ‘에스프레소 러브’와 같은 이름이 좀더 접근성 있는 이름이라 할 수 있다.

:: 클럽 소개글 작성하기: 20자의 마술

사람들이 유머라는 키워드로 검색을 했을 때 많은 카페와 클럽이 나타날 것이다. 이 때 클럽의 소개글은 클럽을 방문하도록 하는 ‘영업 멘트’라고 할 수 있다. 포털사이트의 검색 서비스들이 키워드를 검색했을 때 점차적으로 카페나 클럽뿐만 아니라 블로그의 게시글 제목이나 소개글(게시글의 본문)과의 정확도(Matching)를 기준으로 검색 목록을 나열하기 때문에 소개글의 중요성은 더욱 더 커지고 있다.

클럽 이름 (총 1,154개중 1 - 5)   정확도 ▾ 방문자수 ▾ 회원수 ▾

★유머 갤러리★ 싸이월드 클럽
웃긴사진,유머동영상,유머감각,유머글,유머나라,짧은유머,가장웃긴유머,오늘의유머,짤방,움짤,웃긴이야기,재밌는이야기,웃긴댓글,넌센스퀴즈
http://club.cyworld.com/5free 방문자 2,482,463 회원 7,575 개설일 2008.05.30
방송/연예 > 연예정보

현대인과유머 싸이월드 클럽
남서울대학교 현대인과 유머 수강생을 위한 클럽
http://club.cyworld.com/nsuworld 방문자 2,772 회원 49 개설일 2007.03.06
교육/스터디 > 인문/사회과학

오늘의유머서든클랜 싸이월드 클럽
오늘의유머 서든클랜홈피입니다^^
http://club.cyworld.com/todayhumor-sa 방문자 699 회원 36 개설일 2008.04.04
게임 > 기타

유머엽기클럽 싸이월드 클럽
재미있고 유머있는 글과 사진모음집
http://smilefunny.cyworld.com 방문자 2,579 회원 11 개설일 2005.01.15
문화/예술 > 사진

유머연구소 싸이월드 클럽
유머를 연구하기위해 모인 영문학도들의 클럽입니다~!!
http://club.cyworld.com/humor2 방문자 420 회원 5 개설일 2006.05.19
친목/또래 > 친목

▲ 싸이월드에서 ‘유머’ 키워드로 클럽을 검색했을 때의 화면

또한 소개글은 클럽을 방문하지 않아도 어떤 클럽인지를 알 수 있도록 하는 것이기 때문에 단순하게 ‘유머 자료가 정말 많습니다. 한 번 와보세요!’ 와 같은 추상적인 소개글은 좋지 못하다. 이런 소개글보다는 직관적으로 ‘이 클럽에 가면 이런저런 자료들을 볼 수

가 있겠구나!' 라는 판단을 미리 할 수 있도록 소개글을 등록하는 것이 좋다. 다시 말하지만 추상적인 소개글을 등록한 클럽은 직관적인 소개글을 등록한 클럽에 비해 방문률이나 가입률이 높을 수 없다. 소개글의 경우 일정 주기를 두고 최신 트렌드에 맞게 수정해 주는 것도 좋은 방법 중 하나다.

유머 갤러리 한 줄 소개 내용

웃긴사진, 유머동영상, 유머감각, 유머글, 유머나라, 짧은유머, 가장웃긴유머, 오늘의유머, 짤방, 움짤, 웃긴이야기, 재밌는이야기, 웃긴댓글, 넌센스퀴즈

:: 도메인 설정하기

모든 카페나 클럽이 개설될 때 고유의 도메인을 부여 받게 되지만 회원들 중에서 카페나 클럽의 도메인을 입력해서 방문하는 경우가 매우 드물다. 포털사이트에 로그인을 한 후 카페의 메인 페이지를 통해서 접근하는 경우가 일반적이다. 회원이 아닌 일반 사람들의 경우에는 포털사이트에서 검색을 해서 방문하거나 게시글을 타고 접근하는 경우가 더 많다. 포털사이트에서 제공하는 도메인과 개별 도메인을 동시에 보유하고 있다면 일반 사람들이 접근할 수 있는 유입 채널을 더 많이 제공하는 것이다.

현재 유갤의 싸이월드 도메인은 'http://club.cyworld.com/5free' 로 되어 있고 개별 도메인은 'http://www.ugall.com' 으로 되어 있다. 유머 갤러리의 경우 추후 오픈 커뮤니티로 발전할 것을 대비해 별도의 도메인으로 설정해 놓고 개별 도메인(최초 개별 도메인: www.5free.co.kr)까지 구입해 놓았다. 현재는 유갤이라는 클럽 이름과 연계성이 높도록 이름을 활용한 도메인을(www.ugall.com)을 추가적으로 확보하였다. 처음에는 포털사이트에 게시글을 남길 때 'www.5free.co.kr' 을 사용해서 홍보를 하였지만 현재는 'www.ugall.com' 을 주로 사용하여 클럽 홍보나 클럽 도메인을 노출할 때 사용하고 있다. 'www.5free.co.kr' 은 이전에 남겨진 글을 통해서 사람들이 접근할 수도 있기 때문에 보유하고 있는 중이다. 이렇게 클럽의 개별 도메인을 정할 때는 추후 발전 방향을 생각하여 신중하게 정할 필요성이 있다.

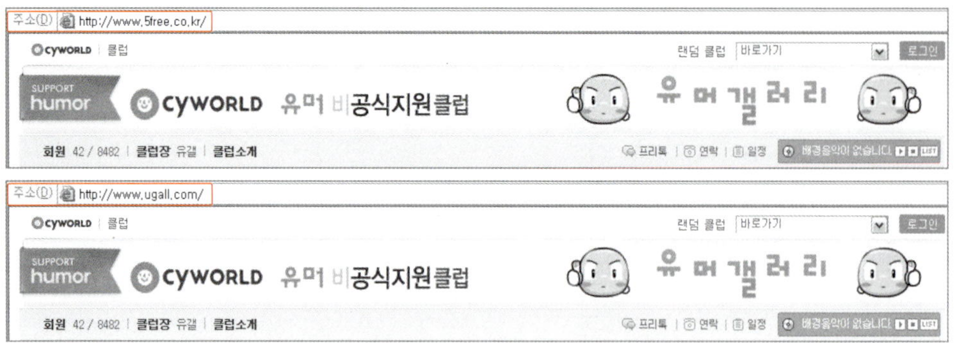

▲ 도메인별 접속 화면

:: 대문(메인 화면) 꾸미기

클럽의 메인 화면은 클럽을 방문하는 사람들이 그 클럽의 성격과 키워드 등을 가장 먼저 판단할 수 있도록 도와주는 기준이 되기 때문에 매우 중요하다. 싸이월드에서 제공하는 클럽 스킨으로 클럽의 대문을 꾸미기에는 다소 평범할 수 있다. 흥미와 이슈가 많아야 하는 유머 클럽의 이미지와는 맞지 않기 때문에 메인 화면을 결정하는 데는 클럽의 특성과 독창성에 대해서 많은 고민이 필요하다.

유머 관련 클럽이기에 사람들에게 친근하면서도 재미있고 눈에 띄는 디자인으로 꾸미는 것이 좋겠다는 판단을 하였다. 그래서 고민하던 중 '싸이클럽공식지원서비스'라는 클럽을 떠올렸다. 이곳은 싸이월드 클럽에 대해 공식적으로 정모 비용이나, 명함, 이벤트 도토리 등을 지원하는 클럽 지원 서비스이다. 이곳도 싸이월드 클럽으로 만들어져 운영되고 있다. 싸이월드에서 공식적으로 운영하는 클럽이라면 디자인 역시 싸이월드 디자이너가 만들었을 것이고 싸이월드와 가장 잘 어울리는 디자인으로 꾸며졌을 것이라 판단했다. 이 클럽의 대문을 패러디해서 사용하면 좋겠다고 생각하게 되었고 공식 클럽의 메인 화면을 이용해서 유갤의 메인 화면을 꾸며보았다.

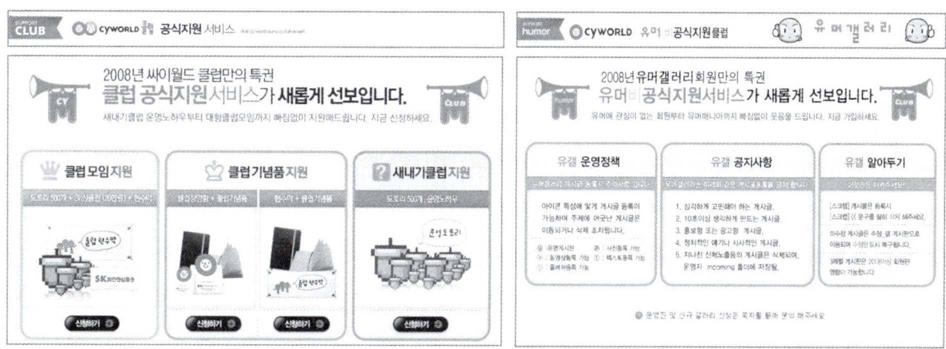

▲ 싸이클럽 공식지원서비스 메인 화면(자)과 초창기 유갤 메인 화면(우)

추가적으로 사람들이 친숙하게 느끼는 네이트온 메신저의 이모티콘을 넣어서 방문자가 더욱 친밀한 느낌을 갖도록 했다. 이모티콘에 대한 저작권 문제로 해당 회사측에서 경고라던지 삭제 요청의 있을 경우, 모자이크 처리로 대신하여 우스꽝스러운 모습을 연출하려고 했지만 비영리 목적의 클럽이고 해당 이모티콘 또한 싸이월드와 같은 회사이기 때문에 사용해도 무방하다고 판단하여 현재까지 사용 중이다.

이렇게 제작된 메인 화면은 공지사항이나 운영 정책에 대해 회원들에게 쉽게 알릴 수 있게 구성되었으며 친숙한 느낌의 대문 사진으로 회원들의 반응도 좋았다. 메인 화면에 네이트온의 이모티콘을 사용했던 것처럼 유갤만의 캐릭터가 있으면 더 좋을 것 같다는 회원들의 의견이 있어 추후 더욱 활성화 되거나 오픈 커뮤니티로 발전할 경우를 대비해서 유갤의 독자적인 캐릭터 제작도 계획 중이다.

:: 게시판 생성하기: 클럽 규모에 맞는 놀이터를 제공하라

클럽 개설 초기부터 많은 게시판을 만드는 것은 좋지 않다. 회원수가 많지 않기 때문에 시솝이 직접 게시글을 등록해야 하는 경우가 많다. 게시글을 등록할 컨텐츠가 충분하게 준비되지 않은 상태에서 게시판의 수를 많게 했을 경우 운영하기가 힘들어져 게시글이 10개도 되지 않는 게시판만 늘어나게 된다. 이런 경우 회원들이 보기에도 정보가 부족해 보이고 업데이트가 되지 않는 클럽으로 인식 될 수 있어서 클럽의 신뢰도가 많이 떨어질 수 있다. 이러한 요소 때문에 초기에는 게시판의 수를 많이 만들지 않았다.

개설 당시에는 유갤의 주제에 맞는 게시판을 집중해서 10개 내외로 만든 후 게시글을 지속적으로 업데이트 했다. 유갤 초창기에 포스팅 작성이 유머 게시판에 많이 편중되다 보니 회원들의 일상적인 얘기를 할 수 있는 공간이 부족하여 참여도도 저조하고 글을 쓰는 회원들도 많지 않았다. 시간을 두고 회원들의 의견을 듣고 참여할 수 있는 게시판도 서서히 늘려가며 자연스럽게 회원들의 참여를 유도하여 현재는 대부분의 게시판에서 회원들이 참여가 이루어지고 있다.

◀ 유갤 유머 게시판 분류

게시판 중에서 '톡톡_갤' 이라는 간단한 메모형 게시판이 있다. 이 게시판은 싸이월드 방명록에 익숙한 회원들이 많기 때문에 참여도가 높아지면서 본격적으로 활성화 되는 기반이 만들어 졌다. 이 때문에 메모형 게시판에 대한 회원들의 니즈가 늘어서 하나, 둘씩 게시판도 늘어나게 되었다. 이곳에 작성된 회원들의 글이 또 다른 재미를 주고 클럽 내 회원들과 친분을 쌓을 수 있는 계기도 마련되었다.

◀ 유갤 회원간 커뮤니티 게시판 분류

유갤의 모든 게시판이 활성화 된 것이 아니기 때문에 회원들의 반응에 따라서 게시글의 수가 차이를 보인다. 게시글이 적고 이용 빈도가 낮은 게시판의 경우 이용을 유도하거나 다른 게시판과 통합하여 게시판을 간소화는 방법 등을 사용하여 탄력적으로 게시판을 운영하고 있다.

┎우린버림받은갤러리┑
▣ 그림의떡▦
▣ 셔터소리☆
▣ 우왕~굳！
▣ ⓟ……─ 막장_갤
▤ ⓟ……─ 헬프_갤 Ⓝ
▤ ⓟ……─ 지식_갤 Ⓝ
▤ ⓟ……─ 굴욕_갤
▤ ⓟⓥ─ 짬밥_갤
▤ ⓕ……─ 게임_갤
└▤ 찰칵 Ⓝ

┗새글에목마른갤러리┛   ◀ 새글 등록이 필요한 게시판 분류

:: 초창기 기본적인 회원 확보

앞서 8장의 '커뮤니티 활성화를 위한 회원 모집과 운영 노하우' 부분에서 설명을 했던 것처럼 클럽을 개설하자 마자 홍보를 하게 되면 관심이 있어 방문한 사람이라도 회원수가 10명 미만이라면 가입하기가 약간은 망설여지게 된다. 밥도 여러 사람과 먹을 때 맛있는 것처럼 클럽도 여러 사람이 있어야 재미있고 다양한 내용이 있을 거라는 생각이 들기 때문이다.

이 때문에 유갤을 개설하여 대외적인 홍보를 하기 전에 미니홈피 일촌, 그리고 싸이월드와 연동이 되는 네이트온 친구들에게 클럽에 대한 홍보를 우선적으로 하여 회원 가입을 유도하였다. 싸이월드의 경우는 네이트온 메신저와 연계되는 큰 강점이 있고, 네이트온에 등록되어 있는 친구들도 거의 모든 사람들이 싸이월드를 이용하고 있기 때문에 클럽 가입을 유도하는데 용이했다. 그렇게 유갤 초창기 기본 회원은 지인들을 통해 40명까지 확보하여 방문자가 회원 가입을 하는데 있어서 망설이지 않도록 하여 순조롭게 출발할 수 있었다.

section 03 준비 끝! 행동 개시 – 활성화 및 홍보

모든 준비가 완료되었다면 지금부터는 커뮤니티의 활성화와 홍보 활동에 집중해야 하는 시기가 된다. 움직이는 커뮤니티를 만들기 위한 다양한 시도와 노력에 대해 알아보자. 무엇보다 다음의 지침은 처음부터 끝까지 잊지 않길 바란다.

- 게시판 관리는 개미처럼 부지런히...
- 홍보는 베짱이처럼 뻔뻔하게...
- 운영은 파브르처럼 관찰하라

:: 게시판에 정보 늘려가기

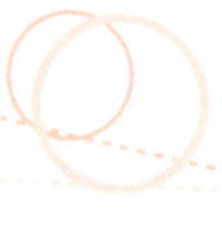

회원들의 참여가 활발하게 이루어지기 전에는 운영진 또는 시숍이 정보의 업데이트를 꾸준하게 해야 한다. 지속적인 업데이트를 위해서 유갤에 있는 게시판의 개수만큼 폴더를 만들어 각 게시판의 업데이트 분량을 2주차 정도를 준비해 두었다. 방송사에서 사전에 방송 분량을 확보해 놓는 것과 같은 것이다.

게시판 1개당 일일 업데이트 분량이 20개 정도면 꽤 많은 분량이다. 이렇게 여유 분의 컨텐츠를 준비하게 되면 서핑 할 시간이 없거나 새로운 컨텐츠를 준비하지 못한 경우 대체할 수 있다는 장점이 있다. 이 방법은 매일 업데이트 된 컨텐츠를 회원들에게 제공할 수 있어 재방문률을 높일 수 있고 클럽의 인지도 상승 및 비회원이 검색 시 상위에 노출될 수 있는 확률이 높기 때문에 반드시 준비를 해야 한다.

매번 컨텐츠를 찾아 서핑하는 것도 어렵고 단순히 이슈가 되는 컨텐츠만 업데이트 하는 것으로는 타 카페와 차별화가 어려울 수 있다. 주기적으로 회원들의 게시글을 재활용해서 게시글을 등록하거나 회원들과 교감할 수 있는 운영진의 이야기들을 등록한다면 타 카페와의 차별적인 요소로 충분하다.

유갤운영일기		✎ 글쓰기

읽기: 유결인[초보] 쓰기: 유결인[고수] 댓글: 유결인[초보] 이상 가능

제목보기 | 묶어보기 | 요약보기

19067	[유갤운영일기] 새해 [13]	유결	2009.01.28	8
18381	[유갤운영일기] 뿌듯하고 기분도 좋고 [8]	유결	2009.01.18	101
17635	[유갤운영일기] 참 아쉽다 [6]	유결	2009.01.08	104
17422	[유갤운영일기] 가입방식변경후 [9]	유결	2009.01.04	101
17206	[유갤운영일기] 다시 보니 추억이 새록새록 [11]	유결	2008.12.30	9
17030	[유갤운영일기] 레이아웃 변경 [5]	유결	2008.12.26	8
16893	[유갤운영일기] 크리스마스 분위기 [8]	유결	2008.12.23	9
16839	[유갤운영일기] 다시 한주가 시작되고.. [11]	유결	2008.12.22	8
16764	[유갤운영일기] 오늘광장에서 올라간 글덕분에 … [5]	유결	2008.12.20	8
16720	[유갤운영일기] 벌써 200일이 지났다 … [47]	유결	2008.12.19	169

▲ 유갤 운영 일기를 통해서 회원들과 교감할 수 있는 채널을 확보

:: 소속된 포털 시스템을 활용하여 홍보하기

게시글 준비와 대문 꾸미기까지 모든 것이 준비가 되었다면 이제 클럽을 홍보할 준비가 되었다는 것이다. 그런데 지금부터가 가장 힘든 과정이라고 말할 수 있다. 커뮤니티에서 가장 중요한 회원수를 늘려야 한다는 큰 미션이 남아 있다. 이 과정에서 가장 많은 시솝들이 힘들어 하고 궁금해 하는 것이 바로 홍보 방안이다. 커뮤니티를 홍보를 하는데는 크게 '소속된 포털사이트에서 홍보하기'와 '타 포털사이트에서 홍보하기'로 나눌 수 있다.

● 검색 서비스 활용하기

'검색 서비스에 노출 될 수 있도록 하라.' 여러 포털사이트의 검색 서비스는 카페나 블로그에 올라온 글이 검색된다. 그리고 일반 사람들은 검색을 통해서 게시글을 접할 수 있으며 그 글을 통해서 카페를 가입하게 되는 경우가 많다. 검색에 노출되는 경우는 조회수가 높거나 정확도가 높은 게시글이 검색될 확률이 높기 때문에 유갤에서 게시글을 등록할 때 제목 부분에 많은 신경을 쓰고 있다. 그리고 카페에 올렸던 글을 미니홈피에 올리거나 회원으로 가입된 다른 카페에도 글을 등록하여 검색 결과에 여러 번 노출이 될 수 있도록 하는 것도 중요하다.

● 광장 활용하기

'포털사이트에서 제공하는 게시글 모음 서비스를 적극 활용하라.' 유갤을 홍보하는 데
는 싸이월드의 광장을 적극 활용하고 있다. 등록하는 모든 글을 올려서 노출시키는 것이
목적인 검색 서비스와 달리 엄선된 컨텐츠를 광장에 노출시키는 것이 중요하다. 유갤은
주기적으로 이벤트를 통해서 유갤 베스트를 선정하여 회원들의 적극적인 참여를 유도한
다. 베스트로 선정된 게시글은 광장에 노출할 때 유갤을 함께 홍보하는 방식으로 많은
회원을 확보할 수 있었다. 이렇게 광장에 노출하는 방식의 홍보를 통해서 유갤 초창기,
개설 20일만에 1000명의 회원을 가입시킬 수 있었던 주 원동력이라고 할 수 있다.

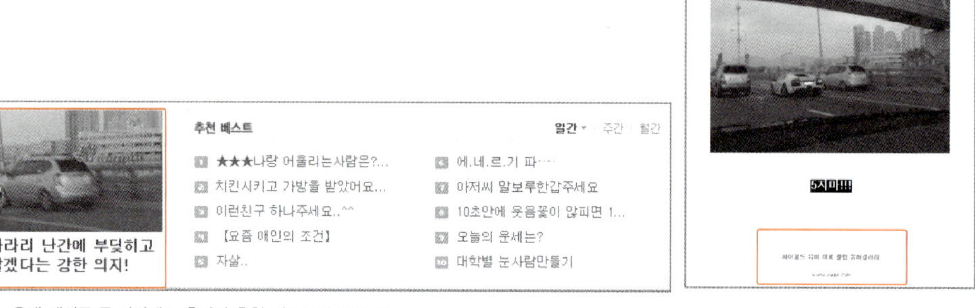

▲ 유갤 게시글 중 광장에 노출하여 추천 베스트에 오른 글

게시글의 출처가 별도로 나오긴 하지만 해당 작성자의 미니홈피로 출처가 나오기 때문
에(2009년 싸이월드 정책 변경으로 출처 표기가 클럽명 → 미니홈피도 변경되었음)
'www.ugall.com'의 도메인을 다시 한 번 노출하게 되면 클럽 방문 유도에 큰 도움이
된다. 이러한 홍보 방법은 이곳에서만 끝나는 것이 아니라 이 게시글을 스크랩한 유저의
미니홈피, 블로그, 클럽 등에서 동일한 출처로 표기 되기 때문에 시간이 지날수록 노출
되는 빈도 및 홍보 효과가 높아지게 된다.

2장 커뮤니티 마케팅이란 중 온라인 마케팅의 종류 참고

● 다른 포털 이용하기

자신의 클럽이 싸이월드에 속해 있다고 해서 싸이월드에만 홍보하는 것은 양손을 두고 한 손만 사용하는 것이라 할 수 있다. 다른 포털사이트에도 사람은 많고 자신의 클럽 주제에 관심 있는 사람들도 많기 때문이다. 그 사람들에게 필요한 정보를 제공하고 홍보를 하는 것도 매우 중요한 홍보 방법이다. 유갤은 싸이월드에서만 홍보를 하는 것이 아니라 다음이나 네이버 블로그를 통해서 많은 홍보를 하고 있다.

자신의 블로그에서 게시글을 많이 올리면 올릴수록 검색어 노출이 잘되어 홍보 효과를 얻을 수 있지만, 다른 클럽이나 블로그에 도배하는 형태의 스팸성 홍보를 하는 것은 오히려 클럽에 대한 이미지를 낮추는 행동이 될 수 있으므로 주의를 요하는 방법이다.

▲ 네이버 블로그에 등록된 게시글의 홍보 방식

블로그 검색은 키워드 단위로 결과가 노출되기 때문에 관련 주제에 관심이 많은 사용자에게 노출되기 쉽다. 따라서 매우 효과적인 마케팅 방법이라고 할 수 있다. 블로그에 올려진 게시글에 유머 갤러리의 로고와 함께 도메인(www.ugall.com)을 노출하는 방법이 있는데, 도메인만 계속 노출시킬 경우 보는 사람으로 하여금 거부감이 생길 수 있다. 이러한 거부감을 방지하기 위해서 클럽의 배너에 링크를 걸어 노출하는 방식으로 홍보를 하고 있다.

● 홍보 시 주의할 점

홍보를 하기에 앞서 미리 생각해야 할 점은 어떤 목적을 가진 사람들에게 블로그의 게시글을 노출할 것인지 계획을 세우고 진행해야만 한다. 자신의 클럽 주제와 관계된 게시글이라면 유사한 자료를 찾으려는 목적 때문에 방문률이 높아지고 스크랩의 수도 높아지겠지만 전혀 관계없는 주제를 이용해 홍보를 하게 되면 정보보다는 스팸으로 인지를 하기 때문에 방문률도 낮아지게 된다. 또한 게시글 내용과 관계없는 도메인이나 이미지 배너로 인해 스크랩하고 싶은 욕구도 사라지기 때문이다.

:: 규모가 커진 클럽 관리하기

많이 활성화되어 회원수가 점차 늘어나면 자연스럽게 홍보가 되기 마련이다. 그렇다고 모두 끝난 것이 아니다. 지속적으로 키워나가고 유지를 해야 하기 때문에 가장 어려운 운영이라는 것에 봉착하게 된다. 클럽의 규모가 커질수록 회원들의 소속감은 떨어지게 되고, 다른 클럽과의 차별화를 점점 더 느끼지 못하게 되는 경우가 많다. 회원수가 100 단위에서 1,000 단위로 늘어나면 일일이 모든 것을 시숍 혼자서 관리할 수 있는 범위를 넘어서게 된다. 규모가 커질수록 조직적인 관리의 필요성이 커지게 된다.

● 댓글을 모니터링 해서 반응을 살핀다

기업 광고를 보면 '고객의 소리에 귀를 기울이겠습니다.' 라는 문구가 자주 등장한다. 이 말의 의미는 사용자의 의견과 반응 하나하나가 기업 발전에 큰 도움이 된다는 것을 뜻한다. 클럽 또한 마찬가지다. 회원들의 소리에 귀를 기울이다 보면 무엇을 원하는지 알게 되고 회원들의 반응에 맞게 운영하는데 추가할 사항이나 정책적으로 필요한 부분이 어떤 것인지 알게 된다. 커뮤니티는 대부분의 커뮤니케이션이 댓글로 이루어진다고 해도 과언이 아닐 정도로 댓글은 그만큼 중요한 요소이다. 유갤은 이러한 회원들의 반응을 알기 위해서 운영진과 시솝이 많을 글을 쓰고 글에 달린 댓글을 매일 살펴보고 있다.

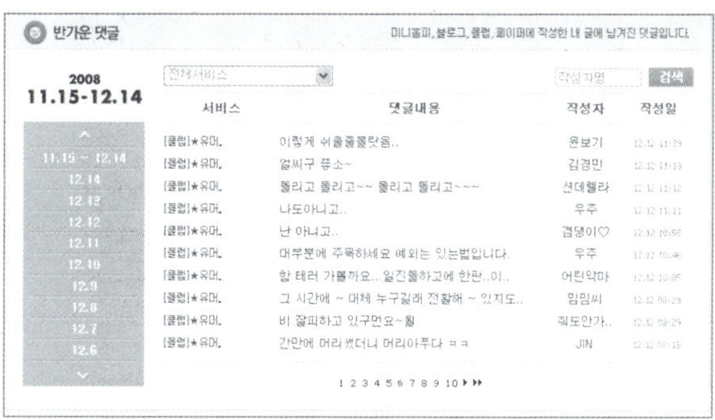

▲ 글 모음을 통한 회원들의 반응 살피기

자신의 글에 남겨진 댓글을 한 번에 볼 수 있는 기능은 포털사이트에서 제공하고 있기 때문에 관련 서비스를 이용하면 쉽게 확인이 가능하다.

● 클럽의 특별함(차별화)을 느끼게 하라

유머 갤러리는 회원들이 곧 주인공이다

게시글에 대한 반응도 다양하지만 재치있는 댓글에 대한 회원들의 반응은 커뮤니티를 더욱 풍성하게 해준다. 이러한 댓글 문화가 또 다른 컨텐츠로 재탄생 된다는 것에 포인트를 두어 유머 갤러리 안에서 일어나는 재미난 일들을 재활용하면 좋겠다는 생각이 들었다. 유갤 회원들이 주인공이 되고 그것이 다시 유머 컨텐츠로 올라오게 되는 것이다.

▲ 유갤에서 일어나는 재미난 이야기들을 회원이 올리는 게시판(찰칵_갤)

방문을 하지 못한 기간에 게시글이 많이 올라오면, 다 읽지 못하거나 유갤 안에서 어떤 일들이 있었는지 모르고 지나가게 된다. 하지만 방송에서 지난 줄거리 보기와 같이 재미난 히스토리를 캡처해서 다시 한 번 게시글로 만들어 찰칵_갤에 올리면 그 게시글만으로도 그간의 동향을 알 수 있게 된다. 다시 유대감을 형성하는 데 어렵지 않을뿐더러 다시 한 번 재미를 공유한다는 점에서 회원들로 하여금 소속감을 가지게 한다.

동영상을 적극 활용하자

최근에는 포털사이트에서 제공하는 다양한 기능으로 플래시나 동영상을 쉽게 제작할 수 있게 되었다. 유갤에 방문하는 회원들에게 소식을 전할 때 재미와 기쁨을 주기 위해서 유갤은 다른 클럽에서는 하지 않는 다양한 방법을 시도하고 있다. 특히 자체 제작한 동영상이나 플래시의 경우는 회원들의 반응이 아주 뜨겁다.

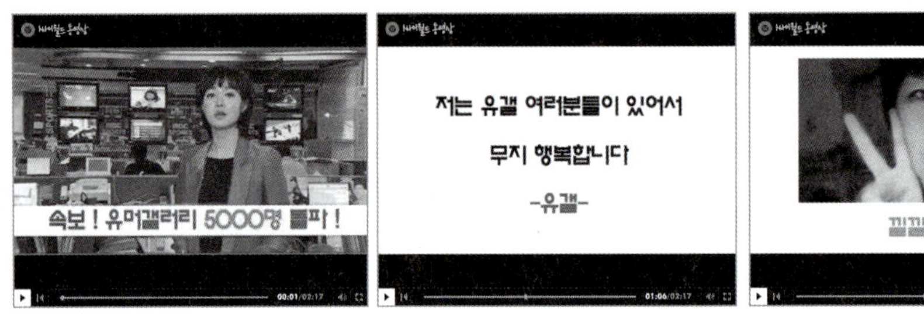

▲ 유갤 회원 5,000명 돌파 기념 이벤트 동영상

◀ 유갤 회원 5,000명 돌파 기념 이벤트 동영상의 댓글

회원 등급 하나에도 센스가 필요하다

보통 일반적인 클럽을 보면 회원 등급을 정할 때 1레벨과 2레벨 아니면 준회원과 정회원 등 정적이면서 차별화 되지 않게 하는 것이 많다. 포털사이트에서 잘나가는 클럽을 보면 대부분 클럽 특성을 잘 표현한 회원 등급이 있다. 그리고 회원 등급을 올리기 위해서 어떻게 해야 하는지에 대해서도 잘 설명되어 있다. 유갤은 회원들 간의 경쟁심을 유발하고 재미(Fun) 요소를 주기 위해서 다음과 같이 회원 등급을 나눴다

등급명	등급업 조건
유갤인[초보]	신규회원
유갤인[중수]	[이노래들어봐] 미니홈피 음악등록 1개이상
유갤인[고수]	전월 랭킹 7~10위
유갤인[달인]	전월 랭킹 1~3위

▲ 회원등급관리 랭킹기준: 게시물 등록 순위

		유갤	2009.01.22	46
공지	음악은 하루에 3건까지만 등록해주시오 [5]			
19302	Swan Dive - Circle	LJH	2009.01.30	1
19300	가지마 가지마 - 브라운 아이즈	비누인형	2009.01.30	2
19263	더콰이엇노래	이지은	2009.01.30	19
19259	솔리드의 someday입니다.	강선구	2009.01.29	14
19225	Will. I. Am- Like To Move It	장미	2009.01.29	16
19224	t.-떠나지마... [7]	장미	2009.01.29	39

읽기: 유갤인[초보] 쓰기: 유갤인[초보] 댓글: 유갤인[초보] 이상 가능

▲ '이노래 들어봐♪' 게시판에 등록된 음악 게시글

그리고 회원 등급을 신청할 때 싸이월드의 미니홈피에 보유하고 있는 배경 음악을 하나씩 등록하는 조건을 내걸었다. 싸이월드를 하는 사람들 중 대부분 노래 한 곡씩은 보유하고 있다는 것과 회원들이 등업 신청을 하면서 등록한 노래가 모여 또 하나의 유갤의 컨텐츠가 되기 때문이다. 2009년 1월 30일을 기점으로 1,500여 곡이 등록되었으며, 노래를 늘기 위해서 다른 회원들도 많이 방문을 하고 있다.

우리만이 아는 아이템을 만들어라

오프라인/온라인 상관없이 사람들은 특정 그룹에서만 즐길 수 있는 문화를 가지게 된다. 그러한 문화가 있다는 것은 그 그룹이 단순한 모임을 넘어섰다는 것을 의미하며 그 문화

로 인해서 교감을 하고 서로가 친해지기 쉬워지게 된다. 유갤이 유갤 만의 문화를 정착시킨 것 중에 하나는 '하오체' 말투이다. 이렇듯 유갤에서 가장 많이 문화를 공유할 수 있는 것이 바로 하나의 공감대이다.

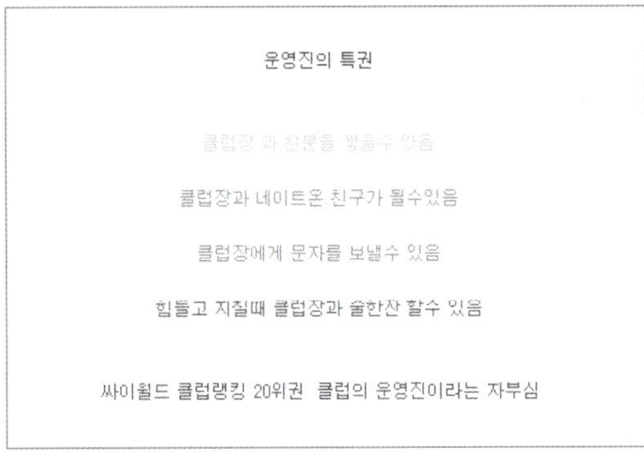

▲ 출석 게시판에서 한 회원이 올린 게시글

● 운영진은 대신맨이 아니다

다른 클럽의 경우 운영진 신청 자격을 가입 기간이나 조건 등에 따라 부여하지만 유갤은 열정만 있다면 누구나 신청이 가능하다. 유갤에서는 운영진이라고 해서 게시글을 많이 쓰라고 강요하거나 활동이 뜸하다고 해서 자격을 박탈하지도 않는다. 클럽장이 열심히 노력하는 모습을 보이면 운영진도 느끼게 되는 법이기 때문이다. 간혹 어떤 클럽을 보면 운영진만 활동하고 클럽장은 모습을 보이지 않는 곳이 있는데 어느 날 갑자기 운영진이 활동을 하지 않게 된다면 그 클럽의 발전은 장담할 수 없게 된다.

운영진은 클럽장 대신 클럽 관리를 대신 해주는 사람이 아니라 클럽에 도움을 주고, 보다 여러 시각에서 보는 의견을 공유해 줄 수 있는 사람들이다. 클럽의 발전을 위해서라면 운영진과의 친분을 유지해야 하고 무엇보다 클럽장이 솔선수범해야 한다.

운영진의 특권

클럽장 과 친분을 빛을수 있음

클럽장과 네이트온 친구가 될수있음

클럽장에게 문자를 보낼수 있음

힘들고 지칠때 클럽장과 술한잔 할수 있음

싸이월드 클럽랭킹 20위권 클럽의 운영진이라는 자부심

▲ 유갤 운영진 모집 게시글 내용

:: 커뮤니티 키워나가기

앞에서 거론한 이론적인 커뮤니티 마케팅을 참고하여 유머 갤러리의 사례를 소개했지만 이보다 훌륭한 클럽과 카페는 많이 존재한다. 그러한 클럽과 카페에 비하면 유머 갤러리는 정말 부족한 면이 많은 편이다. 그렇기 때문에 앞으로도 유갤에 대해 지속적인 관심을 가지고 연구하고 고민하는 작업이 필요하다.

● 목표를 가지고 운영하라

초창기부터 유갤이 활성화 되고 많은 사람들이 커뮤니케이션을 하게 될 때 도입하고 싶었던 것 중 하나가 아마추어 개그맨이나 개그맨이 되고 싶어하는 일반인들의 동영상을 공유하는 공간을 만드는 것이다. 아마추어 개그맨이나 특히 일반인의 경우 보여 줄 수 있는 매체가 한정적이기 때문이다. 특히 유럽과 달리 개그를 가지고 공연을 할 수 있는 공간이 턱없이 부족한 우리나라의 환경을 봤을 때는 자신을 PR할 수 있는 공간이 절실하다. UCC 동영상 등을 촬영하여 유갤에 올려두면 유머를 좋아하고 관심 있는 회원들에게 평가를 받을 수 있으며, 반응이 좋을 경우 개그맨을 양성하는 엔터테인먼트와 연계해서 오디션 자격을 주는 형태일 것이다. 신인 개그맨들은 이를 통해 여러 사람들의 의견을 수렴 할 수 있고, 유갤은 하나의 무대가 되어 다양한 개그를 많은 사람들에게 보여 줄 수 있는 것이다.

● 확장의 원동력이 되는 자원을 확보하라

게시글만을 이용해서 클럽이 커지기는 제한적일 수 밖에 없다. 그래서 다양한 이벤트와 함께 할 수 있는 아이템들을 많이 확보해야 한다. 시즌에 맞게 정모를 하는 방법도 있고 다른 클럽에서 이루어지고 있는 활동들에 대해 벤치마킹 하는 부분도 많이 필요하다. 클럽이 활성화 되고 규모가 커짐에 따라서 많은 업체들로부터 제휴가 들어오게 된다. 유갤의 경우에도 S통신사에서의 이벤트 제휴 등 다양한 제의가 들어오지만 무분별한 제휴는 오히려 회원에게 신뢰를 잃을 수 있다. 제휴를 통해서 회원들에게 좀 더 많은 혜택을 줄 수 있고 회원과 운영진 그리고 회사가 모두 윈윈이 가능한 제휴 아이템에 대해서 많은 고민을 해야 한다.

No.	사이트명	URL	목차	구분			국가	Remark
				분류1	분류2	분류3		
1	다음 아고라	agora.media.daum.net	1장	커뮤니티	사이트		한국	
2	LGT 패스온	pass-on.co.kr	1장	파워	블로그		한국	람보르기니 VS 마티즈
3	RF디자인 하우스	www.rfdh.com	1장	커뮤니티	사이트		한국	국내 최대의 RF관련 커뮤니티
4	무지개의 달콤한 세상	blog.naver.com/ckwldud1	1장	파워	블로그		한국	
5	얼렁뚱땅 얼리어답터	blog.naver.com/59hjh	1장	파워	블로그		한국	
6	마이스페이스	www.myspace.com	1장	커뮤니티	사이트		미국	
7	믹시	www.mixi.jp	1장	커뮤니티	사이트		일본	
8	크림에이드	www.creamaid.com	1장	상업	사이트		한국	
9	G마켓	www.gmarket.co.kr	1장	오픈마켓	사이트		한국	
10	옥션	www.auction.co.kr	1장	오픈마켓	사이트		한국	
11	GS홈쇼핑	www.gseshop.co.kr	1장	대형 홈쇼핑	사이트		한국	
12	YES24	www.yes24.com	1장	인터넷 서점	사이트		한국	한국 최대의 인터넷 서점
13	구글 애드센스	www.google.com/adsense	2장	포털	사이트	광고	미국	미국 최대의 포털 사이트
14	네이버 클릭초이스	searchad.naver.com	2장	포털	사이트	광고	한국	한국 최대 포털사이트의 키워드 광고
15	다음 클릭스	clix.daum.net/	2장	포털	사이트	광고	한국	
16	파란닷컴 지역정보	local.paran.com	2장	포털	사이트	지역정보	한국	
17	홈노트	www.homenote.co.kr	2장	여성 포털	사이트		한국	인터넷 주부공간 사이트
18	네이버 지식iN	kin.naver.com	2장	포털	사이트	정보공유	한국	
19	싸이월드 미니홈피	www.cyworld.com/pims/mhsection/mh_index.asp	2장	포털	사이트		한국	
20	다음 카페	cafe.daum.net	2장	포털	사이트		한국	
21	네이버 카페	cafe.naver.com	2장	포털	사이트		한국	
22	싸이월드 클럽	club.cyworld.com	2장	포털	사이트		한국	
23	디시인사이드	www.dcinside.com	2장	커뮤니티	사이트		한국	디지털카메라 관련 사이트
24	SLR클럽	www.slrclub.com	2장	커뮤니티	사이트		한국	디지털카메라 관련 사이트
25	웃긴대학	www.humoruniv.com	2장	커뮤니티	사이트		한국	유머 커뮤니티
26	이지데이	http://www.ezday.co.kr	2장	여성 포털	사이트		한국	여성포털
27	기아스포티지	www.kiasportage.net	2장	동호회	사이트		한국	자동차동호회
28	인터파크	www.interpark.co.kr	2장	오픈마켓	사이트		한국	
29	닥터아파트	www.drapt.com	2장	부동산포털	사이트		한국	부동산
30	삼성경제연구소	www.seri.org	2장	열린지식	사이트		한국	경제정보
31	현대자동차	www.hyundai-motor.com	2장	기업	사이트		한국	자동차
32	시솝클럽	www.sysopclub.com	2장	시솝커뮤니티	사이트		한국	
33	네이버 브랜드카페	brand.naver.com	3장	포털	사이트	브랜드	한국	
34	다음 공식 커뮤니티	cafe.daum.net/brand/brandstar.html	3장	포털	사이트	브랜드	한국	
35	싸이월드 타운	www.cyworld.com/pims/Tsection/tsect_index.asp	3장	포털	사이트	브랜드	한국	
36	마이스페이스 뮤직	profile.myspace.com/index.cfm?fuseaction=music	3장	커뮤니티	사이트		한국	
37	미스터 피자 블로그	blog.naver.com/mrpizzalove	3장	기업	블로그		한국	

No.	사이트명	URL	목차	구분			국가	Remark
				분류1	분류2	분류3		
38	쇼핑블로그 mateshu	mateshu.tistory.com	3장	쇼핑	블로그		한국	쇼핑블로그
39	택배걸닷컴	www.tackbaegirl.com	3장	쇼핑몰	사이트		한국	
40	세스코 Q&A 게시판	www.cesco.co.kr/Qna/List.aspx	3장	기업	사이트		한국	
41	11st (11번가)	www.11st.co.kr	3장	쇼핑몰	사이트		한국	
42	세컨드라이프	kr.secondlife.com	3장	3D 커뮤니티	사이트		한국	
43	체험닷컴	www.chaehum.com	3장	브랜드 체험	사이트		한국	
44	샘플랩	www.mysamplelab.com	3장	브랜드 체험	사이트		한국	
45	세티즌	www.cetizen.com	3장	모바일 커뮤니티	사이트		한국	
46	모바일 블로그 토씨	www.tossi.com	3장	모바일 블로그	사이트		한국	
47	김치샐러드	blog.naver.com/2x5	3장	파워	블로그		한국	
48	나물이네	www.namool.com	3장	생활	사이트		한국	
49	문성실 닷컴	www.moonsungsil.com	3장	요리	사이트		한국	
50	당그니의 일본표류기	www.dangunee.com	3장	개인	사이트		한국	
51	플레이톡	www.playtalk.net	3장	커뮤니티	사이트		한국	
52	이이수의 플레이톡	www.playtalk.net/oisoo	3장	개인	블로그		한국	
53	황석영의 개밥바라기 별 블로그	blog.naver.com/hkilsan	3장	개인	블로그		한국	
54	유민맘 카페	cafe.daum.net/yuminmom	3장	퓨전한복	카페		한국	
55	뷰티풀웨딩	cafe.daum.net/beautiwed	3장	웨딩	카페		한국	
56	알라딘	www.aladdin.co.kr	3장	인터넷 서점	사이트		한국	Thanks To Blogger 사례
57	네이버 카페 필립스 키친	cafe.naver.com/philipskitchen	3장	브랜드	카페		한국	
58	쿠쿠 커뮤니티	community.cuckoo.co.kr	3장	브랜드	커뮤니티	마케팅	한국	
59	포트폴리오	www.portfolioad.com	3장	광고	사이트		한국	
60	청정원 커뮤니티	chungjungwon.co.kr	3장	브랜드 커뮤니티	사이트	마케팅	한국	
61	살림이스트	salimist-club.cyworld.com	4장	살림	클럽		한국	
62	맘스홀릭베이비	cafe.naver.com/imsanbu	4장	육아	카페		한국	
63	맘스클럽	www.moms-club.co.kr	4장	육아	사이트		한국	
64	스타일조아	stylejoa.cyworld.com	4장	패션	클럽		한국	
65	프로방스 집꾸미기	cafe.daum.net/decorplaza	4장	DIY	카페		한국	
66	M&A 파워포럼	www.seri.org/forum/mna	4장	M&A	포럼		한국	
67	M&A포럼 Specialist ACADEMY	www.mnaforum.com	4장	M&A포럼	사이트		한국	
68	인터넷경제신문「M&A타임즈」	www.mnatimes.com	4장	인터넷경제신문	사이트		한국	
69	네스홈	cafe.naver.com/nesshome	4장	린네니아	카페		한국	
70	선명한 사진	cafe.naver.com/realdslr	4장	사진	카페		한국	
71	골프마니아클럽	www.golfmaniaclub.com	4장	골프	카페		한국	
72	문화충전200%	cafe.naver.com/real21	4장	문화	카페		한국	
73	덕스무비	www.ducksmovie.net	4장	영화커뮤니티	사이트		한국	
74	비트박스	cafe.daum.net/box	4장	비트박스	카페		한국	

No.	사이트명	URL	목차	구분			국가	Remark
				분류1	분류2	분류3		
75	비트박스샵	cafe.daum.net/eden8080	4장	비트박스	카페		한국	
76	해커스 토익과 텝스	cafe.daum.net/HackersToeic	4장	토익	카페		한국	
77	해커스토익	www.Hackers.co.kr	4장	교육	사이트		한국	
78	토즈	www.toz.co.kr	5장	문화공간	사이트		한국	
79	랭키닷컴	www.rankey.com	5장	순위정보	사이트		한국	
80	현대모비스 성남센터	www.mobiscenter.co.kr	5장	자동차부품	사이트		한국	
81	3쿠션 연구소	cafe.naver.com/billiard	5장	당구동호회	카페		한국	
82	줌바댄스	cafe.daum.net/zumba	5장	댄스	카페		한국	
83	토피어리아트	cafe.naver.com/topiaryart	5장	토피어리아트	카페		한국	
84	82쿡	www.82cook.com	6장	요리	사이트		한국	
85	레몬테라스 카페	cafe.naver.com/remonterrace.cafe	6장	홈데코	카페		한국	
86	털팽이 블로그	blog.naver.com/white7722	6장	수납	블로그		한국	
87	소비자닷컴	www.soviza.com	6장	소비자커뮤니티	사이트		한국	
88	아줌마닷컴	www.azoomma.com	6장	주부 커뮤니티	사이트		한국	
89	미즈모니터	www.miz.co.kr/monitor	6장	주부 커뮤니티	사이트		한국	
90	오븐앤조이	cafe.naver.com/delonghi	6장	홈베이킹	카페		한국	
91	프레스블로그	www.pressblog.co.kr	6장	블로그 광고	사이트		한국	
92	파워블로그	www.powerblog.co.kr	6장	블로그 광고	사이트		한국	
93	커리어	www.career.co.kr	6장	취업포털	사이트		한국	
94	웹사이트 기획 실무 클럽	webplan.cyworld.com	6장	웹사이트기획	클럽		한국	
95	영현대	www.young-hyundai.com	6장	기업	사이트		한국	
96	사람인	www.saramin.co.kr	6장	취업	사이트		한국	온라인 취업사이트
97	로맨티크	cafe.daum.net/PLUMPINK	6장	여성의류	카페		한국	
98	스마일 러브	cafe.naver.com/smileloveknit	6장	손뜨개 카페	카페		한국	
99	웨딩공부	cafe.daum.net/wedgongu	6장	웨딩	카페		한국	
100	산골총각 서울 아가씨	blog.naver.com/hong10694	6장	전통식품	블로그	홍보	한국	
101	LG생활건강의 엘슈머	lsumer.lgcare.co.kr	6장	기업커뮤니티	사이트	마케팅	한국	
102	소비자모니터센터	cmc.azoomma.com	6장	소비자커뮤니티	사이트		한국	
103	풀무원의 '아주 사적인 이야기'	blog.pulmuone.com	6장	기업마케팅	블로그	마케팅	한국	
104	놀방파	cafe.daum.net/nolbangpa	7장	커뮤니티	카페		한국	노래방 동호회
105	커뮤니티마케팅 & 기획스터디	cafe.naver.com/hongmario	7장	커뮤니티마케팅	카페		한국	
106	텍스트큐브	www.textcube.org	7장	태터툴즈	사이트		한국	
107	후이즈	www.whois.co.kr	7장	도메인	사이트		한국	
108	가비아	www.gabia.com	7장	도메인	사이트		한국	
109	싸이존	cyzone.cyworld.com	8장	커뮤니티	클럽		한국	
110	중고나라	cafe.naver.com/joonggonara.cafe	8장	중고	카페		한국	
111	유머갤러리	club.cyworld.com/5free	8장	유머	클럽		한국	